NON À
LA SOCIÉTÉ DÉPRESSIVE

DU MÊME AUTEUR

Interminables Adolescences, les 12/30 ans, Le Cerf/Cujas, Paris, 1988.

Le Sexe oublié, Flammarion, Paris, 1990.

Adolescences au fil des jours, Le Cerf, Paris, 1991.

OUVRAGES COLLECTIFS

« L'état des sexualités, les jeunes et le sida », in *La Psychologie du sida*, dir. professeur Ruffiot, Pierre Mardaga, Bruxelles, 1989.

« Quand l'éducation sexuelle inhibe la sexualité », in *L'Éducation sexuelle au temps du sida*, dir. professeur Ruffiot, Privat, Toulouse, 1992.

« Les effets psychologiques du divorce », in *Le Divorce est-il une fatalité?*, Desclée de Brouwer, Paris, 1992.

TONY ANATRELLA

NON À LA
SOCIÉTÉ DÉPRESSIVE

FLAMMARION

Au docteur Paul Bernard,
médecin honoraire de l'hôpital Sainte-Anne à Paris

AVANT-PROPOS

Une ambiance de mort et l'idée d'un univers privé de perspective semblent être le fait de nos sociétés qui se délient de l'intérieur et implosent au fur et à mesure que les causes politiques et morales se révèlent, à l'épreuve du temps et des réalités, n'être que des illusions. Entraînés dans cet effondrement, nombreux sont ceux qui se plaignent de « craquer », d'être « vidés », « épuisés », et ne parviennent pas à retrouver leur dynamisme vital. Après « la société industrielle », « la société des loisirs », allons-nous entrer à présent dans l'ère de « la société dépressive »? Et si tel est le cas, faut-il le constater avec résignation et espérer que le temps arrangera l'affaire, ou faut-il réagir, si tant est que les événements que nous vivons procèdent avant tout de nos volontés d'hommes?

L'augmentation considérable des maladies dépressives et l'utilisation massive d'anxiolytiques suffisent à justifier le diagnostic de la dépression chez des personnes qui, ne sachant pas comment mettre en œuvre leur existence, se retournent contre elles-mêmes. Mais à ne considérer que l'ennui d'un monde dans lequel il n'y aurait pas grand-chose à vivre ni à réaliser, on risque d'oublier que, en cette fin de siècle, les affections de la subjectivité de l'homme individualiste se développent dans un contexte social où les grandes institutions ont beaucoup de difficulté à promouvoir un idéal à partir duquel il soit possible de se projeter favorablement dans l'avenir. Le dépressif, nous le savons, est incapable d'anticiper l'avenir, de faire des projets; bref, il se laisse conditionner par les événements immédiats sans pouvoir les réfléchir dans une interaction qui soit dans la cohérence de son histoire. Il a tendance à

9

vivre en état de deuil permanent, et particulièrement en deuil du sens de l'Idéal. S'il peut s'en défendre par la dérision ou la complaisance à exploiter ses tendances régressives, il a surtout tendance à valoriser le provisoire des réalités et se refuse à s'engager. Casser, détruire ou se droguer sont autant d'attitudes pour signifier qu'il ne veut pas (ou ne peut pas) exister. Elaborer des projets temporels lui étant trop pénible, il s'en tient, comme le poète, à la promesse illusoire de « changer la vie » au lieu de la découvrir.

En vérité, le déprimé s'est trop pris pour un idéal. Sa tristesse vient de sa difficulté à renoncer à ce moi idéalisé qui ne tient pourtant pas dans la réalité. Mais en refusant de rechercher un idéal autre que lui-même, il a fini par perdre ses points de repère dans l'existence, par vivre dans la crainte d'une perte à venir et la hantise de la mort. Quand il « surfe » avec des conduites suicidaires, c'est encore pour s'assurer qu'il est bien vivant tout en souffrant de ne pouvoir vivre...

Nos sociétés se sont idéalisées (comme si elles pouvaient à elles seules être leur propre idéal) sans autre vis-à-vis que leur propre image, et dans le credo triomphateur en la science et la technologie. En voulant se libérer de Dieu, elles ont souvent produit des idéologies aliénantes et désespérantes pour l'homme. Mais, au moment de « faire les comptes », l'utopie du progrès a perdu de sa superbe et l'on en a mesuré le coût pour l'homme et son environnement, au présent mais aussi pour les générations à venir. Les événements se chargent de rappeler à la raison ces illusions qui, après avoir remis en question la vie sociale, touchent maintenant les individus.

En fait, la fatigue dont beaucoup se plaignent est surtout le symptôme d'une crise morale et devient un problème de société quand on sait que ce sont les raisons de vivre qui font défaut. A cette fatigue sont associés d'autres troubles qui entraînent à l'intérieur même des individus, mais également sur le plan social, des phénomènes de rupture manifestant la difficulté d'adhérer, dans la plupart des domaines de la vie, à des institutions en place : c'est l'atomisation des individus qui prévaut, et ce au nom d'une liberté toute narcissique. Nous sommes clairement dans une crise morale qui atteint les structures psychiques des individus et leur capacité à se référer à un système de valeurs qui les dépasse. Le respect de l'autre, le souci de la vérité, la recherche du bien commun et le refus d'utiliser n'importe quel moyen au service d'une fin, aussi noble soit-elle, sont autant de valeurs issues de l'humanisme chrétien que le marxisme et le libéralisme ont contribué à nier. L'histoire a montré combien le premier pouvait faire peu de cas de la personne humaine, et le second donner libre cours à l'individu sans autre souci que la satisfaction de ses besoins et au mépris éventuel des règles élémentaires de la morale. Comment est-il possible, dans ce contexte, de développer un sens de l'Idéal qui ne soit pas la simple justification de ses faits et gestes, mais une évaluation constante de ce qu'il convient de choisir? Faute d'être stimulée, la structure psychique de l'Idéal ne se développe pas, ou tout simplement se «perd». Sans Idéal, il est impossible de garder sa cohérence et de savoir durer dans le temps. De ce défaut, nous voyons au moins trois conséquences que nous retrouverons au long de cette étude.

En premier lieu, c'est l'attachement qui se trouve gravement affecté : les séparations deviennent de plus en plus souvent des modes relationnels à partir desquels on tente de renoncer aux désirs impossibles tout en se maintenant dans la nostalgie des amours déçus.

En deuxième lieu, nous constatons la promotion inquiétante d'un imaginaire primaire, lequel se réduit le plus souvent au conformisme des médias qui ne laissent guère de place au développement de l'intériorité individuelle. (Il est bon de préciser ici que, tout au long de notre étude, nous utiliserons le terme de « médias » non dans sa signification la plus courante mais dans son acception générale de tout ce qui véhicule un message à travers les moyens de communication les plus diversifiés.)

Enfin, nous soulignerons la difficulté manifestement contemporaine à faire face aux événements devant l'abondance des informations et essaierons d'en discerner la signification dans notre quotidien social et psychologique.

11

Dans la dépression contemporaine les individus tentent de survivre en s'émoustillant subjectivement ou s'écroulent à l'intérieur d'eux-mêmes (implosion) car ils ne parviennent pas à faire un travail de liaison entre leurs pulsions, ni davantage avec les sollicitations extérieures. La relation avec le milieu social devient difficile, voire impossible, et chacun se constitue en îlot comme pour éviter l'autre, ne sachant plus comment se retrouver autour d'un sens commun. Lorsque les conflits éclatent, ils sont durs et cruels.

Cette dépression est la traduction d'un conflit entre le Moi et l'Idéal du Moi, ou plutôt le reflet d'une absence d'idéal qui laisse le Moi livré à lui-même dans l'auto-suffisance d'un sentiment de toute-puissance. Faute de savoir recourir à un idéal transcendant, chacun est à soi-même son propre idéal puisque la société, après s'être prise pour l'idéal, ne sait plus représenter, et pas même dans ses lois, un Idéal universel qui devrait aussi la transcender. Le drame de la société dépressive commence ici, dans son incapacité à accéder à un humanisme commun dès lors que sont éliminées les questions de sens. C'est cette erreur qu'elle commet lorsqu'elle refoule dans la sphère du privé la religion et la morale au bénéfice du politique et du culturel (lesquels risquent eux-mêmes de se voir « réduits » à l'humanitaire et au caritatif), qui ne sont pourtant pas en mesure d'être le fondement d'un idéal puisqu'ils ne sont que la conséquence de ce dernier.

C'est pourquoi le fil conducteur de ce livre est la crise du sens de l'Idéal dans notre société. Nous en décrirons surtout les tendances dans les représentations sociales plutôt que dans les cas personnels car notre propos n'est pas de « juger » les individus. Certes, nous parlerons des répercussions de ces représentations sur les personnes, mais aussi de la réciproque, sachant qu'il y a souvent un écart entre les représentations qui circulent dans une société et les pratiques collectives et individuelles. C'est ainsi que nous montrerons que, si la société est défaillante dans ses représentations, si elle néglige le sens de l'Idéal, il peut en être tout autrement (fort heureusement d'ailleurs!) chez les individus qui continuent de penser et d'agir selon le « bon fonctionnement » de leur structure psychique. Insistons dès ici sur le fait que ce décalage entre les représentations et les pratiques est un phénomène souvent observé dans les médias qui ont tendance à préférer le fait marginal, auquel ils confèrent par là même une crédibilité et une notoriété imméritées. Nous examinerons donc ce qui produit la dépression sociale en tenant certes compte de la psychologie individuelle (telle que l'expérience clinique de la psychanalyse a su en dégager les structures) mais surtout des phénomènes sociaux, dans la mesure où ils ont nettement favorisé telle structure psychique au détriment de telle autre. C'est en utilisant la méthode de l'ethnopsychanalyse et de la psychiatrie sociale que nous tenterons d'évaluer cette interaction.

En décrivant ces représentations nous rencontrerons le problème du sens d'autant plus vivement que nous puiserons à plusieurs sources de savoir, car la psychanalyse, comme science de l'inconscient, ne peut à elle seule rendre compte des divers aspects de la réalité, laquelle a une logique évidemment différente de celle de l'inconscient. Si nous convenons que la mise au jour de l'inconscient permet de comprendre et de travailler à la résolution de bien des problèmes psychiques, nous refusons de nous contenter de cette simple lecture. L'inconscient peut être une parole sur la réalité, mais il n'est pas la seule parole de la réalité.

S'interroger sur les questions de sens ou redécouvrir que la morale est civilisatrice reste encore mal vécu aujourd'hui. On a tôt fait de se retrancher derrière le slogan à la mode suivant lequel « chacun fait ce qu'il veut ». On veut par là s'abstenir de tout jugement moral, comme pour ne pas à avoir à travailler le sentiment de culpabilité inhérent au psychisme humain (d'ailleurs d'autant plus marqué qu'est grand l'écart entre la pratique et la loi). Cette amoralité est dépressive puisque, si le sens des choses dépend uniquement de l'individu, il n'y a pas, dès lors, de vérités universelles et la communication devient difficile. La psychanalyse travaille principalement sur les

13

structures du psychisme humain ; or le psychisme n'est en soi ni moral, ni religieux, mais il est nécessairement vécu à travers ces objets symboliques qui permettent au sujet de se poser des questions de sens. Nous montrerons donc en quoi la structure de l'Idéal est défaillante, qui s'avère toujours plus imperméable à recevoir du monde extérieur la « nourriture » qui lui est indispensable pour se développer.

La crainte du jugement de valeur sur ses actes provient surtout d'une culpabilité psychique qui ne trouve plus les moyens de se travailler. Elle est donc refoulée dans une complicité sociale qui inhibe le sens de l'Idéal et neutralise le goût pour la quête de la vérité dont on voit le symptôme dans la perte de crédibilité qui affecte « des » politiques et une certaine presse, alors qu'ils sont censés représenter des aspirations à l'idéal. Trop souvent ils ont, eux aussi, tendance à se prendre pour cet idéal et à se métamorphoser en prédicateurs de la morale, dévalorisant par leur transgression la société et encourageant d'autres à agir selon leur « modèle ». C'est aussi dans cette perte de confiance que naît et s'accélère la dépression...

Nous savons bien par expérience que lorsque nous analysons des situations pour les évaluer psychologiquement, voire moralement, nombreux sont ceux qui le ressentent négativement. C'est d'autant plus le cas lorsque l'on croit qu'il suffit de vivre spontanément et qu'il n'y a rien à comprendre du « pourquoi » de ses pensées et de ses actions. C'est pour certains l'insupportable « prise de tête » et pour d'autres la difficulté ou le refus de réfléchir sur soi. On recherche dès lors ce qui conforte ses positions plutôt que de s'interroger sur le sens de ce qui est vécu.

Nous allons donc essayer de décrire les mécanismes qui favorisent la dépression ambiante en questionnant les mentalités actuelles parfois à l'encontre de ce qu'elles souhaiteraient entendre.

PREMIÈRE PARTIE

LA DÉFAILLANCE

INTRODUCTION

LA DÉGRADATION DU SENS DE L'IDÉAL

La morosité se développe une fois de plus dans l'histoire de nos sociétés et l'on aurait tort de voir dans cette atonie un simple effet de la crise économique qui traverse le monde contemporain. Suffirait-il d'une bonne reprise pour que le moral des individus retrouve vigueur, confiance et espoir dans l'avenir? Sans doute, avec une meilleure aisance matérielle, une sécurité de l'emploi ainsi que des débouchés professionnels pour les jeunes, la société se sentirait-elle moins fragilisée; mais les problèmes qui provoquent son état dépressif n'en seraient pas réglés pour autant. Le malaise est plus profond et les grandes espérances qui font vivre les peuples ne se décident pas par décret. Bien des choix politiques, au contraire, ont contribué à désespérer des sociétés et l'artifice des « grands desseins », fût-il celui de l'Europe, ne peut à lui seul être la thérapeutique à un idéal qui fait défaut.

Voilà bien une des raisons pour lesquelles psychiatres et psychanalystes reçoivent de plus en plus de patients – et, plus particulièrement, de post-adolescents (24/35 ans) – qui présentent des troubles psychiques de la signification à donner à leur vie. En effet, leurs malaises, leurs « névroses de choix de vie », aimerait-on dire, s'articulent sur la difficulté d'activer certains processus psychiques et sur une errance morale et spirituelle, autant de facteurs qui favorisent l'émergence de curieuses thérapies fondées sur des rites religieux de guérison, sur un vitalisme qu'il faudrait retrouver à l'intérieur de soi, sur la relaxation cor-

17

porelle et sur différentes formes de méditation. Ces thérapies nourrissent les symptômes sans guérir et relèvent d'un bricolage théorique des plus obscurs, bien en deçà de ce que l'on connaît de la psychologie humaine et de la réflexion théologique. Il est vrai que l'exploitation de cette récente névrose ouvre un large champ d'action à de pseudo-thérapeutes ; la plupart des praticiens habitués aux classiques psychopathologies sont, quant à eux, désorientés devant le traitement de ces problèmes existentiels qui peuvent devenir des obsessions du mal de vivre bien plus graves que le « spleen », la mélancolie passagère des adolescents baudelairiens. Ce mal a trait non seulement au psychisme, mais aussi au social, au culturel et au spirituel – autant de domaines à prendre en compte dans la formation humaine et l'acte éducatif – qui, lorsqu'ils sont négligés, contribuent à créer par défaut des personnalités restreintes et plus fragiles.

Nous dirons aussi que ces névroses de choix de vie se développent surtout chez des personnalités narcissiques qui n'ont pas pu mettre en place un Idéal du Moi, c'est-à-dire une structure psychique à partir de laquelle l'individu forme le devenir de sa personnalité, intègre les idéaux sociaux, culturels et spirituels, élabore des projets et des significations et évalue ses conduites et ses pratiques. Sans le fonctionnement d'un Idéal doublement enraciné au cœur de sa personnalité et de la société, l'individu se trouve démuni, et de plus en plus à mesure qu'il quitte ses parents et autres réseaux d'assistance. Il grandit alors dans un climat de grande fragilité et ne parvient pas à investir la réalité de façon efficace et continue. Il oscille entre une certaine tristesse et l'ennui car rien ne prend sens dans sa vie malgré ses occupations, ses relations et ses loisirs. Ce sont les préliminaires de la dépression, qui vont du flou existentiel à la maladie dépressive, en passant par la fatigue inexplicable. Certains, qui ne parviennent pas à s'inscrire dans des choix de vie, s'installent dans un deuil permanent de la vie. On peut également mourir de dépression pour ne pas avoir trouvé d'objets d'intérêt ni de sens à investir au-delà de soi-même.

Il ne serait pas juste cependant de penser que le

18

déprimé exprime une perte d'intérêt pour la réalité : le fait est plutôt qu'il ne parvient pas à la rejoindre. Il se trouve bloqué dans une impuissance structurelle et a alors recours à des replis stratégiques pour s'aménager une existence purement individuelle dans un rapport très court au temps. Dans de telles conditions, son affectivité comme sa sexualité demeurent immatures, tout comme ses modes de gratification, narcissiques, à l'instar de l'enfance ou l'adolescence. Dans cette perspective, nous ne sommes pas dans une phase d'attente qui tendrait à une plus grande maturité, ou dans la préparation d'une formation à terminer, d'un problème à résoudre, voire d'un changement à opérer, mais plutôt dans un renoncement qu'il faut considérer ici comme dangereux et mortel si l'on estime que chacun a vocation à naître et vivre humainement. En clair, le problème du déprimé se résume dans le sentiment de ne pouvoir exister ni par les autres ni à travers un idéal.

Si nos sociétés sont dépressives, c'est donc qu'elles ont perdu confiance en elles-mêmes : elles ne savent plus, au-delà du quotidien de l'individu, pourquoi ce dernier doit vivre, aimer, travailler, procréer et mourir. Certes, un tel phénomène n'est pas nouveau : la quête du bonheur et la volonté d'éviter de concevoir trop d'enfants pour ne pas en faire de nouvelles victimes de la guerre et maintenant du chômage sont des idées qui annonçaient, dès le XVIIIe siècle, l'impasse dans laquelle nous sommes : ne plus avoir de projets sociaux et altruistes autres que celui de veiller à son épanouissement personnel, cette notion ayant succédé à celle de bonheur. Ce déplacement se comprend eu égard à l'intérêt toujours croissant pour l'individu et sa subjectivité ; il explique, notamment, la conception plus individuelle que collective du progrès ou du salut.

Perte ou manque de confiance sont les revers d'un même problème : celui de l'idéalité. Et perdre le sens de l'Idéal, c'est perdre le sens de l'autre. De fait, la méfiance face à la vie et face aux autres – quand ce n'est pas face à soi-même – est actuellement l'attitude la mieux partagée, et les exemples ne manquent pas pour se conforter dans l'idée d'une certaine dégradation des mœurs qui incite à se montrer vigilant et parfois sceptique vis-à-vis d'autrui.

19

Ce phénomène est d'autant plus nouveau qu'il prend le relais d'une période plus confiante et plus conviviale où l'on se protégeait moins dans la vie quotidienne et où l'on pensait que la société était en mesure d'apporter des solutions collectives à des problèmes communs.

Plus encore, les sociétés occidentales ont longtemps été marquées par le syndrome du collectivisme, qui anesthésie les initiatives et le sens de la responsabilité personnelle au profit de la vie en commun; or – c'est une banalité à laquelle on a malheureusement fini par se résigner –, plus une réalité ou un bien est collectif, et moins il est respecté (sauf lorsque l'individu a intégré le sens de l'altérité). Il est à se demander si les discours, parfois simplistes, sur l'égalité n'ont pas provoqué l'effet inverse de ce qu'ils recherchaient en développant une certaine méfiance vis-à-vis des autres.

Reste donc la question de savoir comment valoriser une vie sociale qui ne relie plus et se réalise au mépris de l'individu, lequel ne veut plus s'en tenir à l'attente de « lendemains radieux ». On a cru que le politique ou la science possédaient les clefs du bonheur. On a cru, grâce au mirage collectif, grâce à l'assistanat et aux progrès de la médecine, échapper aux maux de notre « humaine condition »; alors que ce que l'histoire nous enseigne, c'est que toute génération redécouvre presque naïvement la dureté de l'existence, quand par exemple de nouvelles maladies apparaissent au gré des modifications de nos modes de vie. Et les fausses croyances de tomber d'elles-mêmes... Et d'autres pensées magiques de resurgir à chaque crise.

Le marxisme-léninisme comme le socialisme ont en partie détourné de leur fin la plupart des grands thèmes chrétiens pour en faire un messianisme terrestre. Ce racket tourne court au moment où le montage intellectuel s'effondre, mais le danger est qu'il laisse croire dans sa chute qu'une vie ne peut pas se construire à partir d'un idéal. Ce ne sont plus les illusions qui apparaissent alors comme des mensonges mais le sens même de l'Idéal, comme fonction psychique, qui se trouve altéré. Or, dans la plupart des états dépressifs, on constate que l'Idéal du

Moi est malade de ne pouvoir dynamiser la personnalité ni l'inscrire dans un projet, de ne plus savoir innover : bref, de se sentir sans avenir. Si l'Idéal du Moi ne rencontre pas une continuité dans la vie sociale, entretenue par des idéaux universels et communs, le champ social, la relation aux autres et les conséquences des actes de l'individu sur la collectivité perdent de leur valeur. Chacun reste avec lui-même comme dans un désert.

Certes, le manque d'intérêt pour la vie politique est souvent motivé par la perte de crédibilité de ceux qui en font profession, mais il dénote surtout un sentiment d'impuissance dans l'action pour le bien public, chacun se sentant dépassé devant la complexité des situations, des règlements et d'une administration obsolète.

Autre facteur de dépolitisation : le surcroît d'informations, transformées en spectacle. On ne rappellera jamais assez les dangers des techniques modernes de communication qui présentent tous les événements sur un pied d'égalité : on ne peut pas traiter le fait politique et le fait religieux de la même façon, comme on ne peut accorder le même crédit à l'opinion d'un artiste qu'à celle d'un spécialiste, quand il s'agit d'évoquer un problème qui relève d'une compétence toute particulière! La communication audiovisuelle ne sait pas relativiser les informations qu'elle transmet ni les situer dans une perspective historique. Elle donne peut-être l'illusion de la nouveauté à la mémoire de l'immédiat mais pas à celle de l'histoire d'un individu et encore moins à celle de l'humanité. Il n'est pas étonnant qu'un tel mode de communication génère l'anxiété dans un climat de confusion des messages et des connaissances. Et qu'en est-il quand une information en chasse une autre sans que toutes les données puissent être intelligemment mémorisées (on ne peut alors que les oublier) et que la violence s'étale sur les écrans, jusqu'à légitimer les expressions agressives de marginaux qui ont socialement « décroché » ou à exploiter les peurs de chacun? Un fait mineur se trouvera ainsi émotionnellement amplifié au point de créer un « événement » qui en acquerra du même coup un caractère universel. C'est ainsi que gagne partout le sentiment d'insécurité. Comme l'indique une enquête du CREDOC [1] faite en 1991, les Français qui regardent la télévision tous les jours sont globalement plus inquiets que ceux qui ne la regardent jamais (29 % contre 21 %).

Or, le danger premier de cette inquiétude est la désocialisation, qui empêche l'individu, faute de dynamisme, de penser et d'agir selon un idéal. Il nous faut insister : sans idéal, la vie psychique manque de nourriture symbolique pour s'humaniser et se socialiser. Cela ne signifie pas qu'il n'y ait plus d'idéaux, mais plutôt qu'on se refuse à les employer comme s'il ne pouvait y avoir d'idéal en dehors de soi-même pour répondre à la double question : à qui et à quelles valeurs faire confiance ? Chacun se retrouve donc seul face à cette dégradation du sentiment de confiance qui atteint tous les domaines, seul aussi devant les difficultés de l'existence ; alors, à en croire la rumeur, chacun tente de « bricoler » comme il peut...

L'ambiance est à la « déprime ». Pour être plus précis, disons que le climat favorise la défaillance, c'est-à-dire un état de ce qui fait défaut, un malaise, une faiblesse, une insuffisance : autant de mots pour décrire cette plainte que l'on entend aussi bien chez les individus que dans la société en « dépressivité ». Ce doute dans la vie et dans l'avenir est à la fois source d'inhibitions et de dérisions : la dépression peut être en effet manifeste et se traduire par un ralentissement vital, ou masquée et s'exprimer dans des conduites de défi ou de désespérance.

Mais ce qu'on ne dit pas assez, c'est que la défaillance actuelle est avant tout l'expression d'une crise de l'intériorité, où chacun, tenté de ne s'occuper que de soi, se retrouve dans un angoissant face à face de miroir. Ce n'est pas un fait nouveau : la peur et la fuite de soi ont souvent été évoquées par les théologiens, les philosophes, les romanciers et les psychologues. L'actualité des interrogations contemporaines se situe davantage dans un manque d'enracinement, dans une quasi-absence de la relation éducative et dans le refus à faire fonctionner le sens de l'Idéal. Il en découle un appauvrissement de la vie intérieure qui fabrique des personnalités relativement

---

1. Centre pour l'étude et l'observation des conditions de vie.

inconsistantes et impulsives. Nous en voulons pour preuve l'expérience clinique de nombreux praticiens qui se trouvent très souvent confrontés à des pathologies de l'agir, d'autant plus fortes que les individus se sont persuadés, de façon défensive, du bien-fondé de leur attitude et manifestent ainsi leur incapacité provisoire ou définitive à résoudre dans leur vie psychique un problème d'origine interne. Avec une telle carence de leur intériorité, c'est évidemment à tort qu'ils pensent que l'agir est la solution aux maux qu'ils subissent.

Cette crise du sens à donner à sa vie a une deuxième conséquence et c'est que, de plus en plus souvent, l'individu en vient à se prendre comme cible de sa propre agressivité. Ce constat peut paraître paradoxal car, après tout, nous sommes dans une société où sans aucun doute les idées circulent, mais elles sont surtout utilisées pour évaluer affectivement ses positions personnelles et non pour accéder aux questions de sens à partir desquelles chacun fait des choix afin d'orienter son existence. Il n'y a pas si longtemps encore, à l'école et à l'église, l'enfant apprenait à réfléchir à ses comportements en fonction de principes universels, largement admis puisque participant du fondement même de notre civilisation. Quoi qu'on en dise aujourd'hui, ces deux lieux pédagogiques ont su, en leur temps, jouer un rôle irremplaçable dans la formation de l'intériorité et la mise en place de la fonction psychologique de l'affectivité symbolique. Mais, désormais, l'absence de cette double compétence de l'intériorité et du symbolisme favorise, au moins dans les représentations collectives, l'expression des pulsions à l'état brut, sans aucune élaboration; on se complaît dans la régression naïve et parfois vulgaire, et qui, en outre, est source de violence. L'individu qui n'est plus en dialogue interne avec des références ou des idéaux, quitte à les mettre en cause, retourne cette violence sur lui-même et devient ainsi l'objet de sa propre agressivité au risque de se perdre.

Les conditions se trouvent donc réunies pour développer un climat dépressif proportionnel à la capacité de chacun à supporter l'idée que les réalités, les lois et la morale ne

23

dépendent que de soi. Cette fausse conception du réel est malgré tout encouragée par des modes et même par certaines pratiques éducatives qui tendent à faire croire que rien n'oblige, et que chacun fait ce qu'il lui plaît puisqu'il n'y aurait pas de vérités universelles.

L'une des conséquences bénéfiques de l'effondrement des messianismes terrestres est de nous rappeler ce que nous savions déjà dans la culture judéo-chrétienne : l'individu est seul sujet de la vie sociale. Il doit le redevenir après que nous avons connu, pendant près de deux siècles (et surtout au cours du xxᵉ siècle), le triomphe du collectif comme sujet central de la société, collectif au nom duquel les individualités ont été niées, « corrigées » par l'endoctrinement ou tout simplement éliminées. Si l'individu peut redécouvrir toute sa valeur, c'est bien à la suite d'une tradition qui l'a mis en dialogue avec une dimension transcendante à partir de laquelle il a découvert qu'il n'était pas la source ni la fin de tout. Ce décentrage, cette prise de distance par rapport à une certaine suffisance sont nécessaires lorsqu'on veut faire de la culture et du social qui durent au-delà de soi.

Un troisième lieu de crise, enfin, offre d'autres preuves, si besoin était, de la défaillance de notre société : la sexualité revue par ce qu'on a appelé la « libération sexuelle ». Un conformisme ambiant, pour ne pas dire une croyance, voudrait accréditer l'idée que la sexualité contemporaine serait plus joyeuse et de meilleure qualité que celle des générations précédentes. Cela reste à prouver ! Pourquoi a-t-on eu besoin de parler de « libération sexuelle » ? Pourquoi a-t-on jugé nécessaire de cultiver cette représentation, pour autant d'ailleurs qu'elle ait correspondu à une pratique généralisée ? La légalisation de la contraception et de l'avortement pas plus que la disparition, à la fin des années 50, des maladies sexuellement transmissibles ne peuvent expliquer cette représentation d'une sexualité sans problèmes. La libération sexuelle aura été un argument pour refouler les sentiments et annihiler toute réflexion morale. Mais ce qu'ont imposé les adolescents des années 60, c'est une sexualité juvénile qui n'a pas, loin s'en faut, favorisé l'accession à la maturité affective et sociale. La conception de la vie de couple en a été influencée, puisque ce sont précisément des composantes psychologiques juvéniles que l'on a cherché à mettre en œuvre. Couples transitoires et couples éphémères n'avaient pas les moyens de résoudre les problèmes relationnels qui ne manquaient pas de se développer dans cette affectivité narcissique qui caractérisait leur intimité, et il n'est pas étonnant que les enfants nés de cette révolution regardent très souvent leurs parents comme de grands adolescents attardés. « Il faut grandir, maman ! » Voilà ce que disait récemment une fille de 17 ans à sa mère de 40 ans qui, pour la troisième fois, venait de changer de compagnon...

Sur cette difficulté de réfléchir et de traiter les interrogations de la vie affective selon les âges de la vie s'est également greffé un problème identitaire entre hommes et femmes. Nous avons en effet constaté, au cours du xxᵉ siècle, un besoin croissant de ressemblance des deux sexes au point même d'escamoter leur différence. Cette indifférenciation provoque une confusion des figures parentales peu propice à fournir des repères aux enfants. Dans ce contexte, on voudrait que l'homosexualité soit à égalité avec l'hétérosexualité alors que, socialement, elle n'a pas la même valeur et reste le symptôme de la difficile élaboration de la bisexualité psychique, comme nous le montrerons plus loin.

Ainsi le sexe est-il dans l'impasse de représentations qui ne sont pas viables. Il se déprime devant l'insuccès de ses espérances ; c'est là source de nouvelles inhibitions. De nombreuses écoles de sexologie se sont construites sur ce terrain fertile sans être pour autant, à quelques exceptions près, compétentes pour traiter les problèmes de personnalité.

Carence de l'intériorité, tendance à l'auto-agression, sexualité primaire : ces trois crises traduisent une incertitude encore insoupçonnée ; nous devons à présent mesurer les enjeux d'un handicap contemporain à ne pas savoir mettre en œuvre le sens de l'Idéal.

CHAPITRE 1

LA CRISE DE L'INTÉRIORITÉ

Le dynamisme et la force d'une personnalité dépendent de sa richesse et de son dialogue interne. Loin de n'être qu'une simple succession d'événements, les différentes expériences de la vie sont intégrées et contribuent ainsi à développer les capacités de l'individu. Ce travail psychique se réalise à partir de la fonction de l'Idéal qui favorise la naissance et la croissance de la subjectivité. Or cette fonction a été progressivement délaissée dans notre société puisque l'idéal aujourd'hui, c'est justement de ne pas en avoir, ou de tourner en ridicule des idéaux qui ont pourtant fait leurs preuves − puisqu'ils sont à l'origine de notre culture − sous le prétexte fallacieux qu'il ne faut être soumis à aucun dogme. Mais, même si nous avons été abusés et trompés par de faux dogmes (politiques, sociaux), ou par des idées qui ont perdu leur créativité d'origine, nous oublions seulement ici qu'un dogme en remplace un autre. En effet, dès lors que nous privilégions le ressenti individuel, l'expérience et les besoins particuliers, il n'est plus de loi ni de vérité objectives sur lesquelles établir des références universelles. Or, l'une des tâches de l'intériorité est de favoriser l'association entre la subjectivité et des « vérités » reconnues. Ce travail intérieur qui permet d'élaborer ses pulsions à travers des pensées, des relations, une morale, une loi, une spiritualité, une culture... encourage l'expansion et le développement d'une intériorité à partir de laquelle la relation au monde extérieur sera possible et bénéfique pour l'individu et la société; chacun vivant sa relation aux autres à l'image de ce qui se passe en lui car, si la vie psychique se développe en interaction avec un environnement, elle dépend aussi de processus qui lui sont propres.

Vérités objectives, vérités subjectives

Si la notion de dogme a mauvaise presse aujourd'hui, c'est sans doute parce qu'on la comprend comme un ensemble d'idées figées, sans esprit de recherche ni d'approfondissement, et qui canalise l'expérience humaine plus qu'elle ne la dynamise. Il serait regrettable pourtant de mépriser l'idée qu'on puisse, du moins en partie, définir la vérité du réel. Un dogme est en effet un point de doctrine établi ou regardé comme une vérité fondamentale incontestable. La loi de la prohibition de l'inceste, par exemple, a valeur de dogme : elle est une vérité qui permet à la vie psychique de devenir autonome et d'accéder à l'existence sociale, puisqu'elle oblige l'enfant et les parents à se dégager d'une relation exclusive de possession. On retrouve cette vérité dans l'histoire de toutes les sociétés, et sa transgression, manifeste ou latente, met en péril le sens de l'altérité et le destin d'une société.

Il y a ainsi un certain nombre de vérités objectives. Ne pas vouloir en tenir compte serait nous limiter. Si l'intelligence humaine a su donner naissance, et non sans difficultés, à des philosophies qui travaillent à l'organisation et à la survie des sociétés, n'est-ce pas pour pousser toujours plus loin la quête de la vérité ? La société perd en cohérence, et la loi en crédibilité lorsqu'elle n'est pas la conséquence d'une philosophie juste, honnête, respectant la vie humaine et son progrès spirituel. Le dogme « Tu ne tueras pas » est une loi objective qui ne dépend pas de l'état subjectif ponctuel d'un individu. Il s'impose à tous comme idéal en tant que loi objective, c'est-à-dire, répétons-le, qui ne dépend pas de ses humeurs. S'il faut avoir recours à ce risque suprême (en cas de guerre ou de légitime défense), la société en trace les règles à la lumière de la conception qu'elle se fait de la vie humaine.

28

Avoir fait siennes un certain nombre de vérités rend son existence plus viable et ne signifie pas pour autant qu'on s'enferme dans un intégrisme stupide, qu'il soit psychologique, politique ou religieux. Pourtant, l'idée de mettre en lien son existence avec un certain nombre de vérités objectives angoisse souvent ceux qui ont. un rapport conflictuel à la loi et qui se trouvent par là même réduits à l'impuissance, à la peur du gendarme. Or, habituellement, le sens de la loi est tout au contraire l'ouverture, pour ceux qui ont réduit leur complexe de castration, à tous les possibles de la vie; libéré, l'individu connaît une aisance intérieure qui lui permet de penser et d'agir.

Jusqu'à ces dernières années, les individus ont vécu sur des acquis culturels, religieux et sociaux mais aussi très souvent dans la méconnaissance de l'origine de ceux-ci et donc de leurs significations : ils étaient cependant imprégnés de ces valeurs et des modèles ambiants, dont la symbolique restait garante d'un certain idéal. A présent, avec les personnalités narcissiques qui s'imposent de plus en plus, l'ignorance tend à devenir la nouvelle forme de savoir à partir duquel on ironise ou l'on invente des connaissances ésotériques de circonstance qui sont en fait plus révélatrices des états de conscience de ceux qui les expriment que de vérités opérantes dans la réalité.

Et il n'est pas jusqu'aux appareils critiques qui, après avoir parfois escamoté ou détruit l'objet de leurs études, et s'être transformés eux-mêmes en idéologie (comme certaines écoles de sociologie qui se sont très souvent substituées à la réalité qu'elles étaient censées travailler dans leur structure), sont à leur tour discutés pour être ou non validés. Dès lors on s'est mis à douter de la nécessité de prendre en compte ces références culturelles, sociales ou religieuses : il fallait éviter de névroser les enfants, d'être pris par le système social ou de s'aliéner dans des superstitions. Ce rejet massif des idéaux a provoqué la mise au chômage de la fonction psychique de l'Idéal du Moi social au nom de l'épanouissement personnel.

Nous sommes désormais, à l'image de la tour de Babel, dans la confusion des pensées que contribue à encourager le processus de l'identification coupable : nombreux, en effet, sont ceux qui se croient tenus d'accepter des représentations ou des conceptions auxquelles ils n'adhéraient nullement auparavant pour ne pas se sentir coupables ni être rejetés par les autres. Ainsi véhicule-t-on pour un temps des idées qui sont acceptées affectivement plus que reconnues rationnellement et sont, en outre, en contradiction avec les idéaux et les pratiques culturelles de la société. C'est peut-être un truisme de rappeler que toutes les idées ne sont pas viables et ne contribuent pas nécessairement à un progrès humain. Pourtant, il est symptomatique qu'en Occident, à l'instar d'autres cultures, nous ayons besoin, de façon plus ou moins irrationnelle, de nous mettre en opposition avec nos valeurs au point parfois de ne plus être capable de prévoir les conséquences de ces (dé)constructions philosophiques. Certains voudront y voir les qualités d'un esprit critique alors que cette attitude s'apparente davantage à une conduite suicidaire à peine dissimulée.

L'Occident, en effet, a exporté des idées qui étaient très souvent le fruit d'auteurs de talent donnant une glorieuse issue à leur névrose. Nombreux sont ceux qui se sont reconnus dans ces névroses, lesquelles ont été par là même légitimées au point d'être érigées en système de pensée ou en modèle politique. Mais quand ces idéaux s'effondrent, les moins sincères retournent prestement leur veste, et les autres dépriment, voire se suicident. L'histoire, faute d'avoir entendu raison, a confirmé qu'une société fondée sur Marx (tel que le communisme l'a réduite dans la négation de l'individu), sur Nietzsche (et le refus de la morale) ou sur Sartre (la liberté impuissante et les relations inauthentiques) est une société mortifère. Bien évidemment, nous reviendrons plus loin sur les dégâts causés par ces idéologies.

Il nous reste alors à nous demander au moyen de quelles idées et avec quelle conception de lui-même l'homme peut se construire. D'une telle interrogation, personne ne peut faire l'économie : la personnalité laissée à la seule prise de son inconscient ne peut pas vivre dans le monde; le Moi a besoin de recevoir de l'extérieur du matériel à partir duquel élaborer sa vie et rencontrer les autres. Sinon c'est le vide, vide psychique et vide des idées. Nos sociétés en voulant réduire, voire nier, les significations religieuses qui sont à leur origine ne fournissent plus à l'individu un projet cohérent de vie. Pourtant, même si les convictions de chacun sont estimables, reconnaissons que seul le religieux offre un dessein à l'homme, et c'est le refus de l'admettre qui condamne, à terme, l'Occident.

La honte de ses origines

Qu'il le veuille ou non, l'Occident est fondé sur les valeurs judéo-chrétiennes. Cela ne veut pas dire qu'elles soient constamment vécues sans aucun écart ni dans un intérêt soutenu mais davantage que ces valeurs ont façonné nos symboles et nous ont donné une conscience et un sens de la personne humaine, dans son unicité singulière, comme aucune autre culture n'a réussi à les formuler.

Dans nos sociétés occidentales, l'individu n'est pas soumis au groupe au point d'être dépossédé de sa personnalité. Il est certes membre d'un groupe avec lequel il est en interaction mais celui-ci ne décide pas pour lui, comme ce peut être le cas dans des civilisations fondées sur le clan. C'est pourquoi la culpabilité qui est inhérente au psychisme humain trouve plus à s'exprimer chez l'homme occidental, seul avec sa liberté, que chez les membres d'une société tribale où, la vie individuelle étant très précisément codifiée, l'émergence d'un débat subjectif est souvent inenvisageable.

Ainsi donc notre société actuelle vit-elle dans la honte de ses origines surtout quand elle veut s'en donner d'autres, évidemment illusoires, à travers des cocktails et des montages d'idées empruntées ici ou là au gré des modes pour le plus grand étonnement des populations qui en vivent, quant à elles, de façon restreinte et non universelle. Cette honte des origines est clairement liée à la culpabilité de l'individu, qui se reproche de ne plus arriver à correspondre à un idéal et, pour cette raison, met en question les fondements de la société dont la survie, après lui, ne le préoccupe plus. En sorte que, objet de sa propre culpabilité, il va jusqu'à s'auto-agresser et se complaire, comme nous le verrons plus loin, dans des conduites de déliaison lors desquelles les relations avec soi, les autres et la société sont cassées. En somme, faute d'un sens social à partir duquel travailler la culpabilité primitive et œdipienne, l'individu ne peut établir de relations durables : il doute, se déconsidère et ne sait plus évaluer ses faits et gestes. Son rapport au temps s'en trouve faussé : seul l'instant présent compte, puisque le sentiment de culpabilité limite la possibilité de se donner des perspectives d'avenir. C'est ici, en tout cas, que nous voyons la cause principale de ces phénomènes de rupture que sont le divorce, la toxicomanie, le suicide et l'homosexualité.

Carence de la société à promouvoir un sens : le politique, de ce point de vue, qui voulait se substituer au religieux n'a pas été la panacée qu'on pouvait croire. Il serait d'ailleurs injuste et simpliste de prétendre que la société démocratique est la suite logique de la société religieuse. Cette pirouette intellectuelle ne rend pas compte d'une histoire et d'une réalité plus complexes. Cependant, malgré la séparation des pouvoirs temporels et spirituels, le politique est resté imprégné de représentations religieuses : utilisant le lexique catholique pour désigner leurs instances ou leurs méthodes de travail, les partis politiques sont devenus eux-mêmes des religions de la révolution ou de l'Etat-Nation, des églises du salut terrestre. Mais la promesse du salut historique naissant dans la clarté d'un beau matin comme un nouveau paradis advenu grâce au développement de la science et de la raison a fait long feu : ces idéologies ont asservi les esprits qui les ont vénérées telles des idoles. Et, *a contrario*, le religieux nié et persécuté en Europe de l'Est a-t-il exprimé, là où les individus étaient bafoués dans leur identité la plus séculaire, la volonté de vivre et d'espérer. La liberté de se reconnaître dans une appartenance religieuse, garante de la dignité humaine, permet de savoir ce qui est absolu dans l'existence et ne traduit en rien, contrairement à ce qu'affirment certains économistes, une peur de s'inscrire dans les risques et les chances de l'économie de marché. A raisonner ainsi on se refuse à comprendre les enjeux du religieux comme idéal de vie et fondement de la culture et de la société, outre qu'on fait acte de violence à l'égard des nombreux hommes qui en vivent. Pourquoi le nier ? Le fait religieux, du moins tel qu'il s'est développé avec le judéo-christianisme des sociétés occidentales, a été source de culture et de progrès jamais achevé et, dès qu'on en vient à oublier ses valeurs – que chaque génération a vocation à redécouvrir –, on régresse socialement. C'est alors que réapparaît, entre autres, le religieux sauvage dont s'emparent les sectes, qui sont plus le symptôme du manque de représentations religieuses que celui d'un trop-plein. C'est pourquoi refuser au christianisme sa dimension sociale et le traiter comme un sujet ridicule et ringard relèvent d'une grave inconséquence. Bien au contraire, il doit être pris en compte pour lui-même et non pas relégué dans la confusion au même plan qu'une simple association culturelle.

Ainsi sommes-nous aujourd'hui dans l'impasse de modèles sociaux qui ne proposent d'autres valeurs que celles de la subjectivité individuelle et qui, volontairement, biffent d'un large trait toute l'histoire, comme s'il n'appartenait pas à chaque génération de la reprendre à son compte dans l'espoir de progresser. L'homme est un être en devenir et, s'il se croit parfois « arrivé » au point de se prendre pour un dieu, c'est qu'il ne parvient pas à transformer son complexe paternel : incapable d'intégrer cette symbolique et de devenir l'égal de son père, il adopte une attitude défensive qui consiste à faire comme si ce père n'existait pas et qu'il était à lui-même son propre principe de création; c'est dire, en d'autre termes, qu'il viendrait de nulle part. Mais, faisant ainsi disparaître une partie du réel, il développe en réaction une angoisse à exister dont les séquences dépressives ne sont pas absentes. De nombreux individus ont ainsi utilisé le politique (ou des doctrines politiques) comme thérapeutique à leur complexe paternel : en s'identifiant quasi religieusement à un leader au point de lui ressembler par bien des aspects physiques, intellectuels ou même d'élocution, ils tentent de récupérer par cet artifice ce qu'ils avaient nié par ailleurs.

Nous ne le dirons jamais assez : ce sont les idées qui font vivre les hommes ou qui les tuent; nous avons à présent suffisamment de recul pour affirmer que les individus et les sociétés sont aussi malades de certaines idées philosophiques ou politiques qui peuvent être diagnostiquées avant qu'elles aient commis leurs œuvres; il est indispensable de pouvoir en tirer les conséquences avant même d'avoir à en faire l'expérience. Les hommes qui savent faire ce travail sont hélas rarement écoutés... Pourtant la formation de l'intelligence des jeunes passe par l'acquisition de cette compétence grâce à l'étude de la réflexion critique de l'histoire des idées. C'est aussi par cette médiation que se construit la structure psychique de l'Idéal nécessaire à l'individu pour anticiper la réalisation de ses actes et de ses pensées.

Que sera la vie après l'effondrement de ces modèles qui ont gazé intellectuellement des sociétés entières? Vivre au jour le jour et consommer! C'est ainsi que nous agissons dans les sociétés développées qui consomment et se consument en vieillissant sans parvenir à se renouveler. Mais cela n'a qu'un temps : nous ne pouvons vivre sans enracinement, sans mythes et sans espérance, aucune société ne le peut. Vivre simplement au présent, comme si nous n'avions ni racines pour nous ressourcer ni avenir à construire, ne peut nous inscrire dans l'histoire. Il est important d'insister : nos sociétés vivent dans le trouble de la filiation, comme si elles n'avaient elles-mêmes ni passé, ni tradition et encore moins de valeurs fondatrices d'histoire, de culture et d'avenir. Ce trouble s'exprime bien quand, à propos de tout et n'importe quoi, on parle de « génération », manifestant ce besoin de renouer avec une paternité qui fait défaut. On se raccroche de façon précaire à un homme politique, un chanteur, un sportif, un film, une marque ou à un objet quelconques. Pareille inflation du terme indique l'errance et l'abandon de sens dans lesquels se trouvent certains individus qui préfèrent se croire engendrés par le premier substitut d'idéal qui se présente, fût-il un mensonge social.

Autre signe de cette honte chronique de nos origines : le besoin de dénoncer, de critiquer les anciens modèles, plutôt que de chercher à les enrichir de nouvelles expériences ! On s'ingénie ainsi à détruire ce à partir de quoi l'on vit socialement tout en s'inquiétant qu'on néglige la morale et oublie références et autres rites sociaux. Cette contradiction fissure notre société et prédispose les personnalités à un certain « délire civilisé » dont témoignent bon nombre de productions cinématographiques, littéraires ou musicales. Tout en se croyant libéré, mais sans l'être véritablement, on donne libre cours à des mouvements pulsionnels qui témoignent du manque d'ancrage dans la réalité. L'utilisation d'appellations régressives dont se titrent certains groupes rock est significative de l'oralité sadique dans laquelle ils s'installent. Un des exemples les plus significatifs n'est-il pas le groupe NTM (traduisez « Nique ta mère ») ? Nous sommes loin d'une élaboration des pulsions qui permet de sortir de l'agressivité sadique-anale de la puberté : c'est tout sauf de la culture !

Ces phénomènes relativement récents ne répètent à l'envi qu'une chose : notre société s'étiole faute d'idéal. On l'observe quotidiennement, cette nouvelle « maladie de l'idéalité » crée des psychologies qui tournent à vide, qui se disent épuisées et se plaignent d'une fatigue plus existentielle que provoquée par un travail soutenu ou de réels efforts. Habituellement, la fatigue peut être réparée par un simple repos compensateur, mais lorsqu'elle se traduit par des sentiments d'épuisement systématique (« je suis vidé »), il est préférable d'en chercher les causes ailleurs que dans un hypothétique surmenage. C'est souvent le manque de réflexion sur soi et, là encore, le manque d'idéaux à partir desquels il serait possible de penser sa vie qui sont en effet sous-jacents à cette plainte. Il y a bien un vécu qui existe, mais l'individu ne sait pas toujours quoi en faire faute d'avoir trouvé un sens ou un idéal à partir duquel il pourrait être dynamisé : d'où ce sentiment de tourner en rond, de s'ennuyer, voire de ne pas savoir quoi faire de son existence.

Entre la nécessité et le refus de l'idéal

Le sens de l'Idéal se forme davantage dans le psychisme vers 4-5 ans lorsque l'enfant a conscience qu'il ne peut pas se suffire à lui-même, qu'il a besoin d'une autre dimension pour élaborer sa vie autour d'idéaux et de projets. De cette mise en place psychique (qui relève de l'individu et non pas de l'environnement) va dépendre sa capacité d'anticipation dans le temps et sa faculté d'inscrire son existence dans le futur, donc dans des engagements de vie : si cette mise en place n'est pas réalisée, le risque est grand qu'il se maintienne dans le nomadisme juvénile des essais et des erreurs, comme s'il disposait éternellement de tout son temps.

Surtout, la fonction première de l'Idéal est d'instaurer en chacun un débat intérieur : c'est ainsi que, du décalage entre un idéal et le fait de ne pas toujours y correspondre, naît une réflexion qui pousse l'individu à agir dans le sens de l'idéal qu'il s'est fixé ; ou, à la rigueur, à s'en détourner en pleine conscience. Mais chez certains ce décalage peut engendrer une dépression de type paranoïaque : on reproche aux autres de ne pas être parfait. Dès lors, l'Idéal, au lieu d'être vécu comme une instance d'évaluation, est l'agent d'une culpabilité constante. Souvent aussi on rêve qu'il se réalise en tant que tel, surtout chez les autres. Dans d'autres cas – dépression de type obsessionnel – on se prend soi-même pour l'idéal, ou encore – dépression de type pervers – on laisse supposer qu'il n'y a pas à rechercher un idéal et l'on nie celui qui existe. Dans les pratiques sociales contemporaines, très induites par les idées soixante-huitardes, il est de bon ton de ne pas avoir d'idéal autre que ses représentations narcissiques. En même temps, paradoxe ironique, la morale et/ou l'éthique n'ont jamais autant fait parler d'elles... Il faudrait nous affranchir d'une morale qui évalue nos actes et regretter de ne pas avoir de points de repère. Raisonnement pour le moins bizarre qui annihile fâcheusement le sens de l'Idéal et, au mieux, le remplace par des règles provisoires partielles et partiales. C'en est fini des lois qui s'imposent à tous ! N'ont-elles pas fait la preuve de leur capacité à humaniser les individus et les sociétés? Sans doute en fallait-il plus pour impressionner la génération 68 qui, ayant raté son Œdipe social, reste prisonnière d'un complexe de castration ou, en d'autres termes, d'un sentiment d'impuissance ou d'angoisse de soumission face à la loi. Mais cette attitude, ou plutôt cette réaction, est le résultat d'une histoire où les « pères sociaux » sont apparus comme les premiers tricheurs à ne pas imiter.

Ce conflit n'est pas récent, il date du xviiie siècle qui a vu la promotion par les Lumières de pédagogies de méfiance à l'égard des jeunes [1]; il s'est accéléré à la suite de la Seconde Guerre mondiale et est venu s'échouer sur les barricades de Mai 68. Au lieu de succéder aux « pères » et de continuer la transmission, la génération montante a préféré faire comme si la loi ne devait pas exister. Seulement, en refusant l'identification au père, du moins dans les représentations sociales, cette génération n'a pas pu devenir son égal. Encore soumise au régime de la castration, comment pouvait-elle accéder au sens de la loi et de la différence; en clair, au sens de l'autre? Ses membres ont surtout voulu se vivre paradoxalement comme « frères » en revendiquant l'égalité entre eux et le pouvoir de dire des lois. Mais ces lois d'une pseudo-fraternité sont souvent plus contraignantes, plus oppressives que celles de la symbolique paternelle. La loi du père propose un idéal à partir duquel il est possible de réfléchir tandis que la loi des frères est plus affective et plus sujette aux caprices des intérêts du moment, soumise à la manipulation d'un petit groupe qui se donne « le » pouvoir même si cela se fait par voie démocratique; bref, elle s'impose dans le mépris de l'autre.

Or, on l'a dit, refuser une possible identification au sens de la loi, c'est mettre en péril la structure psychologique de l'Idéal. C'est précisément le paradoxe des années 60/70, qui ont prôné une étrange liberté illustrée par la maxime, contradictoire dans sa forme même, selon laquelle « il est interdit d'interdire »; mais dans ce refus d'un quelconque rapport à la loi, c'est bien l'autre et le

---

1. Voir *Interminables Adolescences*, Le Cerf/Cujas, 1988.

réel qui se trouvent en partie niés, comme dans la position œdipienne primitive. Car l'enfant entre trois et sept ans vit déjà ce conflit qui se rejoue également à l'adolescence : une fois qu'il a accepté la loi de la prohibition de l'inceste (sous toutes ses formes), l'enfant peut accéder au sens de l'autre dans le même temps qu'il prend davantage conscience de lui. Autrement dit, en acceptant sa filiation et en reconnaissant les autres dans la différence sexuelle, dans la différence des générations, il se construit et devient quelqu'un; il relativise alors son sentiment de toute-puissance à l'égard de ses parents et ne va plus chercher à entrer en concurrence avec eux. Ainsi trouvera-t-il sa place de fils ou de fille.

Ce processus de filiation et d'identité a été contrarié chez les adolescents des années 60/70 qui, par la suite, ont aussi évité leurs images parentales en faisant comme si elles ne devaient pas exister. Niant parents et adultes, ils se sont construits sans eux, narcissiquement et dans la suffisance d'Œdipe-Roi. C'est l'imaginaire qui a été revendiqué contre le réel, phénomène au reste classique chez l'enfant qui reste collé à la symbolique maternelle et ne parvient pas à intégrer la loi du père qui donne accès au réel. La différence sexuelle s'en est trouvée de fait annulée : ce furent les beaux jours de la mode unisexe qui a favorisé le développement et la tolérance de l'homosexualité dont les représentations imprègnent depuis lors l'hétérosexualité puisque l'on ne sait pas qui devenir. Enfin, la différence des générations a été réduite et transgressée au point de voir se banaliser des conduites incestueuses latentes ou manifestes, et quant aux adultes, ils ne savent plus se situer en parents et en éducateurs face à leurs enfants quand ils doivent intervenir par rapport à leurs comportements.

Ce qui est surprenant, c'est que ces adolescents d'hier, devenus parents à leur tour, s'étonnent aujourd'hui que leurs enfants ne les remettent pas en question, qu'ils ne revendiquent pas de liberté sexuelle, qu'ils ne souhaitent pas quitter le domicile familial en courant... Ils aiment leurs parents et leur réclament avant tout de quoi nourrir leur idéalité.

Si l'enfant ne dispose pas de cet Idéal pour rejoindre le monde extérieur et avoir ainsi une prise sur le réel, son narcissisme le condamnera à des pulsions partielles qui mèneront, le plus souvent, à la mise en place d'une sexualité infantile du voir et du toucher (masturbation, voyeurisme, sadomasochisme, pédérastie [1], homosexualité) au détriment d'une sexualité objectale qui est relationnelle. Ajoutons à cela que le narcissisme, dans ces conditions, provoque des inhibitions ou des pertes de désir sexuel assez fréquentes chez les 30/45 ans. Même s'il est exubérant et de facture dépressive, il fait naître une relation à l'autre très négative : le mensonge, le vol, la déloyauté, l'élimination de l'enfant à naître et, à l'autre bout de la vie, le malade dont on ne sait plus quoi faire, sont des idées de mort couramment tolérées mais qui déshumanisent.

L'ignorance du sens de la loi

Comment s'étonner au regard de ce constat que la relation à l'autre soit devenue menaçante dans nos représentations collectives? L'intériorité comme la subjectivité sont à fleur de peau, superficielles; les attitudes les plus primitives sont prêtes à rebondir dès qu'un désir se manifeste et c'est le triomphe de la régression. Dans un tel climat, les conditions psychologiques ne sont pas réunies pour arriver à une production d'authentiques créations culturelles qui seraient susceptibles de traverser l'histoire, de laisser une marque aux générations futures. Ce que l'on appelle pompeusement aujourd'hui « la culture » brille plus par le vide (car rien ne tient à partir d'elle) que par sa capacité à créer un réel esthétisme au-delà du simple éclatement pulsionnel.

La vie sociale est aussi devenue (ou redevenue une fois de plus) le lieu où s'expriment ces régressions, à commencer par la loi dont le sens se trouve détourné. C'est ainsi

---

1. Ne pas confondre la pédérastie – attrait sexuel d'un adulte pour un enfant – et la pédophilie qui, étymologiquement, désigne l'amour de l'enfant.

que, à partir du moment où l'on doute que la police et tout autant la justice puissent assurer la sécurité des individus, chacun se débrouille pour assurer sa propre défense, dans le cas, notamment, de ces nombreux larcins qui empoisonnent la vie quotidienne. L'impuissance des pouvoirs publics a fini par banaliser les vols et les agressions et lorsque de tels faits se produisent dans des lieux publics, en présence de témoins, chacun détourne pudiquement son regard car il n'a pas le courage d'intervenir, encore moins celui de rappeler la loi du respect d'autrui et de son bien à l'homme qui la transgresse publiquement. On sait d'ailleurs que ces attaques sont la plupart du temps très mal vécues par les victimes et que leur récit propage un climat d'irascibilité, de frustration, de vengeance et de méfiance qui ne porte bien entendu ni à la confiance ni au respect. En minimisant à tort cette « petite délinquance », sous le prétexte de n'imputer à charge que la valeur relative de l'objet volé, et non le geste même qui, lui, porte réellement atteinte à la victime (quelle que soit la valeur de ce qui lui est dérobé), on accrédite auprès du plus grand nombre que le vol est une pratique qui peut se comprendre et qu'après tout, comme le disait un récidiviste, « je n'ai rien fait de mal puisque je ne l'ai pas frappé ». Exemple on ne peut plus éloquent et qui confirme que, dans l'enfermement narcissique actuel, chacun est amené à se bricoler une loi à la mesure de ses besoins et à se fixer ses propres limites : grave dérive morale donc, puisque la conduite est évaluée à l'aune de l'objet volé et non pas à l'attitude du voleur. La notion de personne et la relation d'altérité passent aux pertes et profits ; seuls importent le blouson, l'autoradio, l'appartement saccagé. La loi est dépersonnalisée et tout devient possible : le dicton de nos antiques « leçons de morale », *Qui vole un œuf vole un bœuf*, n'est plus d'actualité ! C'est le droit du plus fort, du plus rusé ou du plus séducteur qui devient la norme. Ne pas prendre en compte la valeur de l'acte supprime l'individu et le sens de sa responsabilité.

Mais quelle est la cause de ces déplacements de valeur qui dévalorisent le sens des actes et oublient la personne pour ne considérer que l'objet ? L'hypothèse la plus couramment admise invoque « l'argent sale » et les biens injustement acquis. L'état de manque légitimerait le vol, comme le reconnaissait un « dépouilleur » d'adolescents : « Puisqu'il a pu se payer les chaussures que je lui ai prises, il pourra s'en acheter d'autres ! » Pour arriver à développer des raisonnements aussi méprisants, il faut une sévère défaillance du sens du respect d'autrui ; pour autant, de tels propos ne sont pas rares...

La confiance et le respect d'autrui, répétons-le, sont les valeurs les moins bien partagées comme idéal commun. Les faits sont là pour nous le rappeler. Selon les chiffres du ministère de l'Intérieur, les crimes et les délits ont augmenté de plus de 33 % en dix ans : en 1991, ils atteignaient le chiffre de 3 millions et demi ; en 1992 à Paris, la délinquance, selon le procureur de la République, a progressé de 4,5 %. Et les rues des grandes villes, les grands axes routiers et les moyens de transport sont chaque jour le théâtre de ces méfaits.

Signe des temps : les parents, les enseignants, les éducateurs même ne savent comment initier les jeunes à la vie sociale ; aussi est-il devenu courant que la police assure ce travail de substitution et que certains de ses membres fassent office d'assistantes sociales, de moniteurs sportifs, d'animateurs socio-éducatifs ou encore d'organisateurs de colonies de vacances. C'est le prototype du « bon flic » qu'on retrouve dans nombre de séries américaines programmées en France, tels « Starsky et Hutch » qui ne dédaignent pas, à l'occasion, de jouer aux bons Samaritains et de faire une partie de basket avec des jeunes. Reste qu'ils sont d'inoffensifs héros de fiction... Certes, il faut saluer ce dévouement et cette générosité, mais demander aux policiers de tenir un tel rôle en dehors de leur sphère d'action ne paraît pas sain. La police a pour mission d'intervenir auprès de ceux qui transgressent la loi mais elle ne peut pas remplacer les parents et les éducateurs qui refusent d'être les porteurs et les garants de la loi. L'intériorisation du sens de la loi se réalise principalement dans les relations affectives que l'enfant entretient avec ses parents, puis il revient à chacun de se la représenter et de l'utiliser pour évaluer ses désirs et ses actes.

Aussi nous semble-t-il dangereux que des adultes ne sachent pas (ou refusent) de dire les possibilités et les limites du réel. Une telle attitude relève d'un malaise non résolu qu'ils ont noué vis-à-vis de leurs propres parents et qu'ils répètent avec leurs enfants. Ce comportement a pour conséquence une ignorance des règles sociales, au pis une perversion (la loi ne me concerne pas), ou encore un complexe de castration (la loi me rend impuissant). Les enfants ne naissent pas avec, en eux, le sens de la loi, qu'ils acquièrent au contact de leur famille et des divers groupes humains auxquels ils ont part; faute du sens de la loi transmise et apprise – fût-ce dans l'effort –, ils peuvent être victimes de sérieux problèmes identitaires.

Ce n'est pas très sérieux non plus de vouloir, par exemple, justifier les commandos de jeunes qui fracturent des vitrines à la fin de manifestations autorisées. Les sociologues ou les philosophes qui se prêtent à pareils propos commettent une grave erreur de discernement psychologique, outre qu'ils banalisent une attitude antisociale.

C'est ici pour nous l'occasion de nous demander comment tant de machinations destructrices ont pu fasciner des intellectuels. N'y a-t-il pas, dans les grands courants d'idées de ce siècle que sont le marxisme-léninisme ou l'existentialisme sartrien, un goût immodéré pour le sado-masochisme, un mépris haineux de l'autre, puisque tout en voulant participer à la libération des hommes, ils ont surtout contribué à les nier. Bien entendu, il convient d'étudier ces pensées et nous ne saurions contester qu'elles font partie de notre époque; mais agréer ces conceptions mortelles pour l'homme, c'est se laisser enfermer dans une pensée adolescente où dominent le sentiment de toute-puissance, le refus de la société, le narcissisme et la pensée magique. Hérités du XVIIIe siècle, ces systèmes de pensée ont été élaborés pendant la période juvénile de leurs auteurs et ont entraîné, du moins jusque dans les années 70, l'adhésion de nombreux adolescents qui avaient – fort naturellement d'ailleurs à cet âge – des comptes à régler avec la société et l'image du père. On retrouve dans ces philosophies le radicalisme, la cruauté intellectuelle, la magie du verbe, la négation de l'histoire et du réel et l'incapacité d'innover, autant de caractéristiques propres aux adolescents quand ils ne parviennent pas à résoudre leur Œdipe social, c'est-à-dire à promouvoir des relations de réciprocité dans la succession des générations. En somme, les révolutionnaires, issus de la bourgeoisie et enfermés dans des conflits de filiation paternelle, projetèrent dans le champ social ce qu'ils ne parvenaient pas à traiter psychologiquement. De fait, la vie sociale se trouve singulièrement compliquée de ce que viennent se mêler aux nécessités de la collectivité les intérêts psychologiques de ceux (et ce ne sont pas toujours les plus matures affectivement) qui se proposent au suffrage universel et font carrière politique. Il est temps de reconnaître que ces philosophies portent la responsabilité de cruels génocides, de nombreux suicides et qu'elles n'ouvrent aucun chemin d'avenir. S'il fallait s'en convaincre, l'histoire en a hélas apporté la preuve malheureuse...

Ce petit détour par la pensée sadique nous permet de revenir aux causes supposées du vol. Pour elle en effet, le chômage, la pauvreté économique, sociale et morale en sont autant de facteurs déclencheurs. Ajoutons-y le phénomène des banlieues où se côtoient des ethnies diverses sans lien avec la culture de la société d'accueil. Ces causes, déjà évoquées par les moralistes hygiénistes du XIXᵉ siècle à propos de l'alcoolisme et de la délinquance, sont un peu courtes. Le chômage ne fabrique pas systématiquement un délinquant en puissance et la violence juvénile qui se déploie dans les cités est davantage le signe de l'absence de relations éducatives, même si les problèmes d'habitat, d'intégration et d'économie sociale sont aggravants. Mais ne soyons pas naïfs : ces problèmes ne se résoudront pas à l'aide de séjours à la ferme, de concerts de rock ou de rap! Quant à l'urbanisme en carton pâte de ces cités, objet de toutes les mises en cause, il a évidemment été un des premiers à fabriquer de la désespérance. Nous ne saurions le nier, ni justifier qu'elles aient été construites dans l'urgence et « à l'économie ». Précisément, tout cela ne souligne qu'une chose : une fois encore, c'est l'économique qui a triomphé de l'humain. Le moment n'est-il pas venu que l'humain soit pour la société un investissement d'avenir de première importance? L'habitat, l'éducation et le travail ne sont-ils pas des priorités pour le respect de la dignité de chacun? Sans ce minimum vital, en effet, comment une personnalité peut-elle se développer? On sait bien d'ailleurs que la fonction psychique de l'Idéal a besoin de recevoir du monde extérieur une nourriture culturelle, sociale, morale et spirituelle : si des valeurs n'ont pas été intériorisées, il ne faut pas douter que nous courions à la régression.

La délinquance dans les cités sinistrées, qui commence chez les jeunes de 6/7 ans, est un fait nouveau. Ces enfants sont pour la plupart désocialisés et, à la différence de leurs aînés (les 15/25 ans), ils sont encore plus démunis par rapport aux normes sociales : leur violence risque donc d'être plus dure et plus radicale. Selon les enquêtes sociologiques, leurs images parentales sont pauvres : « Mes parents sont mes parents », disent-ils en sous-entendant qu'à ce titre ils les aiment; mais ils les rejettent en même temps comme modèles d'identification parce qu'ils les trouvent trop résignés. Comment dans ces conditions peuvent-ils édifier leur fonction psychique de l'Idéal quand on sait qu'elle dépend aussi d'une double identification aux images parentales et aux valeurs spirituelles qui seront ou non introduites dans la personnalité? Privés de cette double identification ils ne peuvent établir une réelle intériorité et hypothèquent leur chance de porter à maturité et leur intelligence et leur affectivité. Evidemment, on mesure plus que jamais le rôle essentiel de l'éducation, de la transmission de savoirs d'un système de valeurs et de la cohérence sociale dans cette formation de l'individu.

On pourra objecter, avec juste raison, que cette population des cités en difficulté ne représente qu'une faible proportion de la population juvénile française. Il ne serait pas en effet pertinent de tirer ici de trop hâtives conclusions ou de se laisser conditionner par la tendance systématique des médias à transformer en expérience universelle un cas particulier. Cependant il est vrai que, pour évaluer l'état de santé d'une société, le malade est souvent plus révélateur que le bien-portant, et s'arrêter à cette minorité souffrante permet de découvrir les points faibles de la psychologie contemporaine et, tout particulièrement ici, la maladie de l'idéalité.

Le religieux et le moral malmenés

La négation de l'Idéal a eu pour conséquence de rendre les mentalités allergiques à tout ce qui a trait au travail du sens religieux, du sens moral et du goût pour la recherche de la vérité. Tout a été fait pour que leur importance réciproque soit minimisée et on a pensé que la science serait en mesure de répondre à des questions qui, en fait, ne sont pas de son ressort. Mais le religieux, toujours actif, demeure bien réel même si son refoulement transpire de toutes parts. Si cette annulation est trompeuse, elle risque de nous priver d'une richesse de réflexion sur la vie et la plupart des symboles et des valeurs qui sont les fondements de notre société.

Le christianisme a inspiré notre développement social, moral et culturel et il serait simpliste de faire le procès de l'Eglise et de la conception de l'homme qu'elle représente sous prétexte que ceux qui tentent d'en vivre n'ont pas toujours la perfection de ce que à quoi ils adhèrent. De ce point de vue, Maurice Clavel a eu raison d'écrire que le refoulement du religieux était l'une des causes de la déchirure contemporaine de l'intériorité.

Le problème n'est pas ici de savoir qui souhaite vivre avec une conscience religieuse, et qui veut s'en passer, mais plutôt de reconnaître le fait religieux comme une réalité qui est de toutes les cultures et toutes les sociétés. Plus encore, la dimension religieuse est fondatrice de la symbolique dont dépend la société : on a voulu par exemple remplacer le baptême chrétien par le baptême républicain, et ce qui n'est que l'imitation d'un rite dévitalisé n'a eu aucun succès. Utiliser un rite et le reproduire est une chose, encore faut-il qu'il soit riche d'une symbolique car, dans le cas contraire, il reste défensif et susceptible de nourrir une attitude obsessionnelle qui appauvrira évidemment la vie subjective.

Ces derniers temps, une erreur épistémologique a voulu

qu'on confonde idéologie et religion. De même voudrait-on associer aujourd'hui religion et intégrisme ou fanatisme. S'il est vrai que les années 80 ont été marquées, pour des raisons politiques, par le développement d'un certain fanatisme et terrorisme religieux, il ne serait pas juste de conclure que toutes les religions engendrent le fanatisme : le laisser entendre équivaut à replonger dans un brouillamini à l'image de la confusion de l'idée dominante selon laquelle tout se vaut!

Si nous insistons sur l'importance du fait religieux chrétien, c'est justement parce qu'il est au cœur de la symbolique à partir de laquelle s'intériorisent nos idéaux culturels en Occident et en particulier en Europe. En étudiant la crise de l'intériorité, il est difficile de faire l'impasse sur le religieux; ce serait même regrettable, comme le souligne fort justement Dominique Wolton, dans un contexte où l'Europe doit se rappeler son enracinement au moment où se dessine un nouvel avenir : « On ne peut pas faire l'Europe sans le droit, la démocratie pluraliste, les droits de l'homme ou la liberté, de même qu'on ne peut la faire sans les valeurs spirituelles et historiques constitutives de son identité [1]. »

Quand les membres d'une société s'abstiennent de transmettre les valeurs (en parole et en actes) qui ont présidé à son développement, la génération suivante, dans son ignorance, se demande si de telles valeurs ont pu être énoncées un jour. Si bien que l'on parle bizarrement aujourd'hui de « retour » ou de « nouvelle morale » là où l'on croyait pouvoir construire son existence sans références. Il ne s'agit pas en fait d'un retour, ni d'une nouveauté, encore moins d'une création, mais du besoin de sortir de l'impasse provoquée par le refus d'une dimension autre que soi-même. Les valeurs existent, ce n'est que leur mise en œuvre qui a été délaissée au moment où les mentalités s'enfermaient dans l'alternative suivante : « Mon épanouissement personnel contre le sens de la loi... » Or il n'y a pas de morale individuelle qui ne soit collective!

---

1. Dominique Wolton, *Éloge du grand public*, Flammarion, 1990. Coll. « Champs-Flammarion », 1993.

Si les idées ont pu mener le monde, aujourd'hui nous risquons surtout de voir les émotions le dominer et c'est la capacité humaine de penser juste qui est mise en doute au point de mettre en congé le sens de l'analyse, de la critique et de la conviction fondé sur des raisons largement étayées. Ce doute est également alimenté par un certain refus de la réflexion intellectuelle sans doute en réaction aux dérives du marxisme, de l'existentialisme, du structuralisme et de certains courants de la psychanalyse, voire actuellement de la biologie et de la génétique. Leur caractéristique commune étant d'être perçus, à tort ou à raison, comme niant le sujet réduit en morceaux à n'être que l'effet d'une production sociale, de systèmes ou à n'être plus que le résultat d'un langage ou de ses gènes. Contre ce climat réducteur, l'individu a voulu se reconnaître globalement vivant en refusant l'idée de la mort du sujet contre des mouvements d'idées qui accordent plus d'importance à la structure qu'à une vision plus globale de l'humain. Si le religieux est toujours actif, c'est bien parce qu'il représente un lieu où peuvent être réfléchies et vécues les questions essentielles de la vie justement dans une perspective globale qui met à profit le travail de la fonction de l'Idéal. Nous observons que le religieux permet le développement de la structure de l'Idéal sans qu'il soit pour autant une necessité intrinsèque à l'appareil psychique.

Le manque de base

Nous l'avons évoqué, pour éveiller ses fonctions et se construire, l'individu a besoin de trouver dans le monde extérieur un héritage culturel qui l'inscrive dans une histoire et une société, un réseau de rapports à partir desquels il peut élaborer des comportements en réponse à des problèmes existentiels. Il y a ainsi, selon la théorie de Ralph Lindon [1], une double influence de la culture sur la personnalité : l'une correspond à des modèles, proposés à l'enfant par ses parents, et qui lui servent inconsciemment

---

1. Ralph Lindon, *Le Fondement de la personnalité*, Dunod, 1978.

à se développer; l'autre concerne les exemples que l'enfant met consciemment en œuvre pour organiser ses réponses face à ses problèmes existentiels ou à ses choix de vie.

L'éducation, c'est-à-dire la transmission d'une culture, conditionne les structures profondes de la personnalité à qui elle fournit un irremplaçable système de valeurs-attitudes. Il est indispensable de se libérer des pédagogies de la spontanéité à la Rousseau qui, sous prétexte que la société risque d'avoir une mauvaise influence sur l'enfant, le livre à l'expression tous azimuts de ses pulsions. C'est la meilleure façon de fabriquer des personnalités à caractère psychotique qui se perdent dans l'imaginaire et refusent de grandir. L'éducation a été prise au piège de cette illusion en délaissant progressivement les pédagogies de l'intelligence au bénéfice de celles de l'éveil. Plus dure est la chute, et comment pourrait-il en être autrement dès lors que, pour développer la fonction psychique de l'Idéal et du sens des valeurs, on ne fait pas intervenir en priorité l'intelligence? Sans compter le paradoxe qui veut qu'on se plaigne d'une carence du sens moral dans le même temps où l'on fait tout pour le tuer dans les mentalités.

La personnalité ne peut pas psychologiquement « tourner à vide ». La culture, entre autres, servira de guide à l'individu pendant toute sa vie car il lui faudra en permanence s'adapter à de nouveaux modèles et se libérer des anciens qui perdent de leur efficacité à mesure que son rôle dans la société vient à se modifier. Ainsi passer du statut d'enfant à celui de père ou de mère, d'oncle ou de tante, comme passer du rôle de parent à celui de grand-parent, exige des changements qui sont d'autant mieux intégrés que l'individu les a déjà observés dans son entourage et qu'il est en cohérence psychologique avec eux. Ce n'est pas le cas lorsque les changements de rôle ne sont pas acceptés, que les modèles sont en contradiction avec sa personnalité ou qu'ils viennent d'une culture différente.

Ainsi donc, sans enracinement social et culturel l'individu, et en particulier l'adolescent, se retrouve-t-il sans boussole et c'est sans doute pour cette raison que les autorités politiques, à la suite des actes de violence provoqués

48

par des jeunes des banlieues, ont tenté de donner des solutions de type « animation socioculturelle ». Mais quels pourront en être les effets dans la mesure où la base d'intériorisation n'est pas assurée? La plupart du temps, ces activités sont bien dérisoires et symptomatiques de ce qui fait défaut : elles répondent seulement dans un jeu de miroir, à ce qui manque à tous ces jeunes en les renvoyant à leur malaise; l'infralangage qu'elles promeuvent volontiers n'arrange guère les dysfonctionnements de l'intériorité : les tags, graffitis, aussi bien que le rap sont d'ailleurs plus révélateurs d'une carence culturelle, voire d'une altération des structures de la personnalité, que l'avènement d'une « nouvelle culture ». Appellation qui désigne avant tout un problème de société : ces formes d'expression apparaissent en fait comme des épiphénomènes non significatifs d'un progrès. Il n'est pas pédagogique de les valoriser quand on sait ce qu'elles masquent : l'ampleur des problèmes d'une subjectivité vide, d'une intériorité laissée en friche, sans objets à traiter à l'intérieur d'elle-même, et qui débouche sur une extrême violence.

C'est pourquoi le problème essentiel est celui de l'éducation qui connaît aujourd'hui une crise importante et que nous avons déjà eu l'occasion d'évoquer par ailleurs. La relation éducative a été progressivement délaissée. Partant du principe que les enfants disposent en eux-mêmes de tout ce qu'il leur fallait pour se développer, on a supprimé le rôle éducatif des adultes, des enseignants et des éducateurs; l'enfant devait arriver à se déterminer et à apprendre seul. Un autre argument, puisé celui-ci dans une vulgarisation superficielle de la psychanalyse, est venu fausser la relation éducative en prescrivant aux parents de ne pas agir sous prétexte de ne pas influencer leur enfant. Les adultes et la société ont alors cessé de transmettre des attitudes de base, des références, des savoirs et des valeurs, avec l'idée quasi magique que tout cela était contenu dans le capital génétique avec lequel chacun aurait à se débrouiller. On aura bien sûr reconnu l'implicite des pratiques pédagogiques héritées des années 60.

La crise de l'intériorité est donc à la fois perte de

confiance dans ses origines culturelles mais aussi échec de la transmission. Que reste-t-il alors à l'appareil psychique pour se constituer ? La fonction psychique est toujours en attente de matériel identificatoire pour se développer. Aujourd'hui, elle doit traiter avec le discours inverse des modèles en vigueur : « Il ne faut surtout pas s'identifier à nous, nous n'avons rien de valable à proposer ! » Les adultes n'acceptent plus d'être des objets à partir desquels les enfants se construisent. Et si tous se dérobent, le psychisme n'a pas de matériel objectal pour se nourrir. C'est pourtant ce que les enfants réclament dans des manifestations où se mêlent colère et violence, signes de leur profonde insécurité. Sans matériel culturel voici la personnalité livrée à l'éclatement partiel de ses pulsions : éventuellement, on la verra se saisir d'objets à partir des relations archaïques de sa petite enfance et les renvoyer à sa propre agressivité primaire encore très active. C'est précisément cela qu'on retrouve dans la musique qu'aiment les jeunes, les graffitis, les œuvres cinématographiques tel les films de Besson, *Le Grand Bleu*, *Nikita*, *Atlantis*, ou encore celui qui fut accueilli comme un film-culte par les adolescents, *Le Cercle des poètes disparus* : dans ces œuvres, le monde est davantage fui que « rêvé » et pensé et les jeunes sont comme invités à s'installer dans leur idéalisme juvénile. Pas de réalisme en effet dans ces films qui exaltent les comportements à fleur de peau, sans réflexion et sans référence à des principes de vie, voire qui tolèrent des conduites agressives et violentes à l'égard d'autrui. Ce faisceau d'attitudes dissimule mal, à terme, l'incertitude profonde et angoissée de nos sociétés, même masquée derrière le propos euphorique du dicton (en fait dépressif) : *Il vaut mieux en rire qu'en pleurer !*

Et il n'est pas jusqu'à la vie politique qui ne soit également touchée : suivant le principe que « la fin justifie les moyens », elle a banalisé au cours de la décennie 80 la corruption qui est la marque même de la dégradation du sens moral et civique. Les malversations financières mais aussi la manipulation des lois et le mépris des grands problèmes de société hypothèquent la construction de la vie sociale. Notre société se laisse miner par la déloyauté, la tricherie au nom de ce principe devenu banal : « Si les autres le font, pourquoi pas moi ? » Sans une conception spirituelle de l'homme dont nous avons pourtant hérité, il est difficile d'être sensible à une autre vérité que celle de ses intérêts immédiats.

L'éclatement de la subjectivité contemporaine accuse donc un grave déficit de ressources morales et spirituelles et, partout, conduit à penser qu'il n'y a rien à trouver en ce sens dans notre société. D'où, aussi, le besoin d'aller chercher ailleurs et dans d'autres cultures de quoi se ravitailler symboliquement. Passons sur ce besoin de s'identifier aux peuples d'Afrique, des îles, ou encore sur celui d'exhiber de plus en plus sa nudité [1], comme si l'on cherchait à retrouver artificiellement des origines quand on a tout fait pour annuler son identité culturelle. De plus en plus fréquemment, en Occident, on a tendance, sous prétexte de pluriculture, à valoriser des formes archaïques : les danses exotiques qui changent d'un été à l'autre, propulsées en tête des hit-parades à grand renfort de persuasion médiatique, en sont bien le symptôme, celui d'une subjectivité handicapée par le manque d'objets culturels à intégrer et d'une incapacité, dans ce cas, pour le processus d'intériorisation à faire son travail. Qu'en est-il au juste de ce processus actuellement ?

Ne compter que sur soi

Que la vie émotionnelle et sentimentale prenne le pas sur la pensée et la réflexion, qu'il s'agisse surtout d'éprouver, d'émouvoir, de plaire, plutôt que d'échanger par le truchement des idées, c'est une fois encore révélateur d'un individualisme subjectif ; c'est dire, en effet, que chacun est renvoyé à lui-même, à ses désirs, à ses intérêts, plutôt qu'à des références transcendantes qui, partant, ne dépendent pas uniquement de lui. Une telle « liberté » ne peut à la longue qu'exacerber sa psychologie si un travail de liaison ne se fait pas à l'intérieur de l'individu.

Mais une autre raison a ici son poids : depuis plus de

---

1. *Le Sexe oublié*, Flammarion, 1990.

vingt ans les individus savent que leur développement et leur réussite reposent essentiellement sur eux-mêmes et non sur le mérite d'une institution sociale. Il en découle non nécessairement de l'égoïsme mais souvent une volonté d'accumuler le maximum d'atouts pour s'accomplir; et, on l'imagine, investir ainsi sur soi s'avère à terme franchement épuisant. Il n'y a pas si longtemps, à partir du moment où l'on se trouvait engagé dans une filière de formation, on était relativement certain de trouver des débouchés. A juste titre on éprouvait un sentiment de reconnaissance et de solidarité à l'égard de l'institution.

Tel n'est plus toujours le cas aujourd'hui : le système est trop défaillant pour qu'on lui fasse confiance. Dans ce contexte on se méfie de ce qui vient de l'institutionnel; au besoin on trie et on se sert en fonction de ses intérêts personnels sans trop se préoccuper d'une autre dimension. Chacun se ravitaille dans les grandes surfaces des identifications, de l'école, du travail, de la morale, de la religion, selon les exigences du moment et à plus ou moins long terme. Agir selon ses envies est devenu le critère d'un choix qui se fait alors au détriment du sens. Certes, on peut rétorquer qu'un tel parti pris nécessite une plus grande conscience de soi et – au prix d'une idéalisation un peu hâtive – un sens accru de ses responsabilités, mais n'oublions pas qu'une subjectivité exacerbée fragilise considérablement la vie intérieure.

Car, c'est bien là que le problème a ses racines : en valorisant systématiquement la subjectivité – manipulation du sens de la loi, du bien et du mal, de l'interdit –, on ne fait qu'encourager la défaillance de l'intériorisation. A partir du moment où l'on se maintient dans une position narcissique, il n'y a plus de débat intérieur puisque l'altérité et l'idéal n'ont pas de place. Or, la subjectivité se structure quand l'enfant accepte, au regard de la réalité extérieure, de ne pas être à lui-même la mesure de tout. Dès lors, le narcissisme initial est transformé en « Idéal du Moi », en projet à partir duquel l'enfant peut grandir : une distance s'instaure entre lui et ce qu'il n'est pas encore et c'est dans cet espace que va pouvoir surgir avec le monde extérieur un dialogue subjectif qui sera source d'intériorité. Les per-

52

sonnalités narcissiques contemporaines vivent difficilement cette opération et souffrent parfois de pathologies de l'intériorité qui s'expriment par des périodes dépressives où domine un sentiment de vide, d'aphasie et de perte d'intérêt.

Occuper son espace intérieur

On ne manquera pas de relever ce paradoxe selon lequel, dans le même temps que nous prenons davantage conscience de notre existence de sujet, nous constatons les graves carences de l'intériorisation. La difficulté à réfléchir sur soi, à prendre ses distances avec autrui et les objets de la réalité, à élaborer sa vie intérieure est aujourd'hui de plus en plus manifeste. On en voit le symptôme inquiétant dans la multiplication des conduites maniaques. Au moins l'on parvient à mettre en place ses fonctions psychologiques ou à métaboliser ses fantasmes, au plus on agit... sans, pour autant, grande efficacité. Il faut sans doute rappeler (quand on sait combien ce terme est employé à tort et à travers) que les fantasmes ne sont pas destinés à être agis dans la réalité : un tel passage à l'acte conduit à une hémorragie psychique et à la perte de toute intériorité. Certains, par exemple, vont agir sexuellement parce que, ne réussissant pas à élaborer une angoisse dépressive, ils ne trouvent d'autre issue que de l'évacuer dans la jouissance. Autres maladies de la subjectivité : ces maladies « modernes » rencontrées principalement chez les jeunes, comme les dépressions, l'ennui existentiel, la toxicomanie, la boulimie et l'anorexie, et dans lesquelles ils se plaignent d'être vides, de ne pas savoir choisir et de ne pas avoir de désir.

Occuper son espace intérieur, c'est se créer des « objets internes » qui facilitent le développement de la subjectivité. L'éducation par les parents et la société est ici essentielle. Or, nous l'avons déjà vu, sous le prétexte de ne pas influencer l'enfant, on s'interdit parfois de lui communiquer des pans entiers de la culture en lui laissant entendre qu'il sera libre de choisir plus tard. C'est une vue de l'esprit. Comment est-il possible de choisir un objet sans avoir jamais reçu sur lui un minimum d'information ? C'est ainsi qu'avec la meilleure volonté du monde, on condamne son enfant à l'inconsistance et l'expérience montre qu'il est difficile, sauf pour des personnalités exceptionnelles et très motivées, d'assimiler un savoir et des références lorsqu'ils n'ont pas été intégrés pendant l'enfance. La subjectivité humaine ne peut se développer que dans la mesure où un matériel riche et varié lui est proposé pour l'éveiller, la stimuler et l'occuper. Faute d'objets à partir desquels un travail intérieur peut s'opérer, ce sont les émotions et les représentations les plus archaïques qui vont s'imposer, quitte parfois à cohabiter avec un fonctionnement rationnel très sophistiqué. Ne voit-on pas des ingénieurs de haut niveau flirter volontiers avec des pensées magiques, au sein de groupes parareligieux, et accorder crédit à des affirmations candides et irrationnelles ? Il est vrai, au regard de ce que représente la mode des pratiques délirantes du *New Age* – qui emprunte à d'autres religions un cocktail d'idées et de rites pour en faire un amalgame séduisant mais qui n'est pas, loin s'en faut, nouveau dans l'histoire –, on ne peut que se renforcer dans l'idée qu'il vaut mieux, pour préserver sa santé mentale, ne pas accorder crédit aux discours religieux.

En effet, l'intériorisation correspond à la capacité que possède le sujet d'entretenir un débat à l'intérieur de lui-même, de réfléchir sur sa vie en tenant compte des apports extérieurs et d'établir un système symbolique à partir duquel il va donner sens à sa vie pulsionnelle. La formation de l'intelligence et celle de la conscience sont donc deux domaines à faire travailler si l'on veut que le processus de l'intériorisation s'affirme. C'est pourquoi la lecture, la réflexion sur les textes et la pensée des auteurs sont primordiales. Il ne faut pas hésiter à promouvoir ce type de travail même si la démarche semble à contre-courant des modes dominantes. Les images télévisuelles, pas plus que les bandes dessinées, ne sont capables de former l'intelligence conceptuelle que l'informatique (incontournable dans les années à venir) nécessitera de toute façon.

Pourtant, cette lente et exigeante élaboration de l'intellectuel en nous est contraire à notre mode actuel d'être et d'agir. Si l'intériorisation s'est appauvrie, elle a fait place à une excessive extériorité. Une preuve en est l'importance considérable que l'on accorde aujourd'hui au corps sur lequel, à en croire certains, devrait reposer l'édifice identitaire du sujet. En quelque sorte le credo est devenu de façon parodique : « Je m'exprime avec mon corps car ma tête ne sait plus penser ! » Quand on ne sait plus quoi dire, que l'on est à bout d'idées ou d'arguments, on se déshabille et on impose son corps. C'est ce que font de plus en plus pour amuser, vendre des spectacles ou faire la publicité d'une marque, comiques, chanteuses et marchands de vêtements... On exhibe et montre d'autant plus le corps, jusque dans sa nudité, qu'on souhaite conjurer l'angoisse du vide et de l'incertitude. Conduite hystérique qui prouve une difficulté à utiliser l'appareil mental, trahit une incapacité à reconnaître la différence anatomique, laquelle est un chemin pour accéder à la différence entre les pensées. Les sujets narcissiques, en effet, sont davantage handicapés que les autres quand il s'agit de jouer avec les différences, dans la mesure où ils demeurent plus sur le registre émotionnel qui a tendance à diverger de celui de la pensée. Ainsi des hommes ou des femmes mal assurés dans leur identité, sans vouloir en être conscients, vont chercher à souligner ou à minimiser certains traits de leur corps à travers sa présentation, quand d'autres plus obsessionnels iront jusqu'à demander à la chirurgie esthétique de le remodeler comme pour éviter de se poser le problème de leur complexe de castration. D'autres encore se tournent vers des thérapies corporelles pour ne pas avoir à parler. La motivation qui incite l'appareil psychique à poser le problème de l'intériorité en termes corporels est la conséquence d'une perturbation de l'identification : la pensée, comme fonction mentale, est mal étayée et le sujet reste très dépendant du jugement d'autrui. Cette pathologie de l'estime de soi est évidemment renforcée quand l'environnement laisse à penser qu'il n'y a que du semblable et pas de différence. Il est ainsi bien difficile de devenir soi-même alors que d'autres chemins existent.

CHAPITRE 2

QUAND L'INDIVIDU S'AGRESSE

Si l'individu de nos sociétés occidentales s'agresse lui-même, c'est d'abord que l'histoire de ce siècle est celle d'une agression permanente, et particulièrement d'une agression des consciences. Revenons, en préalable à ce chapitre, aux conséquences sur nos psychismes de ce que nous avons identifié comme le détournement des sciences humaines. On a pu, en effet, solliciter d'elles l'idée que tous les courants philosophiques et religieux se valent, qu'ils ne seraient que des effets de systèmes psychiques ou sociaux. Ainsi, au nom d'un refus de la différence, nombre de nos contemporains ont-ils perdu tout sens critique et sont-ils dans l'incapacité d'estimer la pertinence, la qualité et parfois la santé mentale d'une idée ou d'un système de références. Il nous faut alors parler de ces idées malades qui gouvernent les individus et les sociétés, mais aussi du règne des minorités actives qui neutralisent les majorités en utilisant la culpabilité; système qui fonctionne bien dans nos sociétés masochistes.

Citons pour exemple la déviation du sens de l'égalité qui se constate de façon très aiguë aux Etats-Unis et notamment sur les campus. Des groupes minoritaires constitués autour de traits communs aussi marginaux que la race, la nationalité d'origine, la sexualité, etc., tentent d'imposer un ordre moral des plus bizarres et s'inscrivent en faux contre la culture occidentale blanche. La dérive ne se fait pas attendre. Des enseignants n'osent plus critiquer les travaux médiocres d'un étudiant noir ou indien de peur d'être taxés de racisme. Les doyens ne s'élèvent pas contre ce climat de culpabilité qui emprisonne les Blancs et c'est seulement au prix de cette lâcheté qu'ils parviennent à éviter manifestations et grèves. Pour ces militants P.C. (du mouvement « Politiquement Correct »), il n'y a pas d'inégalités naturelles mais seulement des injustices sociales et la société est non seulement chargée de garantir l'égalité réelle mais aussi d'offrir des compensations pour les injustices du passé...

Cette situation, même si elle se passe pour l'instant loin de l'Europe, prouve que nous assistons peu à peu à un nivellement intellectuel et moral favorisé, outre les raisons que nous avons déjà évoquées, par un manque de connaissances et par le recours à une valeur dont la cote est en hausse : la tolérance. Mais, la plupart du temps, la tolérance recouvre le fait d'accepter tout et n'importe quoi sans recours à une réflexion morale; en Europe surtout, elle est devenue synonyme d'indifférence selon la formule d'après laquelle « chacun fait ce qu'il veut ». Mais prétendre qu'il n'y a aucune évaluation commune, c'est nier toute possibilité de réflexion et de discernement moraux.

Conséquence de cette indifférence généralisée : chacun veut être reconnu pour lui-même : après avoir connu le triomphe de deux idéologies à visée collective – marxisme et nazisme –, où il fallait changer l'homme malgré lui, fût-ce au prix des pires meurtres qui soient, nous avons tendance à refuser qu'une philosophie puisse d'une quelconque façon être un terrain sur lequel bâtir son existence. Les idéologies ont fait suffisamment de victimes pour ôter à chacun l'envie d'y croire et, devant cet échec, vivre, s'engager et lutter pour des idées mobilisent difficilement les personnes. A moins qu'il ne s'agisse d'inventer un sens à nos actions. Ainsi l'appartenance territoriale, ethnique et l'enracinement dans une tradition sont-ils de nouveaux thèmes porteurs pour des sociétés dont les membres veulent devenir les artisans libres de leur existence. Le politique puis l'économique, et plus récemment le culturel, peuvent aussi servir d'exutoire à cette quête du sens. La démocratie, quand elle n'est pas pervertie, est le moyen le plus respectueux des libertés pour gouverner la cité et, à ce titre, elle vaut la peine d'être soutenue mais elle n'est qu'un moyen relatif de gouvernement; elle ne saurait être une religion, pas plus qu'elle ne peut répondre à toutes les aspirations des citoyens. Quand il a voulu s'identifier à Dieu, le politique a vidé le champ social de son contenu, a privé les citoyens de leur intériorité et favorisé les totalitarismes. La démocratie, comme tous les moyens, doit être seconde, elle doit être l'expression et reposer sur une conception de la vie qui a force d'absolu afin de favoriser la progression de la conscience humaine; sinon comment pourra-t-elle inscrire les individus et les sociétés dans la continuité de l'histoire?

Après deux siècles de critique et d'emprisonnement de la conscience humaine, les individus comme les sociétés implosent : les philosophies simplement fondées sur l'économie, la sociologie, la psychologie et la biologie ne tiennent plus la route. A force d'être critiques et de vouloir changer l'homme et la société selon le vieux schéma dépressif de celui qui ne parvient pas à vivre son humanité, elles ont tué l'objet de leur étude. Pourtant ces méthodes analytiques sont des outils précieux et indispensables à la compréhension des phénomènes humains; elles ont d'ailleurs fait la preuve de leur validité : mais si elles inspirent la réflexion philosophique, elles ne peuvent pas fonder une philosophie globale de la vie, à moins d'éliminer leur sujet.

On comprend qu'un tel contexte favorise un climat de désintégration en même temps qu'une grave « dépressivité sociale ». Curieux siècle d'ailleurs où la guerre idéologique a été plus importante que les guerres d'intérêts territoriaux ou économiques avant que celles-ci ne reprennent... Il n'est de fait pas étonnant que l'auto-agression soit devenue une attitude dominante.

Plus que tout autre, le marxisme a ici sa part de responsabilité. Nous l'avons déjà évoqué, le marxisme a emprunté des idées chrétiennes pour fonctionner à l'envers en cultivant de façon coercitive un messianisme terrestre. D'un point de vue psychopathologique, c'est donc le résultat d'une maladie du christianisme atteint de psychose paranoïaque, dans laquelle la méfiance et la suspicion dominent, les autres étant toujours dangereux et le sujet toujours victime. Incapable, en outre, de porter sur lui-même un regard critique, l'individu a nécessairement raison et quand, fait extraordinaire, il vient à reconnaître son erreur, c'est encore pour souligner que ce sont les autres qui l'ont trompé. Lorsque des sociétés entières parviennent à se libérer du joug de cette idéologie, ce sont leurs racines profondes qui sont réactivées : elles retrouvent leurs traditions, leur foi, et revendiquent leur identité. Le christianisme, il faut le reconnaître, a joué un rôle non négligeable dans la pérennité de ces traditions fondées sur le sens de la personne et de la communauté : l'Europe « de l'Atlantique à l'Oural » a été fondée à partir de ce système de valeurs universelles qui a su établir un lien entre les différentes nations, malgré des enjeux politiques et économiques divergents. De ce point de vue, le marxisme aura été au cours de ce siècle le plus grand prédateur de la conscience humaine, qui a contôlé la moindre production culturelle et artistique, interdit la psychanalyse, combattu la religion. Tout ce qui permettait à l'intériorité de s'exprimer a été systématiquement annulé : qu'on le veuille ou non, cette conception a fini par infiltrer la plupart des sociétés et miner bon nombre d'esprits.

« Destroy »

Nous sommes donc aujourd'hui dans l'impasse de ces idéologies qui ont nié l'homme dans son intériorité. Quelles motivations lui reste-t-il et comment faut-il agir sans Idéal authentique puisque c'est à partir de lui, répétons-le, qu'il construit de la continuité et du durable? Qu'on ne s'étonne pas qu'il soit sujet à la dépression. Le déprimé ne parvient plus à investir le monde dans lequel il vit et se trouve comme privé de sens; son entourage a beau le raisonner, le « secouer » pour qu'il sorte de sa léthargie, ce déploiement de stimulations ne l'aide pas à sortir de son enfermement. Il sait ce qu'il doit faire, mais il ne le fait pas et son maître mot pour justifier sa relative asthénie se résume dans la formule : « Je n'ai pas envie! »

Autrement dit, il vit comme s'il ne devait pas ou ne pouvait plus exister pour apparaître plus près de la mort que de la vie. L'avenir est dès lors réduit à l'instant, son histoire est donc courte puisqu'il ne tient pas à grand-chose dans l'existence.

Dans de telles conditions, que lui reste-t-il comme objectif à son agressivité? Ne pouvant la diriger vers le monde extérieur, il la retourne contre lui et cultive un certain goût pour la mort en l'exprimant soit à travers un esthétisme poétique, cinématographique, romanesque, humoristique ou sportif, soit à travers des conduites suicidaires (même si on ne peut en déduire que le suicide est systématiquement évocateur de dépression). C'est peut-être pour cela que l'instinct de mort prend de plus en plus d'importance dans nos sociétés. Répétons-le, l'agressivité n'étant pas intégrée à la pulsion de vie grâce au travail psychique de mentalisation des pulsions partielles, elle reste une force frustrée et dépressive, vagabondant dans l'inquiétude de la perte de soi. L'individu se retrouve face à lui-même, seul pour se débrouiller et sans le soutien d'une société suffisamment étayée sur des idéaux collectifs pour lui ouvrir un avenir possible.

De ce point de vue, le facteur « temps » est une donnée essentielle. Actuellement, l'éphémère est roi, et l'instant devrait à lui seul faire oublier le passé et ne pas être prévoyant de l'avenir. La vie s'épuiserait ainsi dans le moment présent sans que l'individu sache différer la réalisation de ses désirs ou cherche à les inscrire dans une attente. Cette attitude se rencontre souvent chez les adolescents qui vivent le temps comme un instant prolongé; ils n'ont pas encore acquis cette maturité temporelle puisque leur sentiment de continuité n'est pas assuré tant que leur *Self* n'est pas en place. La capacité d'être soi (*Self*) et de demeurer dans une égale cohérence donne en effet à la personnalité une unité intérieure à partir de laquelle les désirs, les engagements et les projets deviennent possibles. Si l'individu n'a pas pris possession de sa continuité psychique, mais qu'elle dépend de ses images parentales, d'une relation dite amoureuse ou d'un engagement professionnel, culturel ou politique, il restera prisonnier de son immaturité temporelle au sein d'un pseudo-*Self*. Un tel phénomène dépend essentiellement de raisons intrapsychiques, mais l'environnement peut aussi l'accélérer et lui donner sa légitimité; des raisons objectives existent qui induisent à fausser la conception du temps en empêchant que certaines tâches psychiques s'accomplissent au détriment de la maturation de la personnalité. Il est vrai qu'en outre, les conditions de vie modernes favorisent ce raccourcissement du temps : la rapidité des moyens de transport et de communication, l'évolution des technologies, le vieillissement rapide des produits. La précarité du futur n'incite pas non plus à se projeter dans la durée et les informations inquiétantes sur la crise du paiement des retraites, le chômage, les incertitudes politiques, la situation internationale ou les grands mouvements migratoires n'encouragent pas les gens à s'engager au-delà d'un temps qui n'est pas maîtrisable et, l'avenir apparaissant trop aléatoire et déprimant, on préfère ne pas y penser.

Mais comment vivre le présent si l'avenir n'a pas de sens? La réponse coule de source : si l'avenir ne présente aucune issue à partir de laquelle le présent est construit, il ne reste plus qu'à vivre dans le présent en l'organisant comme espace de mort. Ne dit-on pas qu'« il faut tuer le temps »? Nous retrouvons au cœur de nos sociétés, entre la dépression et la mort, une étrange familiarité... On retiendra bien sûr qu'elle peut signifier le désir d'en finir. Mais on observe surtout que, dans un climat dépressif, la mort côtoyée et risquée est destinée à protéger de l'anéantissement du futur. Nous avons besoin de nous dire que la mort existe *hic et nunc* pour mieux vivre le présent. C'est ce qui se passe dans les conduites suicidaires où le sujet souhaite se libérer d'une situation pénible et, ne parvenant pas à la changer, se trompe de cible en s'auto-agressant. Ceux qui ont vécu un suicide raté le reconnaissent : ils ne voulaient pas mourir mais désiraient vivre autrement. L'idée de la mort aurait donc vocation, dans les mentalités dépressives, à conserver la vie du sujet et à en rendre la fin ultime impossible car, on le comprendra facilement, ne plus avoir d'avenir revient à vivre son existence limitée dans une fin proche. C'est ce drame qui se joue aussi bien chez des jeunes à la scolarité aléatoire que chez des adultes au chômage qui se trouvent privés de Moi social, et que cette privation conduit à éprouver une dévalorisation personnelle et un sentiment d'inutilité. Pourquoi et pour qui se lever le matin, c'est-à-dire affronter la réalité? C'est là le souci d'un ennui existentiel et de dépendances sociales humiliantes. Nous sommes devant un problème de santé publique qui n'est pas pris en compte alors que les individus retournent contre eux cette révolte. Voyez certains chanteurs et comédiens; ils sont le reflet de la société et c'est pourquoi certains sont adulés et d'autres rejetés indépendamment de leur talent. Gainsbourg jouait de façon suicidaire avec la mort, Coluche avec la dérision et Jim Morrison s'est risqué dans l'autodestruction. Tout le monde sait l'état dépressif dans lequel se sont déroulées leurs existences tout entières tournées vers la recherche fascinante de la mort et non vers l'amour de la vie. Beaucoup de jeunes et d'adultes ont voulu s'identifier à ces « modèles » en adoptant leur mode de pensée. Ils se sont alors laissé entraîner dans l'anticipation de la mort, propre à la psychologie dépressive, qu'on observe dans nombre de chansons ou de sketchs qui expriment la souffrance de la perte d'illusions auxquelles l'individu ne parvient pas à renoncer. Du coup, le passage du narcissique « il n'y a que moi » à l'acceptation de la réalité « la différence et les autres existent » ne s'est pas fait, ou très difficilement, et l'entrée dans le temps, l'inscription de son existence particulière dans une histoire collective ont été pour ainsi dire refusées. Dans un tel système de vie, tout ce qui est éphémère donne la valeur des choses – ce qui est pour le moins mortifère puisque le désir ne peut pas durer. L'individu attend tout et n'attend rien tels ces adolescents qui se réunissent à la terrasse d'un café pour savoir ce qu'ils vont faire, sans parvenir à se décider sur un objectif : les heures s'écoulent dans l'ennui et la déception d'avoir perdu son temps; on s'installe dans le non-désir...

« Besoin de vivre dans l'instant et ne pas penser à l'avenir » : c'est une attitude courante chez des postadolescents de 25/30 ans, et particulièrement en ce qui concerne leur rapport au mariage pour lequel peu se sentent prêts à s'engager. L'institution matrimoniale n'est pas forcément en cause mais elle sert d'alibi pour justifier leurs craintes et leurs hésitations ou, tant chez l'homme que chez la femme, leur refus de l'enfant. Lorsque, à la fin de l'adolescence, les pulsions sont relativement hiérarchisées et unifiées dans le moi, la personne a normalement la cohésion nécessaire à l'organisation de sa vie selon ses désirs : mais si elle se présente en état de non-désir, de non-avenir, elle reste dans l'isolement de ses propres pulsions qui ne parviennent pas à coopérer entre elles. Que l'adolescent éprouve ce tiraillement et ce doute avant de parvenir à entrer dans la temporalité est une expérience formatrice, mais s'installer dans la précarité est une façon de sortir du temps au moment où il faut y entrer. C'est précisément ce que le dépressif ne peut pas faire ; dans son besoin d'endiguer le débordement de ses pulsions qui se désorganisent et n'ont plus de sens comme pendant l'adolescence, il a tendance à suspendre le temps ou à le nier dans un climat de deuil avec l'idée qu'il a déjà perdu d'avance.

Si on accorde parfois aux « maîtres à éprouver » que sont les personnalités du show-biz le statut de maîtres à penser, c'est justement qu'ils sont les idéologues émotionnels de ce rapport immédiat au temps. En outre le succès d'une chanson ou d'un film leur octroie la compétence de parler de tous les sujets d'actualité, et rares en effet sont ceux qui s'abstiennent de s'exprimer à la télévision sur autre chose que leur métier. Dans un manque d'humilité, ils se laissent prendre à dire n'importe quoi, en dehors de toute compétence, fût-ce des erreurs grossières : les voilà qui s'expriment sur l'éducation des enfants, les problèmes économiques, la faim dans le monde... Bien souvent l'image du personnage se brise lorsque la personnalité apparaît dans la vie quotidienne, bien plus réelle que sa reconstruction à travers l'œuvre de fiction que peut être un film ou une chanson. C'est au cœur de cette cassure que l'on comprend mieux à quoi tient le succès d'un comédien quand il catalyse et révèle les tendances psychiques qui orientent la vie en société.

Bernard Géniès, journaliste au *Nouvel Observateur*,

rapporte l'interview que l'actrice Béatrice Dalle lui a accordée le 12 décembre 1991. On y décèle ce refus du temps stigmatisé ici par un incident dramatique puisque, quelques heures après cet entretien, l'actrice sera arrêtée par la police pour vol dans une bijouterie.

Elle avait dit : « Je ne veux jamais penser à l'avenir. » Et ses yeux avaient chaviré. « Vous ne pensez pas à demain ? – Non. – Même pas jusqu'à ce soir ? » Elle avait repoussé une mèche de cheveux et allumé une cigarette : « Je fume trop, hein ? » Puis : « Non, je n'y pense pas. Je suis là avec vous. Je vous parle, je pense à ce que je vous dis. C'est tout. Je suis là. » Son regard avait glissé dans la pénombre du bar, s'était accroché à son verre, belvédère orange où flottait un glaçon. « Pour moi, l'avenir n'existe pas. Je vis dans l'instant. Rien que dans l'instant. On ne sait jamais ce qui peut arriver. Dans cinq minutes, il peut y avoir un tremblement de terre et on sera mort tous les deux. » Le magnétophone ne tournait plus, nous avions parlé de l'amour, son regard avait pris la couleur incertaine des océans houleux : « Je n'ai pas vécu de grandes passions, pourtant chaque fois c'est pareil, je sais que je vais me brûler les ailes, l'autre le sait aussi, on ne peut pas y échapper. C'est terrible ! Et moi ça ne m'endurcit pas. Je ne cicatrise pas. Chaque histoire d'amour est pour moi une blessure qui reste ouverte. » Elle paraissait soudain fragile. Une petite fille bouffée par la vie. Nous nous sommes quittés.

Dehors il faisait gris et froid. Un temps de samedi 29 novembre. J'ai relevé mon col et pensé que je faisais un drôle de métier : écouter des gamines qui vous racontent que la terre va peut-être trembler sous nos pieds ! Une heure et demie plus tard, l'écorce terrestre tenait toujours le coup mais Béatrice Dalle avait craqué. La police venait de l'arrêter à la sortie d'une bijouterie en gros de la rue des Archives, au cœur du IIIᵉ arrondissement. Dans ses cuissardes, elle avait caché 25 000 francs de bijoux en or.

La comédienne interrogée sur les raisons de ce vol n'eut pas d'autre explication que d'invoquer l'état dépressif dans lequel elle se trouvait. Or la dépression ne peut pas être la motivation d'un tel geste, à moins qu'on veuille apitoyer les autres sur sa détresse ou laisser entendre qu'on n'est pas complètement le sujet de ses actes. Cette deuxième raison rend mieux compte de l'attitude qui a conduit Béatrice Dalle à voler : tout en étant parfaitement conscient et responsable de ce qu'il fait, le déprimé peut avoir l'impression de ne pas être le sujet de ses désirs, d'être malmené par un sentiment de perte de soi. Et si rien n'a d'importance et que la valeur des choses est dans l'instant − sous le seul prétexte qu'une catastrophe risque d'arriver (comme on peut ne pas se marier par peur du divorce et ne pas avoir d'enfant par crainte du chômage) −, on manifeste pleinement qu'on fait son deuil de l'Idéalité. Difficile de se donner un avenir quand le sens de l'idéal fait défaut !

Ce qui est nouveau dans la fatigue dépressive contemporaine, c'est que le sujet se prend lui-même comme objet de sa propre révolte au lieu de se retourner contre le social (ce qui a pourtant longtemps été le lot commun, le social étant supposé avoir une influence néfaste sur l'épanouissement individuel). Si la société était mauvaise, il fallait la changer et, en la modifiant, les hommes changeraient fort heureusement. Mais les idées les plus simples ne sont pas nécessairement les plus vraies et le remède proposé pouvait être pire que le mal. Tous s'accordent à dire aujourd'hui que ce n'est plus la société qui est malade et qu'il faut changer, mais l'individu souffrant de son intériorité. Inversion doublement dangereuse car, d'une part, elle laisse entière la question de l'organisation de la société, laquelle ne peut se réduire à des causes individuelles, et que, d'autre part, elle fait porter à l'individu non seulement le poids de ses propres insuffisances, mais aussi celles de l'édifice social. Cela explique en partie le désinvestissement de la chose publique par les citoyens qui se débrouillent volontiers seuls à moindres frais.

Quand on nous parle de « guerre économique », on suppose qu'il y a un ennemi à vaincre, que l'obstacle est clair, l'objectif précis tout comme les moyens de lutte. Si la population connaît et paie un lourd tribut à la crise économique, le mal reste pour une part invisible et intraitable. Jusqu'à présent, aucune des propositions gouvernementales n'a été suivie d'un succès significatif et, sans être la cause majeure de notre dépression sociale – loin s'en faut –, le malaise s'introduit dans la conscience individuelle, sous la forme d'une angoisse permanente de perdre son emploi et, partant, sa reconnaissance sociale. Le chômage, la pollution, l'insécurité, le laxisme moral et éducatif, le refus d'avoir recours à un idéal sont autant d'incertitudes qui deviennent aussi celles de l'individu. De sorte que le social n'est plus le lieu où peuvent se résoudre en commun des problèmes collectifs, mais l'espace de l'impuissance et de la néantisation de l'individu. Après avoir été magnifié, célébré, le social devient le champ du non-être pour l'individu mis à part quelques manifestations festives, sportives ou liturgiques; et quand bien même des gens se rassemblent à l'initiative d'un parti politique, c'est plus souvent à cause des chanteurs ou des artistes qui s'y donnent en spectacle que par engagement ou conviction! Ces organisations ne se trompent pas quand, pour faire nombre, elles ont recours à des vedettes qui parleront d'autre chose au public; le mensonge est accepté par tous...

Mais, à partir du moment où les maux sociaux ne sont plus identifiés comme émanant de la société, relevant, en d'autres termes, du politique et de l'économique, ce sont les individus qui les acceptent comme provenant d'eux.

La plupart du temps, le déprimé ne sait pas pourquoi il ne va pas bien. Cela ne signifie pas qu'il ne veut pas le savoir : renvoyé à lui-même, à son intériorité, à son débat interne, il n'a pas toujours les moyens d'entrer en communication avec sa complexité subjective. Pour ce type de psychologie, l'avenir ne fait pas l'objet d'une représentation interne, comme si le passé était curieusement immobile dans l'absence de souvenirs. Pour reprendre l'exemple cité plus haut, quand Béatrice Dalle reconnaît avoir commis un vol, elle inverse inconsciemment le rapport de cause à effet comme si elle signifiait : « J'ai volé parce que je suis mal dans ma peau ! » Dans d'autres situations la dépression masquée se portera sur des problèmes professionnels, familiaux, relationnels ou sexuels. A la base de ces troubles, il y a un sentiment de frustration et d'anxiété commun à toutes les conduites de transgression, qui laisse l'individu dans l'immobilisme de l'instant, comme si la mort n'existait pas : c'est Serge Gainsbourg minimisant ses excès d'alcool et de tabac et affirmant avoir été suivi par trois cardiologues désormais décédés alors que lui est toujours bien en vie ! Si l'homme en bonne santé ne se laisse pas limiter par l'échéance ultime qu'est la mort, s'il vit avec le besoin de se prolonger dans les générations suivantes, le dépressif, quant à lui, interrompt le temps de sa vie, « fait le mort » comme pour mieux se sentir vivant dans l'absence de projet.

Ce conflit séculaire entre individu et société, qui a permis d'élaborer la conception de la personne, de sa liberté et de sa responsabilité dans le devenir social, est né avec la philosophie grecque et parcourt toute la littérature d'inspiration chrétienne. Aujourd'hui, il évolue au sein d'un jeu d'opposition entre le réel et la vie psychique : la subjectivité minimise, pour ne pas dire élimine, la réalité au bénéfice d'un sentiment de toute-puissance et de suprématie du désir individuel ; ce processus, aucune loi ne doit venir le contrarier. Nous retrouvons un tel déplacement dans la façon dont les lois sont conçues par le législateur. Si, en matière administrative, les règles sont souvent très contraignantes, voire obsessionnelles, en revanche, lorsqu'elles s'appliquent aux modes de vie et aux comportements, elles sont imprécises et se disqualifient d'elles-mêmes dans les esprits. Nous connaissons les conséquences du tabagisme sur la santé aussi bien pour les fumeurs actifs que pour ceux qui en sont les victimes passives. Il est parfaitement cohérent d'interdire de fumer dans les lieux publics, comme y incite une toute récente loi, mais les décrets d'application, dans certains espaces collectifs, sont tellement alambiqués, afin de ne pas trop contrarier la liberté des fumeurs, qu'ils finissent par la rendre impuissante. Il en va de même pour la loi sur les prénoms : jusqu'à présent, il était souhaitable de s'en tenir aux prénoms figurant sur le calendrier, dorénavant les parents pourront donner n'importe quel prénom à leur descendance (on a recensé récemment un petit « Périphérique »). A charge pour l'officier d'état civil de prouver par voie judiciaire qu'un tel sobriquet peut être contraire à l'intérêt de l'enfant – ce qui, dans la pratique, s'avère n'être qu'un vœu pieux! A partir de quel critère objectif un juge pourra-t-il statuer s'il ne possède pas au minimum une liste de références? Ce qui sera permis par l'un sera proscrit par l'autre. Si anodines qu'elles puissent paraître, ces lois sont en fait révélatrices de la désocialisation des individus et lourdes de conséquences sur la conception qu'une société se fait de la vie humaine. C'est désormais la tyrannie de la mode rebaptisée superbement pour l'occasion « évolution des mœurs »... La mentalité narcissique et individualiste de nos sociétés consuméristes est prête à légitimer tous les désirs. Mais c'est là méconnaître le sens de la fonction psychique du désir qui n'a pas à se réaliser en tant que tel. L'envie de donner un prénom original à son enfant relève de l'idée vraie, et qui n'est pas nouvelle dans notre univers culturel, que l'on vient de donner naissance à un être totalement inédit et que, par conséquent, il n'est pas la psycho-copie d'un ancêtre et surtout pas la réplique de l'enfant des voisins. Si nous avons été, grâce aux idées judéo-chrétiennes (chaque enfant est une personne originale et estimable en dignité), libérés de toutes ces visions magiques, nous n'avons certainement pas été dégagés de projections psychologiques qui veulent que les adultes cherchent à se refaire à travers leur enfant. D'où ce besoin impérieux de trouver le prénom inusité, nouveau, inclassable qui viendra sanctionner la venue au monde d'un être rare et hors du commun.

L'homme individualiste cherche à se prouver qu'il est unique et singulier plutôt qu'il n'accepte, fort de son individualité, de se relativiser par rapport aux autres. En ce sens la loi sur les prénoms est implicitement désocialisante et donne l'illusion narcissique qu'un prénom distinctif est nécessairement facteur d'originalité alors qu'il faudra à la personnalité toute une mise en œuvre intellectuelle et affective pour parvenir à cette qualité. Ayant plus ou moins perdu le sens de la relation éducative, de nombreux adultes ignorent comment aider leurs enfants à grandir et à devenir eux-mêmes : l'attribution d'un prénom, le choix d'un vêtement ou l'achat d'un objet auront pour dessein de les adoniser extérieurement d'une note incomparable, fût-ce au prix d'une déliaison vis-à-vis des autres. Pourtant, comme le dit la formule, « on peut bien s'appeler Pierre, Paul ou Jacques », être vraiment quelqu'un, et s'inscrire dans une histoire, dans la succession des générations...

Autre preuve, si besoin est, que cette dernière tâche est vraiment la grande difficulté d'aujourd'hui, il faut relever une curieuse initiative prise par les présentateurs des bulletins météorologiques : à la fin de chacune de leur intervention, ils annoncent le prénom qui sera fêté le lendemain sans faire précéder celui-ci par son titre de Saint. Sans que jamais cette initiative ait été justifiée, voire expliquée, on abolit la référence initiale et chacun se retrouve seul avec un prénom privé de mémoire. Quand certains se hasardent parfois à un commentaire, c'est le plus souvent pour terminer sur des jeux de mots ou des anecdotes pigmentées de dérision !

Survivre

Il ne faut cependant pas trop vite taxer l'homme moderne d'égoïsme. Même s'il n'est pas à l'abri d'un manque de générosité, il cherche surtout à survivre. Puisqu'il n'a plus confiance dans son environnement et que les valeurs sont devenues aléatoires et dangereuses, il recherche avant tout la confiance en lui-même. Mais, percevant notre monde en deuil de ses idéaux, il se vit lui-même en état de deuil : de la tenue noire de veuve de certaines chanteuses, à la mélancolie endeuillée d'autres, en passant par les rythmes suicidaires du rock, le tout exprimant, par-delà les artifices, la perte d'une subjectivité vide d'Idéal, le fonctionnement psychique de nos contemporains se complaît dans l'idéal d'un monde mortifère, ce qui peut en partie expliquer le développement de la violence dans la vie quotidienne.

Nous avons remarqué combien l'Idéal du Moi était composite des intérêts du narcissisme de l'individu et de ses identifications parentales et sociales. Si les identifications ne sont plus crédibles et n'ont plus de valeur intrinsèque, alors plus rien ne tient et c'est la mort que le sujet introduit en lui-même. Il peut s'en protéger en abandonnant toute perspective d'idéal et revenir à une position narcissique, mais ce retour au statut initial de sa psychologie (se prendre comme seul objet d'intérêt) l'oblige à s'installer dans le risque dépressif : la réalité et ses idéaux sont alors désinvestis au bénéfice du sujet qui ne sait plus au nom de quoi organiser sa vie. Toutes les conduites régressives sont alors possibles, qui alternent entre les manies et les mélancolies, le besoin d'agir, de créer des événements, de s'éprouver à travers des performances gratuites, de bouger, de changer, de passer d'une mode à une autre, bref, autant d'attitudes maniaques par lesquelles on cherche à se dire que l'on est vivant. La morosité, la tristesse, le spleen (surtout actifs dans l'affectivité et dans la relation amoureuse) sont le versant mélancolique du dépressif, qu'il soit ou non conscient de son état. Conditionné par l'angoisse de la perte, il se rassure dans des aventures sentimentales passagères ou dans des ruptures conjugales qui lui donnent l'illusion de se refaire une vie. Nous ne sommes plus dans ce désir de construire une histoire mais dans celui d'en sortir et d'être en deçà du désir : dans le climat dépressif, il ne s'agit plus en effet de désirer, ni même d'être en relation avec les autres en acceptant de conjuguer le lot de la condition humaine satisfaction/frustration, mais de s'installer dans la symbiose. Comme nous le retrouvons derrière les mythes amoureux, certaines formes de religiosité, la valorisation d'une relation au naturel, le « parler vrai » des politiques, l'abolition de la relation éducative aux enfants et la pulsion sexuelle vécue selon le modèle transitoire de la sexualité adolescente.

Cette mort annoncée de l'Idéal dans le psychisme de

l'homme moderne est source de toutes les morosités, de toutes les agressivités et immaturités qui l'empêchent d'évoluer dans le sens d'un plaisir de vivre qui tienne compte des souffrances de l'existence : non seulement celles qui sont liées à la maladie, à la mort, aux catastrophes et aux accidents, à la méchanceté et à la cruauté humaines, mais également à celles de savoir que nous sommes inachevés. Nous vivons dans le manque, mais c'est lui qui nous dynamise et qui, loin d'être une privation, est la base à partir de laquelle nos désirs peuvent se développer et trouver la voie de la réalisation de ce dont nous avons besoin : gratifications et sexualité sont au cœur de cette problématique que nous allons maintenant examiner.

CHAPITRE 3

LA CRISE DE LA SEXUALITÉ OU L'ABSENCE DE L'AUTRE

Le sexe amoral ?

A en croire les sommaires des magazines, des hebdomadaires, des émissions de radio ou de télévision, la sexualité est un sujet qui intéresse, du moins qui fait vendre. Il est rare que le sexe ne soit à la une et cette assiduité dans les médias nous invite à essayer de comprendre ce qui se passe, ce qui se dit exactement quand le sexe s'affiche ainsi.

Lorsque des articles traitent de questions relatives à la sexualité, ils les abordent le plus souvent sous l'angle de pratiques singulières et individuelles plus que dans la perspective d'une recherche relationnelle et de communication avec autrui. La prostitution, la transsexualité, l'homosexualité, la pédérastie, les pratiques sadomasochistes, le port de couches de bébé ou de vêtements en latex sont autant de comportements couramment décrits – ce qui laisse à penser que ces conduites (en fait très minoritaires) sont représentatives de ce qui est vécu par le plus grand nombre. Bien entendu, les significations psychologiques de ces tendances régressives ne sont pas évoquées et se trouvent du même coup « validées » sous le seul motif qu'elles correspondent à des besoins individuels. Or elles sont le plus souvent que l'effet des pulsions partielles et de l'échec de l'élaboration de la sexualité pendant l'enfance et l'adolescence. Il n'est donc pas sain de prétendre que, socialement, ces comportements équivalent à des formes plus élaborées : une telle conception se retourne à la fois contre la société et contre la nécessaire maturation des individus. La pulsion, dans ces conditions, ne peut pas accéder à la génitalité ni se socialiser : elle est condamnée à l'errance et ne parvient pas au nécessaire processus psychique de la sublimation. Pour opérer un tel travail, le sujet a besoin d'intégrer des informations culturelles et des valeurs humanisantes : ces valeurs existent et il faut cesser d'affirmer par ignorance qu'il faudrait en inventer de nouvelles !

Il n'est pas juste de prétendre que la morale ne concerne pas la sexualité : aucune activité humaine quand il s'agit d'engager des choix de comportement ne peut être soustraite à l'appréciation par un système de valeurs. C'est précisément dans ce travail de réflexion entre le désir et les règles morales que se développent l'intériorité et le sens de l'Idéal qui rendent libre. La sexualité n'est donc pas plus immorale qu'elle n'est amorale : comme toute activité humaine, elle prend sens par rapport à une morale. Et si les médias ne cessent d'annoncer, au grand étonnement du citoyen moyen, le « retour de la morale », elle n'est en fait jamais partie, au point que la grande majorité des gens continue de vivre en tenant compte d'une morale commune. Mais ce qui est vrai, en revanche, c'est que les valeurs dites traditionnelles ont été ouvertement rejetées après la fracture de Mai 68. La mégalomanie des désirs, l'imaginaire de l'adolescence ont pris le pouvoir au nom du contradictoire et infantile motif qu'« il est interdit d'interdire ». Nous nous sommes habitués depuis à développer des représentations de vie dont la morale était exclue, ce qui ne veut pas dire qu'elle l'était effectivement dans la réalité mais qu'il ne fallait surtout pas « moraliser », ni juger et encore moins reprocher à quelqu'un sa conduite.

Pourtant, nous passons notre temps à évaluer, juger et choisir : c'est même précisément cela qu'on appelle la culture, qui nous permet de nous référer à des valeurs permanentes. Une société, pas plus qu'un individu, ne peut vivre sans valeur. Nous n'avons d'ailleurs pas à en inventer de nouvelles : l'amour, la liberté, l'égalité, la tolérance, la paix, le respect des différences et de la vie sous toutes ses formes ne sont pas des réalités nouvelles. Mais, aujourd'hui qu'elles apparaissent trop contraignantes, elles laissent place au conflit classique entre la loi objective (la valeur commune qui oblige chacun) et la vérité subjective (qui dépend de l'individu). La morale se joue contre l'individu au lieu d'opérer un dialogue entre l'un et l'autre.

A ce constat il faut ajouter l'affinement des méthodes contraceptives qui ont considérablement modifié la conception de la morale sexuelle : le sexe est devenu une histoire de désir à négocier à l'intérieur de soi et n'a plus été pensé en termes de bien et de mal. Assez vite, on a considéré que la morale n'avait rien à voir avec le sexe, lequel était du seul domaine privé, alors que, n'échappant pas aux significations psychologiques, les comportements sexuels, qui mettent en cause notre relation à autrui, sont en prise directe avec la morale.

Ce qui ne relève en aucun cas de l'ordre de la légalité : quand le Parlement vote, au nom de l'ordre et de la santé publique, une loi qui permet, sous certaines conditions, l'avortement, elle ne fait pas œuvre morale. Nous nous situons dans deux ordres différents, et qui sont inconciliables. A ce titre, on ne voit pas pourquoi un gouvernement organise à la télévision des campagnes d'information sur la contraception en direction des jeunes, alors que ceux-ci sont moins empressés que leurs aînés à y avoir recours ; et il en va de même pour l'avortement. Pourquoi d'autres avis, d'autres conceptions se voient-ils interdits d'antenne ou ridiculisés ? Si les lois changent selon l'état de la société, il faut souvent des siècles et une volonté soutenue pour qu'une valeur morale s'impose et fasse œuvre de civilisation. L'oubli de certaines valeurs est possible quand, par négligence, on se refuse à les transmettre ou à vouloir en tenir compte. Notre époque si avide d'éthique en tout genre n'aime pas la morale alors que c'est elle qui donne ses lettres de noblesse aux activités humaines.

Transformer l'état premier de la pulsion

Le but de la culture (arts, morale, philosophie et religion) consiste justement à proposer aux pulsions des activités à partir desquelles elles pourront se transformer et acquérir une dimension supérieure. Accepter cette frustration indispensable en renonçant à l'expression de la sexualité infantile a toujours été difficile, et nous verrons plus loin à quoi elle correspond dans le développement humain. Si le bébé que nous avons été continue de vivre en chacun de nous et revendique parfois l'expression de ses pulsions premières, ce n'est pas pour autant qu'elles sont viables dans la réalité! C'est pourquoi la société, forte de sa lente et fragile humanisation, grâce essentiellement aux philosophies et aux religions, donne les moyens de construire ces pulsions de façon plus riche, et au plaisir plus durable.

Ce travail n'est possible qu'au prix du renoncement à un plaisir immédiat et partiel qui, s'il se réalise, sera après coup déprimant. Par exemple, la tendance pédérastique dans laquelle un adulte s'installe pour jouir de son sexe comme un enfant est l'écho d'une érotisation précoce de sa sexualité qui inconsciemment s'est arrêtée là où s'est fixé le premier plaisir. Lorsque cette pulsion se transforme positivement, elle permet à l'individu d'accepter de différer son plaisir sexuel pour l'assumer quand il en aura les compétences psychiques, sans avoir à en souffrir ou à se sentir diminué par cette attente; bien au contraire sa vie érotique n'en sera que plus riche à l'avenir.

Le transsexualisme est aussi un arrêt du développement sexuel : une personne peut vouloir se vivre avec l'autre sexe mais une femme ne devient jamais un homme et un homme ne devient jamais une femme. Seule exception : des cas rarissimes d'hermaphrodisme authentique quand, pour un individu ayant les deux sexes à la fois, il est possible d'intervenir en faveur du sexe dominant. Dans ce dernier cas, il s'agit d'un accident biologique de l'embryogenèse alors que, dans le cas du transsexualisme, il s'agit d'un problème psychique lié à des difficultés d'identification infantile lorsque l'enfant vers quatre ans découvre la différence et refuse son sexe.

76

Quant au besoin de se garnir de couches de bébé, d'être talqué et langé ou pour certains de porter du cuir, du latex ou encore les sous-vêtements de l'autre sexe, il représente en deça du plaisir sexuel pour ses adeptes une fixation érotique sur leur peau et ses zones périphériques qui ont besoin d'être perçues pour elle-mêmes, soulignées et renforcées par des artifices de « peausserie » en s'imaginant aussi détenir les peaux des deux sexes sur soi...

Nous savons mieux expliquer et parfois traiter certaines tendances primaires de la sexualité infantile qui cherchent à s'actualiser dans l'adulte au détriment de sa maturité génitale. Mais à ne présenter que des pratiques accidentelles et exceptionnelles, on laisse supposer qu'elles sont acceptables et socialement bénéfiques. Si on peut en parler et y réfléchir, il n'est pas possible de vivre ses pulsions dans la réalité comme on en parle sur le divan du psychanalyste. Que l'individu se trouve confronté à des images et à des désirs quasi impérieux au point de vouloir les réaliser dans son intimité sans mettre en péril sa vie ni celle d'autrui est une chose, mais c'en est une autre pour la société que d'avoir ou pas à les reconnaître selon la conception qu'elle se fait de l'homme. La société ne peut pas retenir comme un idéal toutes ces pratiques archaïques et éparpillées en deçà de la relation à autrui : le légitime respect des mœurs de chaque individu dans sa vie intime (qui assume, on peut l'espérer, ses responsabilités) ne saurait se substituer à un idéal social de l'expression sexuelle. L'idéal social ne peut prendre en compte et valoriser qu'une sexualité parvenue à maturité, qui est hétérosexuelle, relationnelle, repose sur le sentiment amoureux et la durée, et qui se traduit également, dans la mesure du possible, par la fécondité. Ce « simple » constat de bon sens est banal mais il a besoin d'être rappelé si nous ne voulons pas que notre civilisation s'attarde à tout mettre sur le même plan, dans la plus grande confusion des connaissances.

De la crainte de la pulsion à la méfiance de l'autre
En fait, à travers nos modèles actuels, nous développons les représentations d'une sexualité non relationnelle dans

laquelle l'autre fait défaut ou n'existe pas, et qui laisse chacun seul avec lui-même et son imaginaire sexuel comme dans la psychologie des pulsions partielles telle qu'on la retrouve pendant l'enfance et la puberté. Ces modèles s'imposent d'ailleurs souvent en contradiction avec les conduites majoritaires : nous retrouvons ici le classique conflit entre les représentations et ce qui se vit dans la pratique.

En effet la grande majorité des couples s'aiment, sont mariés et fidèles et leurs enfants naissent dans un climat stable. Même si l'on insiste pour faire observer que 30 % des enfants naissent hors mariage ou qu'un couple marié sur trois ou cinq (selon les régions) divorce, cela ne fait pas encore une majorité. Il est tout de même bizarre de vouloir ainsi lourdement souligner des phénomènes minoritaires comme s'ils représentaient une réalité majoritaire, alors qu'ils n'ont pas à être valorisés quand on sait tous les problèmes individuels et sociaux qu'ils posent ! Le couple hétérosexuel, monogame, marié selon la liberté des époux au nom du sentiment amoureux, est, et reste, le modèle idéal à partir duquel on se détermine socialement. Qu'on le veuille ou non, il est, à l'image de la démocratie, le modèle le moins préjudiciable pour les individus et la société, même s'il subit régulièrement dans l'histoire la contestation d'autres modèles qui, eux, n'ont pas fait la preuve d'une plus grande qualité (concubinage, polygamie, choix imposé par le clan ou la famille, répudiation).

Le problème de la relation à l'autre est au cœur de la sexualité contemporaine : nous possédons dans notre héritage culturel les idéaux philosophiques et religieux qui fondent la relation altruiste et les connaissances psychologiques et sociologiques susceptibles d'en décrire les mécanismes; en revanche, il manque une volonté pour qu'ils soient vraiment un idéal dans nos représentations sociales. « L'humanitaire » aux mains de quelques stars politiques et médiatiques est un maigre tribut à payer pour se faire pardonner le déficit affectif de l'homme moderne vis-à-vis des autres; pis, le sens d'autrui est largement desservi dans cette mascarade d'assistance qui exploite surtout le sentiment de culpabilité.

Si l'organisation sexuelle d'un individu dépend pour une part de la façon dont il va négocier les différents stades de son évolution affective, elle sera également conditionnée par les apports extérieurs qui, de la famille à la société, proposeront un sens relationnel altruiste favorisant ou pas la transformation des pulsions partielles dans la génitalité. C'est cette transmission qui est aujourd'hui défaillante et contraint les enfants à se débrouiller par eux-mêmes pour trouver comment humaniser la sexualité humaine. Car celle-ci ne peut être ni individualiste ni solitaire comme certains modèles voudraient nous le laisser croire.

Le plus grave est encore que ces pratiques sexuelles sont toutes mises sur le même plan, sous prétexte que chacun fait ce qu'il veut et qu'il n'est pas nécessaire de connaître leur signification ni d'apprécier leur valeur. Le refus de réfléchir sur le ressenti et le vécu sexuels, celui de ne pas en parler dans les couples, alors que les attentes et les craintes sont nombreuses et partagées, procède d'un refoulement cognitif qui n'est pas nouveau, car il est inhérent à la sexualité humaine et prend diverses formes selon l'état des cultures : la « libération sexuelle » ne l'a pas supprimé, il s'est simplement accentué dans une autre direction.

En effet, après avoir connu une période où l'on se méfiait de toute motion subjective, les désirs ont eu droit de cité dans le champ social ; bien plus, ils sont à présent sollicités et magnifiés. Depuis plusieurs décades, la méfiance ne s'opère plus à l'égard de ses propres pulsions, de ses représentations et de ses désirs, mais vis-à-vis d'autrui, dont on tente maintenant de refouler la présence en minimisant l'importance de sa signification dans la vie sexuelle et sociale. Cette minoration de l'autre peut prendre des formes très variables : pour certaines (par exemple pour la génération post-68), la préoccupation est plus dans les distances que chacun estime nécessaire à respecter pour « vivre sa vie » que dans ce que le couple pourrait construire ensemble. Il n'est pas rare de voir également des partenaires vivre séparément, « chacun chez soi », ayant du mal à identifier leurs désirs l'un par rapport à l'autre pour les mettre en commun dans un lieu de vie unique. Enfin, le besoin de différer un engagement dans le mariage s'exprime également parce que les individus, sans cependant contester l'institution matrimoniale comme ce fut le cas dans les années 60/70, ne se sentent pas encore prêts ni matures pour en assumer les exigences en étant sûrs de leurs sentiments.

Ce déplacement de soi-même à l'autre correspond à une fracture dans l'organisation psychologique de la sexualité dont l'élaboration affective est, faute d'idéal, relativement négligée au profit de la pulsion. Il suffit d'entendre et d'observer le comportement des « enfants de la libération sexuelle » pour constater combien ils peuvent être ou marqués par, ou opposés à ce modèle. On peut résumer à deux attitudes leur façon de se situer : soit ils sont enfermés dans un blocage pulsionnel où le sexe est recherché pour lui-même sans aucun intérêt relationnel et sans intériorité, soit ils rejettent le modèle parental en soulignant l'importance des sentiments au plus grand étonnement de leurs aînés qui ne les comprennent pas et interprètent faussement leur réaction comme étant le signe du fameux « retour de la morale », expression au demeurant très étrange qui sous-entend, mais nous en reparlerons plus loin, que le respect d'une morale en ce domaine comme en d'autres serait malvenu ou tout simplement anormal !

Les analyses à courte vue que l'on retrouve souvent dans les médias au sein d'articles ou de débats sur la sexualité contemporaine nous empêchent de comprendre pourquoi des changements en matière de comportements interviennent : elles ne font qu'ajouter à la confusion intellectuelle en montrant, sans chercher à expliquer.

La négation de l'autre

La société dépressive est malade du sens de l'autre : elle s'est d'ailleurs souvent donné des leaders politiques, sociaux et artistiques à l'image de ce conflit qui débouche sur le mépris, l'irrespect et la violence. Au cours de la décennie 80 les politiques libertins ont réappris aux citoyens l'esquive, la dérobade, la frivolité, l'amnésie, l'ambiguïté, la duperie florentine et autres comportements peu avouables qui finissent par déprimer moralement une société. La dégradation du sens de l'autre prend corps quand on laisse entendre qu'il n'y a pas d'idéal et que la loi morale peut être manipulée selon des intérêts particuliers et l'exemple, quand il vient d'en haut, incite des citoyens, et parfois les plus défavorisés, à agir de la même façon. L'irrespect comme la violence se manifestent d'autant plus que ceux qui sont censés symboliser l'idéal n'en tiennent pas compte pour inspirer leur réflexion et action.

De la même façon, le mouvement dit de « libération sexuelle » a surtout contribué à refouler le sexe dans ce qu'il a de plus angoissant : la relation à l'autre et le fantasme (en d'autres termes le fait de savoir ce qu'il convient de réaliser ou non dans ses pensées). En décrétant qu'il ne devait plus y avoir de tabous ou d'interdits sexuels, voire que les enfants pouvaient vivre leur sexualité comme les adultes, on a encouragé les individus à ne plus sociabiliser leur pulsion sexuelle. Le recours au sexe pour soi, la jouissance pour tous les âges, l'incitation à réaliser tous ses fantasmes (comme si c'était une chose possible et réalisable) auront plus contribué à l'isolement des individus qu'au développement de leur capacité relationnelle. Mais, à ce compte, le désir et le plaisir se sont transformés en crainte d'en manquer, et l'autre a été ignoré au profit d'un moi égoïste...

Le sexe, ce n'est pas l'amour ; il n'en est qu'une des modalités et, pour qu'il en soit ainsi, encore faut-il avoir réuni bien des conditions psychologiques, dont, en premier lieu, celle de communiquer avec autrui. Le sexe de la libération sexuelle détruit le sens de la communication et, si l'autre est recherché, c'est pour servir de soutien narcissique à ses fantasmes primitifs, pour légitimer sa propre expression pulsionnelle sans que cela engage dans une véritable relation. Il s'agit bien là d'un véritable phénomène de civilisation! Mais peut-on donner son sexe, c'est-à-dire la part la plus intime de soi, comme un échange banal, sans que cet acte ait des effets sur l'individu et sur la société? Si la réponse est positive, il ne faudra pas s'étonner qu'on cultive des échecs, que l'intériorité s'appauvrisse, que les relations deviennent superficielles, que la déloyauté règne entre les individus et que la dérision (qui n'a rien à voir avec l'humour) devienne mode de penser.

Le refus des différences

Quand la relation à l'autre est à ce point menacée, on n'est pas loin d'une certaine forme de racisme. Ce concept a d'ailleurs aujourd'hui une connotation plus affective qu'idéologique : on se perd aisément dans des considérations sociopolitiques en rappelant l'idéologie nazie ou fasciste ou en s'égarant dans des arguties sociopsychologiques de salon qui reprennent le truisme sempiternel selon lequel « l'étranger serait le miroir de l'étrangeté de chacun ». Lecture un peu simpliste qu'on explique aisément par le traumatisme social né, au cours du xxᵉ siècle, des trois idéologies de la négation du sens de l'individu et de la vérité que sont le marxisme, le nazisme et le fascisme. Aujourd'hui la réalité de ce que l'on nomme « racisme » se pose en d'autres termes : l'autre est ignoré par défaut de la fonction de l'Idéal à l'intégrer affectivement et non, comme jadis, pourchassé systématiquement en vue d'une sélection et au nom d'une théorie clairement constituée. Surtout, l'autre est minimisé à travers ce que Freud appelait « le narcissisme des petites différences » qui est plus une aversion de celui qui s'éloigne légèrement de son identité, qu'une haine de celui qui lui est plus franchement contraire. Ainsi insistera-t-on sur la couleur de la peau, les odeurs, la façon de cuisiner, la façon de s'habiller ou de tenir sa maison, mais les croyances et les références qui expliquent ces attitudes de vie seront rarement évoquées et mises en question. En ce sens Freud a raison de pointer l'originalité des « petites différences », plus dangereuses pour l'identité qu'une réelle différence quand il écrit : « L'intolérance des masses s'exprime étrangement le plus contre de petites distinctions que contre des différences fondamentales. » Ce sont donc les détails de vie qui sont porteurs de l'acceptation ou du refus de l'autre, la petite différence agace parce qu'elle exprime une attitude autre que la sienne sur la quotidienneté et cette hostilité ne se joue pas d'abord selon des vérités, des doctrines et encore moins à partir de la religion mais à partir d'habitudes déterminées par un ancrage dans un territoire à la frontière de l'affectivité et de réflexes corporels. Nous sommes là dans un domaine essentiel de la vie qui est celui du rapport de son corps avec un environnement, ce qui n'est pas sans conséquences sur la sexualité puisque le racisme des petites différences se développe en extension aux conflits sexuels. Par exemple les personnalités à caractère paranoïaque luttent contre l'échec partiel du remaniement d'une tendance homosexuelle qui ne parvient pas à se transformer dans le processus de l'identification à l'autre ; elles recherchent surtout ce qui leur est semblable et utilisent volontiers un langage homosexuel très érotisé en valorisant des conduites qui se veulent viriles. Si nos sociétés deviennent pour une part quelque peu paranoïaques, c'est principalement en rapport avec une homosexualité diffuse qui ne parvient pas psychologiquement à accepter la réalité de la différence des sexes afin de progresser dans le sens de l'altérité. Le nazisme, le marxisme et le fascisme sont des idéologies *de nature* homosexuelle : leur discours, leurs insignes et leurs actions le prouvent au premier degré puisqu'elles privilégient tout ce qui est semblable.

Les idéologies *à symbolique* homosexuelle sont antisociales, sélectives, mortelles et sans avenir dans l'histoire à la différence de celles *de genre* hétérosexuel qui ont davantage la possibilité, sans être pour autant à l'abri de conduites aberrantes, de développer le sens du respect de l'autre, de la vie sous toutes ses formes, de la place et du rôle de chacun et qui sont ouvertes au futur. Nous insistons sur le fait que *nous parlons ici* des idéologies car s'il peut en être *parfois* de même avec des individus qui s'installent dans l'une ou l'autre de ces orientations sexuelles, il se présente aussi des cas particuliers plus nuancés. Le non-respect des identités individuelles et collectives et encore moins l'enfermement dans un univers clos et autarcique ne favorisent pas le sens de l'altérité ; c'est pourquoi les manifestes antiracistes se trompent d'objectifs et ne font que renforcer l'incompétence à acquérir un sens social souvent observée dans des psychologies marquées par le « narcissisme des petites différences ». Ce sens social dépend pour une part de la conception qu'une société se fait de la sexualité, c'est-à-dire de la façon dont les individus s'associent dans l'hétérosexualité puisque seule l'accession à la maturité hétérosexuelle rend capable de favoriser la reconnaissance de la différence et de l'altérité. Face à cette détérioration de la sociabilité, si, comme nous l'avons montré, la fonction de l'Idéal ne parvient pas à se structurer, ne peut-on pas faire l'hypothèse d'un dysfonctionnement plus grave et plus subtil que ce que veulent bien nous montrer les productions aberrantes des trois théories citées plus haut ? De plus, si la société ne présente pas comme un absolu un sens de l'autre qui soit transcendant à l'individu, on ne voit pas très bien au nom de quoi le narcissisme pourrait accepter de se restreindre pour lui faire une place ? Il est utile de le rappeler ici, l'Idéal du Moi est un effet, entre autres, de l'un des premiers remaniements de la sexualité infantile qui se produit lorsque l'enfant réalise, grâce à la prohibition de l'inceste, qu'il ne peut pas être le centre d'intérêt exclusif de ses parents et qu'il doit transformer et différer dans l'avenir ses désirs initiaux au sein d'élaborations supérieures. Ce qu'il n'est pas et ce qui lui manque se formalisent autour d'objets idéalisés puisqu'il ne peut pas se suffire à lui-même : il relativise ainsi son narcissisme, se tourne vers les autres et les diverses réalités de la vie. Les autres, en premier lieu ses parents, mais aussi les lois, les valeurs et les références participent à la formation de son idéal ; sans ce remaniement de la sexualité toute-puissante de l'enfant, l'Idéal aura du mal à émerger et le Moi se prendra pour l'idéal de tout. Dans ces conditions les autres, les idéaux culturels et les lois qui favorisent la vie en commun seront relativement acceptés mais pas intégrés et la sexualité toute-puissante se maintiendra en préférant le fantasme à la relation altruiste. C'est sans doute ce qui explique que dans nos sociétés les gens sont incités, à tort, à réaliser leurs fantasmes sexuels comme des enfants. C'est à croire que l'on ne sait plus faire la différence entre la psychologie sexuelle de l'enfant et celle de l'adulte parvenu à maturité, c'est-à-dire à l'achèvement de ses fonctions psychiques, mais que l'on continue toujours de se vivre dans les débuts de la pulsion où l'autre n'a pas encore trouvé sa place.

Il est compréhensible que l'enfant soit narcissique et se prenne comme unique objet d'intérêt pour s'éveiller à la vie, retenant l'attention des adultes pour recevoir d'eux l'affection, la sécurité, les soins nourriciers et tous les apports culturels qui vont favoriser son bien-être et sa croissance : mais se maintenir dans un narcissisme exclusif, c'est se condamner à ne pas exister dans la reconnaissance d'autrui.

Freud a bien montré – des religieux et des philosophes l'avaient certes dit avant lui de façon moins technique – que l'amour nécessite de restreindre son narcissisme pour donner à l'autre une place à l'intérieur de soi, restriction qui est souvent vécue comme une amputation, surtout chez des personnalités qui n'ont pas réussi à transformer leur complexe de castration. L'autre est appréhendé à travers la crainte d'être déstabilisé dans son identité ou réduit à une relative impuissance par le fait même de sa présence. La timidité de l'adolescent ou celle qui se prolonge chez l'adulte viennent en partie de cette crainte de l'emprise de l'autre sur soi, ce qui peut déclencher au moins deux types de comportements opposés : le besoin impérieux d'être aimé (dans le sens d'une reconnaissance vitale qui donne confiance à l'individu) ou, à l'inverse, le refus de toute relation aimante qui apparaît trop dangereuse pour s'y abandonner. Certains revendiqueront ainsi des relations dites amoureuses sans qu'elles engagent véritablement vis-à-vis d'autrui. Les changements fréquents de partenaires (comme certains divorces et remariages répétés) ne seront que le symptôme d'une angoisse inconsciente chez celui ou celle qui ne supporte pas la continuité relationnelle avec une même personne, l'expression sexuelle étant alors confondue avec le sentiment amoureux qui, lui, ne peut exister ni se développer sans la durée. Les relations sexuelles à partenaires variables proviennent de cette difficulté à se stabiliser dans une relation qui rappelle trop des relations parentales angoissantes; c'est pourquoi de nombreuses personnes confrontées à cette problématique ne supportent pas les relations objectales.

L'idéal de l'association amoureuse en question

Ce processus de restriction narcissique qui crée les conditions psychologiques de l'amour humain demande du temps pour faire son œuvre et toutes les formes d'attachement ne sont pas systématiquement significatives de l'amour. Le sentiment amoureux n'est pas nécessairement authentique par définition et sous le seul prétexte qu'il est ressenti, il reste à analyser pour que soient connus son contenu psychologique et son sens. Tout attachement est ainsi facilement appelé amour : or des adolescents qui croient aimer l'autre sont-ils vraiment dans une relation objectale ou tout simplement dans une relation d'auto-conservation? Le plus souvent c'est cette dernière qui domine, en plus d'un sentiment de protection qui peut même aller jusqu'à limiter la progression personnelle de l'affectivité si l'individu s'installe dans cette économie. Parler d'amour pour désigner toutes les relations d'attachement ne rend pas compte de leurs différences et de leur nature, surtout quand on sait par exemple que l'enfant, pas plus que l'adolescent pubère, n'aime au sens objectal mais bien plus de façon sécuritaire pour réduire l'autre à soi que pour chercher à composer avec lui. C'est pourquoi dans ce climat psychologique les relations dites « amoureuses » ne durent pas : elles sont recherchées pour répondre à des besoins partiels et limités qui une fois satisfaits font perdre à l'autre son intérêt. Bien entendu les séparations qui ne sont pas rares peuvent être plus ou moins douloureuses, même si les partenaires se quittent comme ils se sont rencontrés, et il est fréquent qu'une fois devenu adulte, le sujet puisse en garder une certaine nostalgie, regrettant de devoir renoncer à l'amour imaginaire et illusoire de l'adolescent. On retrouve ici ceux qui ont du mal à s'épanouir dans leur vie affectivo-sexuelle d'adulte et qui continuent à s'identifier et à valoriser les amours juvéniles sans avenir.

Faute d'idéal amoureux dans une société où on laisse entendre que tous les modèles se valent, cette relative négation favorise la dépressivité affective dans le sens où les individus ne sauront pas toujours comment investir des relations trop incertaines et confuses dans leur orientation. Il n'est pas étonnant de constater l'hésitation des individus à s'engager mais aussi à s'interroger sur la validité et la pertinence des modèles tellement éparpillés. Un tel climat peut donner l'impression qu'existent des possibilités de choix variés pour vivre son affectivité ainsi qu'une plus grande liberté d'action, reste à savoir qu'en faire et selon quels critères. Est-il plus souhaitable pour la société de promouvoir un couple marié ou un couple de concubins ? Qu'on le veuille ou non, c'est bien parce que la grande majorité des gens se marient que le concubinage est possible et qu'en définitive la plupart des concubins finissent par se poser la question au regard de l'idéal que représente le mariage quand ils souhaitent s'inscrire dans la durée et dans un projet de vie, projet qui concerne également la société et dont la présence des enfants vient leur rappeler la réalité. « Si tu ne te maries pas avec papa, tu n'es plus ma maman », affirma récemment une fillette de six ans à sa mère ! Est-il réaliste de laisser entendre qu'une relation monoparentale est égale à une famille constituée d'un père, d'une mère et de leurs enfants réunis sous un même toit ? Le raisonnement et l'expérience montrent bien qu'elles n'ont pas les mêmes qualités psychologiques ni la même valeur. Ces contradictions soulignent l'aune purement individuelle à partir de laquelle on évalue socialement des modèles affectivo-sexuels en les plaçant tous sur le même plan. Comment ne pas s'étonner alors que l'affectivité contemporaine ait du mal à intégrer le sens de l'autre, à accéder à une dimension sociale et à se donner une forme institutionnelle qui soit la traduction d'un idéal commun, quand des lois et des décrets, concernant en particulier le concubinage (dont les partenaires ont des avantages et des privilèges sociaux et fiscaux plus importants que les gens mariés), sont promulgués dans le sens inverse du droit civil français ? Si les citoyens ne sont pas à égalité devant la loi, c'est bien parce que l'affectivité, la sexualité, la famille deviennent simplement des enjeux privés dans lesquels le législateur ne voudrait considérer qu'une affaire de mœurs individuelles indépendamment de leur dimension sociale et d'une conception de la sexualité, du couple et de la famille. Dès lors l'idéal social est lui-même minoré dans l'esprit des lois et de fait désocialise les individus. La loi participe donc elle-même à cet éparpillement de l'individu en maintenant l'affectivité uniquement dans le domaine privé sans se référer à un modèle commun – même si ce dernier existe –, ni à des valeurs, alors que l'un comme l'autre sont censés favoriser sa sociabilité.

La société ne peut pas être neutre quand le comportement individuel a des répercussions sociales : la déclaration de 1984 faite par le ministre des Affaires sociales et de la Solidarité familiale devant le Conseil économique et social est en deçà d'une dimension sociale de la famille lorsqu'il affirme : « Chacun doit pouvoir librement construire sa famille en fonction de ses propres valeurs morales. » A cet égard, maître Claux, spécialiste du droit familial, a eu raison de s'interroger en ces termes dans un article intitulé « Faut-il supprimer le droit de la famille ? » :

Si la famille est une affaire privée, alors que ce soit clairement dit et que l'on en tire toutes les conséquences. Ainsi il n'y aurait pas lieu de maintenir dans le Code civil ce qui a trait à la famille légitime, mariage, filiation, régime matrimonial ; il en serait de même des articles 199 et 200 du Code pénal qui s'opposent à la célébration religieuse d'un mariage avant que la célébration civile n'ait eu lieu. Enfin, quant à l'imposition par foyer consacrée par le Code Général des impôts, elle n'aurait plus lieu d'être.

Il faut que les citoyens soient à égalité devant la loi en leur laissant licence de mener leur vie privée, leur famille, selon leur propre conviction.

En revanche si l'on estime que le mariage et la famille constituent l'un des biens les plus précieux de l'humanité, alors qu'on le proclame aussi clairement et que l'on en tire toutes les conséquences, que ce soit dans le vocabulaire, le terme de famille n'étant réservé qu'à l'union fondée sur le mariage ou, dans les faits, en refusant que la famille jouisse d'une situation moins favorable qu'un autre couple, quel qu'il soit.

Nos modèles sociaux s'installent dans la confusion des significations et des valeurs et cet état de fait ne laisse pas d'autre alternative que d'encourager l'éparpillement des conduites sur la base d'une économie pulsionnelle éclatée qui s'identifie à la situation première de la pulsion. Comment en serait-il autrement quand tout concourt à s'établir dans une régression narcissique particulière pour se protéger, c'est-à-dire dans l'absence de l'autre ? Nous sommes donc face à un narcissisme défensif qui désinvestit les réalités pour se replier sur soi à la différence d'un narcissisme plus positif dont chaque individu a besoin.

Du narcissisme primaire au narcissisme secondaire
Le narcissisme joue un rôle déterminant dans le développement et l'équilibre de la personnalité. Quand l'enfant commence à se dégager de la relation fusionnelle qu'il entretient avec sa mère, on dit qu'il accède au narcissisme primaire : se prenant comme objet d'intérêt, il établit aussi une relation avec les autres et l'environnement qui lui permet de faire l'expérience enrichissante d'autres réalités que lui-même. Le narcissisme primaire est donc une ouverture à soi et au monde extérieur, et non pas un retrait comme on le pense à tort. A travers ce mouvement, l'enfant ébauche la première unification de sa vie pulsionnelle de sujet, engage son moi dans la capacité de développer l'amour d'objets autres que lui-même : il devient apte à faire l'expérience des différentes réalités qui se présentent à lui en interaction avec ses besoins. Cette opération psychologique devient possible si l'enfant accepte positivement l'image de son propre corps perçue à travers ce que Anzieu appelle le « Moi-peau ». L'enfant prend plaisir à vivre avec son image corporelle qui se trouve érotisée : il supporte d'être touché et de toucher, il prend plaisir à être en relation avec les objets de la même

façon qu'il prend plaisir à se vivre avec lui-même. Il pourra aussi se méfier des autres comme il se méfie de son corps (prémices de la paranoïa) ou il pourra ignorer les autres comme il ignore son corps (prémices de la schizophrénie).

La relation au père joue ici un rôle déterminant pour faciliter le déroulement du narcissisme primaire dans l'érotisation par l'enfant (et non pas par l'adulte) de sa propre image corporelle. Le père est vraiment le symbole de la réalité extérieure et de la relation aux objets, ce que la mère ne peut pas être puisque l'enfant est trop en symbiose avec elle. Elle le retient dans un monde psychologiquement clos, elle lui rappelle l'univers interne et l'imaginaire dans lequel il n'y a de place que pour leur seule présence. C'est avec raison qu'il tente de se dégager, sans quoi il risque de s'installer dans une position psychotique manifestée par l'inorganisation de sa relation aux objets. En clair, le refus ou la recherche de la mère ou du père sera à l'image de l'élaboration plus ou moins conflictuelle de la relation de l'enfant au monde extérieur. Le recours à la mère signifiera le besoin de se reposer et de se retrouver avec lui-même après avoir affronté les objets ; et, à l'inverse, la sollicitation du père exprimera le besoin de s'affranchir de l'enfermement maternel et de tirer profit des réalités.

L'image actuelle dans nos sociétés d'un père qui s'éclipse derrière l'image féminine et la symbolique maternelle pose donc de sérieux problèmes au moment de la maturation des personnalités. La toxicomanie, l'immaturité des identités sexuelles, la fuite dans l'imaginaire le plus éclaté, le difficile rapport à la loi sont aussi la traduction de cette opacité paternelle. Certaines mères, d'ailleurs, reprochent aux pères d'être absents alors que, dans les attitudes inconscientes qu'elles adoptent, elles annulent ou dévalorisent la symbolique paternelle.

Le narcissisme primaire est vital et chaque individu connaîtra sa vie durant un équilibre et une harmonie dans la mesure où cette fonction aura pu être gratifiée. C'est en effet parce que le sujet se prend comme un objet d'intérêt, et s'occupe de lui, qu'il devient aussi capable d'investir d'autres objets d'amour dans des productions sociales et culturelles jusqu'au sentiment réellement amoureux, où l'autre est reconnu pour lui-même et non comme le substitut de l'objet infantile perdu et illusoirement retrouvé dans des projections sur autrui.

Le narcissisme secondaire, quant à lui, est dangereux pour la cohérence de la personnalité. Il consiste en effet à désinvestir les objets extérieurs pour ramener tout son intérêt sur soi. Ce retrait peut être provisoire et normal dans des périodes de maladie, d'échec, de deuil ou autres difficultés de l'existence quand le sujet reste relativement replié sur lui et éprouve une perte passagère de désir et de contact avec le monde extérieur. Cette régression est une façon de se retrouver affectivement dans une position initiale afin de se réorganiser profondément en tirant des conclusions de l'échec subi. Les insomnies ou le besoin de dormir longtemps traduisent l'intensité du travail inconscient qui s'opère et, si le sujet « éprouve quelque chose », il ne sait pas toujours mettre des mots et nommer ce qu'il ressent. La psychothérapie d'inspiration psychanalytique peut l'aider à être davantage conscient de ce qui se joue en lui et lui permettre d'agir également sur ces mouvements internes sans trop avoir à les subir.

Ce retrait du monde dans le narcissisme secondaire est souvent accompagné d'une souffrance qui peut être d'autant plus douloureuse qu'il arrive qu'elle contribue à désorganiser profondément les mentalités. Ce repli dans le narcissisme secondaire cesse la plupart du temps quand l'individu parvient à traiter le traumatisme qui a présidé à son enfermement; il peut à partir de ce moment investir à nouveau les divers objets qui se présentent à lui en tenant compte de ce qu'il aura appris dans l'expérience précédente, laquelle peut humainement l'enrichir et lui faire découvrir d'autres dimensions de la vie.

Mais le narcissisme secondaire peut dans certains cas plus graves prendre une allure pathologique au point de gravité variable mais pouvant aller jusqu'à la schizophrénie. Le sujet va se réfugier dans l'imaginaire, donner libre cours à ses pulsions ou se méfier des autres : dans tous les cas, on assistera à la structuration de positions régressives et, si la vie sociale de ces sujets n'est pas systématiquement perturbée, elle se trouve bien limitée. Mais si socialement l'Idéal du Moi n'est pas valorisé, il sera plus difficile à l'individu de succéder au narcissisme (essentiellement de protection) qui se développe dans nos sociétés sans espérance, et dont l'hypertrophie explique l'actuelle morosité diffuse, les maladies dépressives et de dépendance toxicomaniaque.

Dans ce narcissisme secondaire, le sexe privilégie la pulsion pour elle-même, dans son état premier et sans l'autre. On peut comprendre ici pourquoi les pulsions partielles sont autant mises sur le devant de la scène des médias, c'est, nous y reviendrons plus loin, la pseudo-vie amoureuse des adolescents qui fait rêver (alors qu'ils ne sont pas eux-mêmes au fait de leur achèvement affectivo-sexuel) et non le sentiment amoureux qui, lui, met en œuvre toutes les possibilités de l'intelligence affective de la maturité. Cela montre combien nous avons du mal à grandir et à nous libérer de nos illusions pour aimer érotiquement davantage.

Les médias entretiennent la crise de la sexualité

Chez la majorité des individus les pratiques sexuelles ou les conduites amoureuses ne font pas l'objet d'une véritable réflexion. Quand apparemment tout va bien il n'y a pas lieu de s'interroger. Mais ce refus de penser correspond aussi pour une part à un déni du vécu : on croit à tort qu'il n'y a rien à connaître ni à savoir sur son sexe. L'intérêt demeure malgré tout actif pour voir ou entendre surtout ce qui se passe chez les autres. C'est sans doute pour cette raison que fleurissent, au gré des changements de grilles de programmes et des préoccupants mouvements de l'audimat, des émissions de radio ou de télévision qui se donnent pour objectif d'aider des individus, voire des couples, à résoudre leurs difficultés sur les ondes. Ces émissions, sous le généreux couvert d'une aide ou d'une consultation de sexologie, évacuent l'intériorité tant des protagonistes que des spectateurs qui assistent en voyeurs à l'exhibition de problèmes personnels. Si on ne peut que constater, souvent avec effroi, l'impudeur qui incite des couples à se « mettre à nu » face aux caméras, on doit en revanche s'élever contre le fait que ces difficultés intimes ne soient pas traitées selon les règles déontologiques, et qu'elles n'évitent pas les interprétations douteuses, dangereuses, ou tout simplement projectives d'un animateur-thérapeute de service. Qui plus est, nous savons bien que les psychothérapeutes travaillent avec leurs patients dans la discrétion la plus complète, afin de préserver leur image sociale : comment une telle démarche peut-elle être compatible avec le fait de s'offrir en spectacle à des millions de téléspectateurs parmi lesquels se trouvent les voisins des couples en situation, leurs collègues, leurs amis et bien sûr leurs familles ? Et il faut dire aussi que c'est une véritable erreur professionnelle pour des spécialistes, ou prétendus tels, de participer à ces shows ! La radio pas plus que la télévision ne sont de bons outils pour faire ce travail et il ne viendrait à l'idée d'aucun praticien sérieux de donner une consultation sur les ondes ; cette réserve devrait être encore plus grande quand il s'agit de médecine psychologique et sexologique.

Il n'est pas étonnant de noter que l'on doit souvent ces émissions conjugales ou sexologiques à des producteurs ou à des animateurs qui, ayant fait, ou seulement entamé, une psychanalyse pour résoudre des difficultés personnelles, déplacent sur le public, pour l'inciter à en faire autant, le transfert positif qu'ils ont engagé avec leur thérapeute. La psychiatrie, la psychanalyse sont utilisées pour tout et n'importe quoi et, en tolérant pareil simulacre, on finit par donner une fausse image de la psychothérapie à ceux qui pourraient en avoir besoin et qui hésitent souvent à y avoir recours après qu'ils ont vu cette démarche beaucoup perdre en crédibilité. Quand des spécialistes ont une bonne réflexion sur leur pratique, ils refusent de se laisser entraîner dans ces entreprises qui ne respirent pas la santé.

Si ces émissions ont du succès (car elles en ont !), c'est parce qu'on peut y voir et entendre les autres, ce qui bien souvent évite de s'interroger sur soi. Il est en effet loin d'être prouvé que des couples engagent un dialogue sur eux-mêmes ou consultent après avoir regardé la mise en scène d'un problème conjugal... La « psychologie-spectacle » pas plus que la « morale-spectacle » (qui fait également une percée sur les ondes) ne sont d'une grande efficacité personnelle sinon au titre d'une mascarade sophiste. S'il est un fait que la réflexion sur soi angoisse, on peut craindre que la voir s'étaler de la sorte provoque plus à l'agir : les témoignages des autres servent de justification à des passages à l'acte au lieu de promouvoir une prise de conscience de ses propres problèmes. Ces émissions entretiennent, dans bien des cas, les défenses psychiques de l'individu plutôt qu'elles ne les lèvent; le cas particulier qui s'exprime sur les ondes va servir de prétexte à certains pour basculer dans l'agir alors que jusque-là ils se contrôlaient, la parole du spécialiste étant perçue comme une « autorisation », alors qu'elle devrait ouvrir à une interrogation sur le sens du comportement relationnel. Mais à la radio comme à la télévision les idées apparaissent comme secondes et dans leur exhibitionnisme les médias ont contribué à diffuser des pratiques perverses là où il aurait pourtant fallu les prévenir ou du moins les réfléchir : la vertu est souvent complice du vice! Une émission de prévention sur le sida ou sur la toxicomanie pourra être paradoxalement incitative, malgré l'évidente intention de ses promoteurs, pour peu que soit trop magnifié en présence de personnalités médiatiques, médicales, artistiques, caritatives, ce qui est interdit et dangereux. Chez les moins sublimés pourra ainsi s'éveiller le désir de transgresser. On ne fait pas de la prévention et encore moins du conseil et de la thérapie avec des bons sentiments : mais, comme tout cela « marche », on est bien parti pour continuer...

La réflexion sur la sexualité fait peur et elle angoisse, alors bien souvent on préfère en rire ou s'afficher apparemment libéré. On ne souhaite pas découvrir sa part de vérité, qui reste masquée dans la démultiplication de gestes et de comportements qui évitent de s'interroger. La fonction psychologique du désir ne semble pas intégrer le sens de l'altérité et la fonction morale de l'évaluation de ses comportements, au regard de valeurs et de principes qui fondent l'amour humain et le double respect de soi et de l'autre, demeure en retrait. Sans doute parce que l'individualisme imprègne également la sexualité dans laquelle on souhaite principalement se retrouver avec soi-même, fût-ce, éventuellement, par l'intermédiaire de l'autre qui compte peu pour lui-même dans ce contexte. En fait, il est devenu le grand absent de la sexualité contemporaine. Les médias n'y sont pas étrangers, qui privilégient la représentation de ces pratiques sexuelles « égoïstes ». Ce qui est habituel et largement admis ne les intéresse nullement, pas plus que les trains qui arrivent à l'heure ; au contraire, l'étrange et le minoritaire sont tout de suite sollicités comme pour retenir l'attention du public. On oublie seulement qu'avec les moyens rapides de communication, tout est aujourd'hui présenté sans hiérarchie de valeurs et de compétences : un événement particulier risque d'être faussement interprété comme un fait massif partagé par de nombreuses personnes.

Que faut-il penser également lorsque, sur un même plateau de télévision, sont mises à égalité les connaissances d'un spécialiste et les croyances d'un quidam quelconque ? On verra ainsi un cancérologue opposé à un guérisseur, un psychanalyste « en lutte » avec un astrologue, un vrai prêtre avec un illuminé qui aura revêtu pour l'occasion une soutane, se proclamant *ipso facto* porte-parole d'une Église née de sa seule imagination, mais qui, sous l'effet des projecteurs, aura pris vie l'espace d'un soir. L'expérience prouve à travers des faits divers souvent dramatiques que la responsabilité des médias est grande lorsqu'ils donnent ainsi la parole, sans véritable contrôle, à des escrocs qui font audience puisque, pour beaucoup de spectateurs, « s'ils passent à la télé c'est que ce qu'ils disent est vrai... »

Les médias ne sont que les révélateurs des courants d'idées et des représentations dans une société. Ils ne sont cependant pas neutres car ils peuvent les amplifier ou en valoriser certains au détriment d'autres. On mesure encore plus avant cette influence quand ils traitent les résultats de sondages ou d'enquêtes sur les comportements sexuels. Il faudrait examiner la pertinence de ces enquêtes, car, à leur lecture, on observe qu'elles explorent des comportements manifestes (ou du moins ce qui est dit par les « enquêtés ») mais se dispensent d'examiner ce qui les motive et d'en dégager la structure psychique.

Nous sommes toujours soumis, avec ces méthodes restrictives, partielles et partiales, à une tendance normative au nom d'une science qui se voudrait objective et qui se préoccupe surtout de savoir ce que font les gens, mais n'a pas le souci de connaître réellement le pourquoi de ce qui se fait ou ne se fait pas. D'un point de vue clinique il faut constater que le manque de réflexion et d'analyse au sujet de cette « photographie » des comportements sexuels finit par induire une conception de la sexualité et à servir de référence. C'est ainsi que plus un comportement se répétera dans la population et plus il sera considéré comme « normal » en vertu de la maxime qui dit que « puisque tout le monde le fait c'est donc valable »! De très nombreux comportements vont se trouver de la sorte curieusement justifiés alors qu'ils relèvent de l'immaturité ou de la névrose.

Les divers rapports Kinsey que nous avons déjà analysés par ailleurs ont servi à définir une normalité sexuelle indépendamment de significations inconscientes, du rôle de l'imaginaire et du poids des problèmes affectifs qui déterminent certains gestes plus que d'autres. Le rapport Simon (1970) a surtout cherché à induire et à créer les conditions idéologiques favorables pour le développement de la contraception en France. Il n'a pas été réalisé avec une grande exigence méthodologique ni rigueur dans les statistiques : il se présentait avant tout comme une « machine de guerre » contre l'Eglise et sa morale. Son but se trouve défini dans la conclusion de l'ouvrage qui n'a rien de scientifique et que le journal *Libération* rappelle dans son numéro du 1er juillet 1992 : « Déculpabiliser le sexe et ses plaisirs, voilà une des grandes tâches de la jeunesse de cette fin de siècle, à laquelle notre recherche espère contribuer. » Et le lecteur referme l'ouvrage convaincu, sur cette note triomphante : « Est-il plus bel hymne à l'architecture de l'Univers qu'une sexualité comprise? »

Le choix de la formulation des questions avait été pensé en conséquence ainsi que leur cible : « Quand on veut essayer de contrer une institution on a besoin du poids des chiffres. Sa motivation première était évidemment la libéralisation de l'avortement et de la contraception.» Cette étude était plus un plaidoyer pour l'instigation du planning familial voulue dans la mouvance des modèles de la libération sexuelle qu'une véritable enquête. Elle a souvent été utilisée comme une référence et une fois encore a servi d'alibi pour ne pas avoir à s'interroger davantage.

Vingt ans après, une nouvelle étude sur la sexualité des Français est organisée par les pouvoirs publics auprès de 20 000 personnes âgées de 18 à 69 ans. Elle a mobilisé 110 enquêteurs et coûté 13 millions de francs. Les premiers résultats, comme toujours avec cette méthode de mise en chiffres de comportements relevant d'autres réalités que de celles d'un simple agir saisi *ex nihilo*, sont des plus inutiles. Le présupposé de départ est de vouloir accréditer la thèse que de nouveaux comportements sexuels se sont développés à l'instar d'autres périodes de l'histoire, ou que le sida a modifié l'approche de la sexualité.

En ce qui nous concerne, depuis le début des années 80, nous avons montré dans diverses publications qu'il n'en était rien et que d'autres facteurs étaient à prendre en compte. Ce sont les mêmes conduites et les mêmes problèmes sexuels qui traversent l'histoire humaine depuis des siècles; la nouveauté est sans aucun doute dans l'apparition de nouvelles techniques légales (contraception, avortement, préservatifs...) et une modification de l'attitude des femmes qui semblent vouloir se suffire à elles-mêmes.

Les premiers résultats de cette enquête confirment ce que l'on savait déjà par ailleurs : l'âge moyen de la première relation sexuelle, pour une partie de la population, se situe autour de 18 ans. Autre évidence banale : 96 % des hommes et 95 % des femmes de 18 à 69 ans déclarent avoir eu au moins une fois dans leur vie un rapport sexuel! Parmi ces personnes, 13,8 % des hommes et 6,3 % des femmes ont eu au cours de l'année écoulée au moins deux partenaires. Le multipartenariat variant ensuite selon les âges : entre 18-19 ans il est pour les hommes de 38,4 % et pour les femmes de 18,5 %. Il baisse à partir de 24 ans (32,3 % et 13,7 %) et diminue considérablement vers 55 ans (4,4 % et 1,7 %) Enfin, 5 % des hommes et 2 % des femmes vivant en couple fidélisé depuis au moins un an ont eu un autre partenaire au cours des douze derniers mois. Les pratiques homosexuelles représentent un taux de 4,1 % chez les hommes et de 2,6 % chez les femmes. Mais selon que les personnes habitent en région parisienne ou dans des régions rurales, les chiffres vont pour les hommes de 5,9 % à 1,6 % et pour les femmes de 4,4 % à 1,2 %. A la question : « Avez-vous déjà subi des rapports sexuels imposés par la contrainte ? », 5 % des femmes et 0,8 % des hommes ont répondu par l'affirmative.

L'enquête montre également que ce sont les sujets les plus exposés qui utilisent le plus les préservatifs, notamment les multipartenaires : 54 % des hommes et 42 % des femmes y ont eu recours au moins une fois dans leur vie. Ce sont les jeunes vivant dans le multipartenariat qui intègrent le préservatif non seulement contre le sida, les MST, mais aussi comme moyen contraceptif : il l'a été pour 85 % des hommes de 18-19 ans et 72 % des femmes du même âge au cours des douze derniers mois de l'enquête.

D'autres questions ont mis en chiffres une série de pratiques sexuelles : la masturbation, la fellation, le cunnilingus, la sodomie et des modes de rencontre occasionnelle chez les multipartenaires en sachant que ces derniers parlent plus facilement de ce qu'ils font que de ce qu'ils cherchent à travers leurs pratiques ce qui est pourtant bien la question essentielle par rapport à ceux qui ont une vie moins compliquée.

On se demandera à quoi peut servir cette enquête qui, nous dit-on, voudrait mettre en lumière les comportements sexuels des Français dans une période marquée par la pandémie du sida et répondre ainsi à la question formulée dans un rapport sur le sida : « Comment lancer une politique de prévention du sida quand on ne sait rien sur la sexualité des Français ? » Ce rapport en appelait à « développer des études de comportements portant sur la sexualité, en particulier celles qui sont susceptibles de nous donner une connaissance des mesures de protection mises en œuvre en fonction de l'exposition à risque ». Le problème d'une étude sur les comportements sexuels et de la prévention posée en ces termes fait illusion et ne peut guère être opératoire car dans ce genre de recension on évite de comprendre la signification et l'enjeu des conduites « mesurées ». On assiste surtout à un effort de rationalisation avec des concepts psychosociologiques qui ne rendent pas compte des organisations psychiques et encore moins des fantasmes inconscients qui sont l'expression du cœur de la sexualité. Quand on écoute par la suite le témoignage des enquêteurs tourmentés par les questions qu'ils devaient poser, mais également par les réponses qu'ils recevaient en retour, ils avouaient être souvent angoissés le soir au point de ne pouvoir trouver le sommeil; ce qui montre à l'évidence que l'on touche à ce qu'il y a de plus irrationnel et parfois de plus indicible dans le psychisme humain. Ce dernier point explique la distorsion et le relatif mensonge avec lesquels les réponses sont formulées sans d'ailleurs que les « sondeurs » puissent les faire rebondir comme dans des entretiens qualitatifs ou psychothérapiques. Affirmer, comme le fit un chercheur qui participait à cette enquête, que « l'on ne peut pas mentir pendant trois quarts d'heure d'entretien », c'est faire preuve d'une certaine naïveté confondant le mensonge délibéré et la mauvaise foi entendue comme une vérité reconstruite.

Est-on certain avec cette approche d'exprimer ce qu'il en est de l'état de la sexualité contemporaine, de ce que les Français disent de leur sexualité, de mieux saisir pourquoi certains prennent des risques et d'autres pas, de mieux comprendre ce qui empêche de changer un comportement sexuel pour favoriser la programmation d'une prévention véritablement efficace? Nous avons surtout besoin d'études qui stimulent la réflexion sur la signification des comportements sexuels beaucoup plus que d'un travail chiffré qui apparaît dans la population, et souvent chez les décideurs, comme la norme à laquelle il est possible de s'évaluer ou de se soumettre. Cette norme hygiénique supplante une réflexion qui tiendrait compte de l'organisation psychique de la pulsion sexuelle et de valeurs morales à partir desquelles elle est socialement viable et source de civilisation : faute de cette véritable investigation on liquide la subjectivité et l'on présente des comportements qui auraient une valeur en soi alors qu'ils ne sont que représentatifs d'une intrigue qui se joue à l'intérieur de la personnalité.

Ces enquêtes restent marquées par un *a priori* qui les inscrit dans la mode actuelle sans prise de recul pour en analyser les représentations ; autrement dit sans essayer de mettre à distance le système dans lequel on est engagé afin de discerner les conflits, les attentes et les conséquences. Le modèle de la sexualité plaisir est un choix social et politique d'une génération mais aussi de chercheurs qui tentent de légitimer un aspect partiel de la sexualité qui fait l'impasse sur sa dimension relationnelle et les problèmes de maturation qu'elle pose.

La relation sexuelle est le prototype de toute relation humaine intime, rappelle Georges Devereux. La pulsion sexuelle est, en effet, le seul instinct qui exige pour sa satisfaction totale et son exécution la coopération d'un autre individu. Je note, en passant, que la science est enfin en train de découvrir que les relations sexuelles sont par essence, une forme de communication, et cela sur plusieurs plans. Cette découverte tardive a été, hélas, rendue possible par la superficialité et l'impersonnalité péniblement évidentes des rapports sexuels à notre époque, qui comme l'ascétisme obsessionnel, ne sont qu'une nouvelle variation sur le thème de la vieille auto-destructivité de l'homme [1].

La désexualisation constante des relations humaines à laquelle nous assistons est source de violence et de négation du sens de la relation, la pulsion sexuelle pouvant être source de création relationnelle mais aussi de destruction de soi et de l'autre. C'est, entre autres, à partir de ce pro-

---

1. Georges Devereux, *De l'angoisse à la méthode,* Flammarion, 1980.

blème d'une sexualité dépressive en mal d'identité et de l'autre que nous avons à réfléchir au lieu d'additionner et de mesurer, comme cela se fait à la puberté sous les préaux des collèges, le nombre de fois où certaines pratiques sont agies...

Enfin, nous avons souvent répété que toutes les pratiques sexuelles ne se valent pas, qu'elles ont un sens psychique qui participe ou pas à la maturation de la personnalité et qui peuvent s'inscrire aussi dans un registre psychopathologique. C'est pourquoi nous rejoignons à nouveau ce qu'écrit Georges Devereux dans un esprit libre et averti :

Un petit nombre de spécialistes du comportement défendent l'idée d'une sexualité normale « à large spectre », qui abolit la différence entre sexualité masculine et sexualité féminine et où l'on considère comme normaux non seulement le choix de n'importe quel partenaire, ou même d'aucun partenaire (comme dans la masturbation), mais aussi toutes les formes de comportement « sexuel », en se fondant sur l'argument que toutes procurent satisfaction et soulagement.

Un vice relativement mineur de ce genre de théories est le fait patent que les perversions procurent moins de satisfaction et de soulagement que des actes normaux. Cette constatation m'a conduit à la conclusion que l'un des buts inconscients de la perversion est de réduire et de maîtriser l'intensité de la satisfaction sexuelle.

Le pervers est tellement angoissé d'être débordé par la jouissance sexuelle qu'il tente de la limiter à travers des conduites empruntées à l'univers psychique de son enfance qu'il connaît bien, celui des pulsions partielles. En éparpillant les sources de son plaisir sur des morceaux de corps vécus à travers l'oralité et/ou l'analité, cela lui permet de ne pas avoir à se situer vis-à-vis de la globalité de l'autre, de son sexe et du coït. Ce qui amène aujourd'hui certains à valoriser curieusement la masturbation ou une

101

sexualité préliminaire où il s'agit de se toucher sans se rencontrer. Une jeune fille de 19 ans a récemment interrogé un sexologue lors d'une émission de radio afin de savoir si la gêne qu'elle éprouvait à consentir à la sodomie était chez elle une attitude valable ou si au contraire elle devait accepter cette pénétration anale que lui demandait son ami. Le sexologue n'a pas su entendre le vrai problème qu'elle posait. Visiblement cette jeune fille était sur un tout autre registre que son ami et elle recherchait à être reconnue dans sa féminité plutôt que dans un geste partiel à symbolique homosexuelle. Le *praticien* a répondu sur le seul plan technique du « comment faire en étant attentif aux goûts de l'un et de l'autre », mais jamais il n'a abordé la question du sens de cette demande – qui était pourtant contenu dans la question inquiète de l'auditrice... C'est ainsi que se trouvent validés des gestes qui, paradoxalement, empêchent d'accéder à la jouissance et de découvrir des réalités nouvelles sur le plaisir sexuel.

Sortir de la sexualité infantile

Nous l'avons dit, la révolution sexuelle, si elle a eu lieu, a surtout contribué à libérer la sexualité infantile, alors qu'on attendait qu'elle favorise une plus grande qualité de communication entre les hommes et les femmes. Or cette sexualité inachevée ne peut être retenue pour elle-même sous peine que l'individu s'installe dans la régression qui handicapera sérieusement son développement affectif. Tel est sans doute le paradoxe de ce qui se présentait comme une libération et qui est devenu un enfermement que cultivent savamment de nombreux sexologues. Dans une telle confusion, où l'enfant devient la mesure de l'adulte, nous nous acheminons vers une société infantile qui refuse le progrès humain, dénie la maturité et qui se limite à vouloir en rester aux conceptions de la sexualité infantile en croyant que la pulsion a sa fin en elle-même. Cette croyance est entretenue par une méconnaissance de la psychanalyse qui fausse chez certains la compréhension de la notion de sexualité infantile et leur fait penser à tort que l'enfant vit sexuellement comme un adulte. S'il est vrai que, pendant l'enfance, on assiste à l'éveil de la pulsion, il faut savoir qu'elle n'a pas encore les compétences biologiques, psychologiques et sociales pour se réaliser. De nombreuses personnes (mais c'est aussi le cas pour une société) se dépriment car elles ne parviennent pas sexuellement à se dégager des mouvements premiers de la pulsion pour évoluer et élaborer leurs relations ; c'est pourquoi il est important de comprendre les mouvements de la sexualité infantile et les risques de s'y maintenir.

Le sexe de l'enfant n'est pas viable
La sexualité humaine dépend plus d'une pulsion que d'un instinct dont l'homme est relativement démuni. La pulsion sexuelle se développe lorsque l'enfant commence à éprouver des manques, c'est pour cela qu'elle est en devenir jusqu'à sa maturité. L'orientation sexuelle pas plus que le désir au sens psychologique ne sont innés et contenus dans le patrimoine génétique, ils sont acquis selon les expériences et les solutions que l'enfant aura données aux différents conflits auxquels il va se trouver confronté dans sa formation. La pulsion va être transformée par de multiples opérations psychiques afin de parvenir à son achèvement, ce travail intérieur est souvent frustrant et bien des adultes conservent en eux des regrets de n'avoir pu réaliser les pensées sexuelles de leur enfance. C'est pourquoi ils tentent de les agir à travers leurs enfants sous le couvert d'une tolérance bien sentie. Comme nous le montrerons plus loin les cours d'éducation sexuelle n'échappent pas non plus à cet écueil. L'époque est à la pédérastie, ce qui ne veut évidemment pas dire que tous les adultes soient des pédérastes en puissance, mais qu'au niveau des comportements, des symboles et des représentations on cherche à faire jouir les enfants et à jouir avec eux sur le mode de la sexualité primaire.
Or la sexualité infantile est agressive et sans objet. Imaginaire puisqu'elle dépend d'idées et de scénarios construits sans tenir compte de la réalité. Si tout ce système n'est pas remanié, l'adulte pourra conserver des fixa-

tions qui limiteront son expression : par exemple, pendant les relations sexuelles il éprouvera le besoin d'imaginer d'autres situations plutôt que de penser au partenaire présent avec lui, ou encore il trouvera plus de plaisir à regarder un film pornographique et à se masturber seul...

Agressive car la pulsion sexuelle primaire imprègne de violence les représentations de l'enfant. Si celui-ci surprend ses parents pendant leurs ébats amoureux, il pourra penser qu'ils se battent. La peur du sexe qui fait souffrir, qui abuse, qui force l'autre et l'envie de battre ou d'être battu proviennent de cette agressivité de base. Habituellement, ce sadomasochisme se transforme quand l'individu réaménage son attitude archaïque et accepte de travailler psychologiquement avec le principe de l'amour de l'autre.

Enfin, la pulsion est sans objet extérieur à soi puisque, pendant très longtemps, l'enfant se vit comme son propre objet de satisfaction jusqu'au moment où il commence à intégrer la dimension de l'échange réciproque, surtout après l'adolescence.

On l'aura compris, il y a une différence de nature entre la sexualité de l'enfant et celle de l'adulte (quand ce dernier est parvenu à une certaine maturité). L'adulte a construit et relativement organisé sa vie pulsionnelle en transformant les pulsions infantiles qui restent actives dans son inconscient, alors que l'enfant reste principalement dépendant de la pulsion primitive où dominent l'exhibitionnisme, le voyeurisme, le sadisme, le masochisme, les hésitations hétéro et homosexuelles, l'auto-érotisme et le narcissisme masturbatoire dans lequel l'individu se prend comme seul objet de désir.

Les changements nécessaires

Durant l'enfance et l'adolescence, ces pulsions, dites partielles, vont subir un traitement psychique pour se transformer et s'unifier dans la génitalité en développant une sexualité plus relationnelle qui sera capable d'assimiler le sens de l'autre. Les pulsions vont être, pour ce faire, soumises au travail de la sublimation qui a pour objectif de les affranchir de leur état premier qui est asocial. Freud définit ce processus en ces termes : « La pulsion sexuelle met à la disposition du travail culturel des quantités de force extraordinairement grandes et ceci par suite de cette particularité, spécialement marquée chez elle, de pouvoir déplacer son but sans perdre pour l'essentiel de son intensité. On nomme cette capacité d'échanger le but sexuel originaire contre un autre but, qui n'est plus sexuel mais qui lui est psychiquement apparenté, capacité de sublimation [1].» Ce recours nécessaire à la fonction de sublimation n'est pas encouragé dans notre société qui incite plus à exprimer les motions pulsionnelles comme elles se présentent à l'esprit qu'à les élaborer sous des formes plus construites. L'éducation fait l'impasse sur cette activité psychique, ce qui fragilise les personnalités repliées sur une intériorité pauvre et en friche.

Dans l'inconscient, les pulsions restent en l'état. On en voit les traces dans les rêves et certaines conduites symptomatiques. Ce n'est pas en s'en tenant là que le sexe devient une modalité de la relation humaine. Il faut que la vie psychique ait accepté de composer avec les réalités extérieures que sont la prohibition de l'inceste, la différence des sexes et la présence des autres – ce dont l'inconscient, laissé à lui seul, ne tient pas compte et d'autant moins si le Moi, cette instance psychique qui se forme au contact des réalités extérieures, n'effectue pas des opérations d'intégration et de formation du lien sexuel qui sont longues, coûteuses, frustrantes. Si, au regard de l'inconscient, les pulsions existent pour elles-mêmes, déliées les unes des autres, dans la réalité, tout n'est sexuellement pas réalisable...

La sexualité infantile n'est donc pas viable, sauf à devenir, chez l'adulte, des perversions, détournées du plaisir génital et recherchées pour elles-mêmes.

Ainsi en va-t-il pour le fantasme qui est sous-jacent au refus de la différence sexuelle. L'enfant croit en l'existence d'un seul sexe et ce n'est que vers quatre ans qu'il commence à réaliser la différence entre les garçons et les filles : il s'agit surtout pour lui d'une différence de genre et non pas encore d'identité sexuelle, question qui se posera surtout à l'adolescence.

---

1. Freud, *La Vie sexuelle,* PUF, 1969.

L'élément qui va déclencher l'éveil sexuel de l'enfant vis-à-vis des autres est d'abord la sexualité de ses parents et non pas uniquement, comme on le croit trop souvent, le résultat de la simple pression pulsionnelle. Pendant très longtemps, en effet, la sexualité de l'enfant est dépendante de celle de ses parents. Car la pulsion sexuelle du sujet se développe en fonction de l'expérience qu'il a de ce qui lui manque par rapport à ce qu'il pressent de l'expérience des adultes : le rôle de l'environnement est donc prépondérant. Les différentes formes d'attachement que vit l'enfant sont provisoires et on ne doit pas les prendre comme une fin en elles-mêmes, au risque d'en arrêter le développement : si elles préfigurent la relation amoureuse de l'adulte dans ses caractéristiques primaires, elles ne lui sont ni identiques ni équivalentes.

L'éducation sexuelle érotise
Il est de plus en plus difficile de laisser croire à des enfants que les choux et les cigognes sont à l'origine de leur existence, bien que la pérennité de ces belles histoires prouve sans doute qu'elles correspondent à un imaginaire... Ce que les enfants connaissent des commencements de la vie par l'intermédiaire des médias (dont ils sont d'assidus consommateurs) ou simplement parce qu'ils sont souvent mêlés aux discussions ou aux confidences des adultes, est très éloigné des « légendes » qui autrefois répondaient à l'inévitable question : « Comment il naît le bébé ? »
Nous ne ferons pas ici l'histoire de l'éducation sexuelle qui a connu différentes époques : notons simplement qu'elle est nécessaire et doit informer et éduquer les enfants en leur fournissant les réponses à leurs questions et doit rester dans l'ordre de la parole et de la réflexion. En matière d'éducation sexuelle, une des difficultés est de savoir adapter le contenu d'une réponse à celui de la question et à l'âge de celui qui la pose. Il ne sert à rien par exemple de faire un cours d'obstétrique et d'anatomie comparée à un enfant de quatre ans qui cherche la plupart du temps à être rassuré sur sa propre origine. Les enfants ne peuvent pas assimiler toutes les connaissances et les

informations qu'ils reçoivent : ils les déforment en fonction de l'image qu'ils ont de leur corps et en fonction du stade où ils en sont de l'organisation de leurs pulsions partielles. Ainsi la série d'émissions *Le Bonheur de la vie* diffusée sur France 3 a rassemblé tous les poncifs et toutes les erreurs psychologiques que l'on peut commettre en la matière.

Ce que l'on peut reprocher à l'éducation sexuelle, telle qu'elle se pratique actuellement, et pour en revenir à ce que nous disions de la façon dont les adultes peuvent se projeter sur l'affectivité de l'enfant, c'est d'être devenue plus une exhibition qu'une information. Force est de constater que l'éducation sexuelle qui s'est imposée depuis quelques années (sans l'accompagnement d'une véritable réflexion théorique) est en train de manipuler la sexualité juvénile. A travers une surinformation, les adultes exhibent leur propre sexualité avec des arguments rassurants qui expriment plus la réactualisation d'un voyeurisme infantile qu'un réel souci pédagogique ; tout exposer devient alors aussi néfaste que tout taire !

Nous voyons de plus en plus souvent arriver en consultation des jeunes inhibés qui sont en réaction contre une certaine éducation sexuelle ; ils ont le sentiment que des adultes se sont immiscés dans leur intimité en leur révélant des informations dont ils ne savent que faire. Il n'est pas étonnant qu'en matière d'éducation, les adultes soient souvent en retard d'une génération et s'attachent à résoudre avec leurs enfants les questions qui étaient les leurs à l'adolescence. En particulier dans le domaine sexuel, d'aucuns pensent qu'en expliquant leur propre sexualité aux enfants ceux-ci pourront plus facilement s'épanouir par la suite. Mais une chose est d'apprendre dans un livre et de connaître l'anatomie et la physiologie humaine, autre chose de se trouver, dans la réalité, engagé dans l'expérience de la découverte de ses désirs et de la relation à l'autre. Il ne suffit pas de proclamer que le plaisir sexuel est un bonheur pour savoir ce que cela veut dire. Le plaisir recouvre des aptitudes psychiques bien différentes à 5 ans, à 15 ans ou à 25 ans !

On n'a jamais autant fait et publié ces vingt dernières

années au titre de l'information sexuelle pour des résultats qui s'avèrent, au regard des observations cliniques, plutôt limités : si ce n'est certes pas une raison pour ne plus rien dire, c'est une raison suffisante pour ne pas trop en faire ou du moins réfléchir sérieusement sur le besoin que peut avoir un adulte de parler de sexe aux enfants.

Les questions qui reviennent le plus souvent chez les jeunes concernent principalement le sens de la qualité relationnelle : « L'amour c'est quoi ? », « La sexualité ça sert à quoi ? », « Pourquoi les hommes ont-ils besoin d'avoir des relations sexuelles ? », « Comment peut-on être certain de rester tout le temps avec la personne que l'on aime ? », « A partir de quand est-il souhaitable d'avoir des relations sexuelles ? » Ces questions nous les entendons souvent chez les lycéens de seconde et de terminale, quant aux plus jeunes, avant l'âge de la puberté, la sexualité est surtout chez eux associée à la fécondité : « C'est pour faire des enfants » et s'ils intègrent facilement l'idée que les parents s'aiment, l'idée de jouissance sexuelle leur semble plus obscure parce qu'elle ne correspond pas à ce qu'ils connaissent de leur corps. En ce domaine, la plupart des ouvrages ou des films « éducatifs » devancent maladroitement leurs questions. Certains ne perçoivent pas toujours ce dont il s'agit, d'autres ont peur car ils sont placés face à des réalités qu'ils ne maîtrisent pas et qui n'entrent pas encore dans le champ de leurs préoccupations.

La sexualité prégénitale reste très active chez l'enfant et chez le pubère au point de restreindre tout désir qui pourrait apparaître trop relationnel, et cela tant qu'ils n'ont pas assuré leur *Self* et leur identité sexuelle. C'est pourquoi une information trop précoce risque de bloquer la croissance affective de l'enfant en érotisant précocement sa relation à l'adulte. Quand l'adulte s'engage dans des descriptions superflues, et qui font l'économie des questions de sens, l'information est plus reçue comme une incitation à passer à l'acte que comme une réflexion. Nous aurons l'occasion de le voir plus loin, il n'est pas jusqu'au sida qui ne soit à son tour devenu un bel alibi pour les éducateurs : au nom de la vertueuse prévention et du bienheureux préservatif présenté comme un vaccin (qu'il n'est pas!), ils trafiquent la sexualité juvénile. C'est pourquoi d'ailleurs ces campagnes qui coûtent des fortunes donnent de maigres résultats... Il faut à l'évidence promouvoir une certaine information sexuelle, mais l'essentiel est que des jeunes soient en contact avec des adultes affectivement à l'aise et qui sachent entendre leurs questions et y répondre sans démagogie : à cet égard, et en premier lieu, l'éducation sexuelle commence en famille grâce à la qualité relationnelle des parents entre eux et avec leurs enfants.

Les publications d'information sexuelle ne prennent pas aujourd'hui le relais efficace qui est nécessaire. Nous avons connu les ouvrages de description anatomique, puis ceux qui se présentaient comme des contes biologiques (mais qui méconnaissaient la psychologie) ou ceux qui soulignaient principalement l'aspect moral de la relation, enfin les programmes scolaires des classes de quatrième et de troisième où des professeurs de biologie décrivaient la physiologie sans avoir toujours reçu une formation sérieuse sur la psychologie sexuelle. Or, parler d'expérience n'est pas suffisant si l'on doit répondre dans des cours à des questions relatives par exemple aux flirts précoces, à la masturbation, à l'homosexualité. Les uns pourront banaliser alors que d'autres « dénonceront » telle ou telle pratique comme nous avons pu le constater lors de sessions auxquelles participaient de leur propre initiative des professeurs de biologie du secondaire.

On voit à présent arriver sur le marché de véritables livres pour les enfants à caractère érotique et que l'on trouve jusque dans les bibliothèques scolaires sans que les éducateurs s'interrogent sur leur pertinence, la justesse de leurs propos ou les conséquences de ceux-ci. On s'aperçoit ici combien, lorsque les modèles sociaux dominants sont ceux de la sexualité infantile, il manque une distance nécessaire pour comprendre et critiquer ces livres qui entretiennent les représentations ambiantes. Voici quelques titres évocateurs de la collection « Souris Rose » pour les 8/12 ans des éditions Syros : *Les Gros Lolos, Le Baiser sur le toit, Lili bouche d'enfer, Je suis amoureux d'un tigre*, etc. Aux éditions Hachette, le roman de Ya Ding, *Le Sorgho rouge* (curieusement passé de la collection public adulte à la collection jeunesse), va encore plus loin en décrivant des scènes sexuelles entre un homme adulte et deux jeunes garçons surpris en train de voler dans un champ. Le gardien de ce champ après avoir accepté qu'ils mangent les produits ainsi chapardés, exige d'eux, en échange de son silence, d'être caressé jusqu'à l'orgasme : et l'auteur de décrire la situation comme si la pédérastie homosexuelle allait de soi ! Les éditeurs justifient ces publications avec des arguments spécieux en affirmant qu'« elles peuvent contribuer à éveiller la sensualité de l'enfant »...

Sous prétexte que s'exprime la sensualité de l'enfant ou qu'on lui délivre une éducation sexuelle, on peut se demander si tout cela n'est pas qu'un gigantesque leurre organisé par des adultes encore fascinés par la sexualité juvénile à laquelle ils s'identifient. Cette relation à caractère pédérastique et ce désir délirant d'initier sexuellement des enfants sont de sérieux dysfonctionnements de la relation éducative qui résultent de l'échec de la sublimation des pulsions partielles et maintiennent dans une relation à symbolique incestueuse, nostalgique du sexe enfantin. Ce n'est pas bien sûr ce que l'enfant doit attendre comme réponse de l'adulte. C'est cependant en ce sens que nous pouvons mieux comprendre que les modèles de la sexualité infantile aient pris le pouvoir des représentations sociales depuis la « libération sexuelle ».

Demeurer prisonnier du sexe de son enfance, au lieu de s'en inspirer pour construire autre chose de plus élaboré, conduit à la misère sexuelle et au prolétariat affectif. C'est ainsi en effet qu'on promeut une conception dépressive de la sexualité puisque, le sens de l'altérité n'étant pas valorisé, il sera difficile à l'individu de l'investir comme objet d'intérêt.

Le sens de l'amour humain n'est pas inné

L'enjeu de la sexualité est bien de parvenir à intégrer le sens de l'autre dans la pulsion. Cette tâche, qui a commencé pendant la période œdipienne entre trois et six ans alors que l'enfant tente de retenir comme partenaire privilégié l'un ou l'autre de ses parents, s'achève quand il

110

accepte de vivre sur le mode de l'amour filial, et certainement pas sur celui de l'amour conjugal de ses parents. La puberté puis l'adolescence font intervenir l'autre dans la pulsion sexuelle mais sans parvenir encore à le situer ni à se situer vis-à-vis de lui. L'autre oblige à sortir de son imaginaire sexuel, ce qui ne se réalise pas toujours sans problème et provoque une révolution chez l'individu qui en vient à s'interroger sur son identité et son désir.

Accepter la présence des autres en soi, c'est donc passer d'une sexualité imaginaire et masturbatoire à une sexualité de réalité et relationnelle, et cela demande du temps quand on sait combien l'inconscient est hostile à l'altérité. C'est pourquoi l'amour n'est pas naturel à l'inconscient : le sens de l'amour humain se reçoit, il est le résultat d'un apprentissage et d'un acquis. Au départ l'enfant a besoin d'être aimé par ses parents, mais s'il est attaché à eux comme source d'être dans une relation d'autoconservation, il ne les aime pas ; ce n'est que lorsqu'il a fait l'expérience de leur amour pour lui qu'à son tour il peut entrer dans cette attitude A ce stade, l'enfant accède surtout à un amour de reconnaissance qui n'est pas encore celui de la réciprocité : l'enfant n'a pas conscience que ses parents ont aussi besoin de se savoir aimés par lui, il pense à juste raison que les adultes s'aiment entre eux et qu'ils peuvent vivre sans avoir à s'appuyer sur l'affection des enfants. En revanche il doit sentir et constater l'amour des parents pour lui à travers leur amour conjugal.

Il ne faut pas confondre l'attachement nourricier ou les pulsions d'autoconservation (qui sont des types de relations protectrices et sécurisantes à l'image des figures parentales qui assurent nourriture, soin, protection et tendresse) avec la relation d'amour dans laquelle l'autre est reconnu pour lui-même et où l'individu accepte de renoncer à une partie de son narcissisme pour vivre des relations qui font sens.

La masturbation isole

Dans cette optique, la question de la masturbation mérite d'être abordée.

La masturbation est un mode d'expression de la sexualité infantile qui cesse lorsque s'opère le passage à la sexualité objectale. Elle commence parfois à s'exprimer relativement tôt et n'a pas la même signification en fonction des âges où elle se pratique, même si elle demeure dans sa structure fantasmatique une façon de vivre sa sexualité en extension à celle de ses parents. Quand elle se prolonge à l'âge adulte, elle manifeste la difficulté à se dégager d'une sexualité imaginaire où les scénarios internes comptent plus que la relation réelle.

Dès la petite enfance l'enfant touche son sexe en explorant son corps : cette première forme de masturbation n'a pas la valeur érotique qu'elle prendra par la suite, elle permet à l'enfant de percevoir diverses sensations corporelles. A partir de trois ou quatre ans la manipulation du sexe représente une façon de calmer des états de tension agréable ou désagréable. La puberté remet en question toute l'organisation des idées et des pratiques de la sexualité infantile sous la pression du développement de la pulsion sexuelle qui acquiert des compétences biologiques qu'elle n'avait pas auparavant. Le pubère ressent davantage son corps sexué, qu'il l'accepte ou le refuse : ce remaniement explique en grande partie l'agressivité relationnelle, l'inhibition intellectuelle et les attitudes régressives de type sadomasochistes du début de l'adolescence. La masturbation quand elle vient à s'exprimer dans ce contexte vise à intégrer une nouvelle image corporelle et à jouer avec des sensations et des personnages imaginaires, au reste parfois empruntés à la réalité – le plus souvent des adultes. Par la suite, le recours à la masturbation peut signifier un manque d'objet, l'acte se substituant à l'absence de l'autre et confortant la sexualité dans une position infantile. Tant que la masturbation continue de s'exprimer et demeure un moyen privilégié de satisfaction sexuelle, elle reste le symptôme d'une immaturité affective.

La masturbation se banalise aujourd'hui, comme un geste qui devrait nécessairement faire partie des pratiques sexuelles des adultes, alors qu'elle est une manifestation de la sexualité infantile pendant laquelle l'enfant ne compose pas sa vie affectivo-sexuelle avec les autres. Si la

112

plupart de ceux qui la pratiquent n'éprouvent pas apparemment de sentiment de culpabilité, il n'en va pas de même pour l'inconscient. On retrouve souvent cette culpabilité en clinique, qui prend des formes détournées dans des conduites symptomatiques : la fatigue, la dévalorisation de soi ou l'échec. En réalité, la culpabilité est inhérente à la masturbation car cette pratique est en fait incestueuse et témoigne d'un double échec : celui du maintien dans la sexualité imaginaire et celui de la difficulté à intégrer l'autre. Les scénarios internes qui stimulent la masturbation à travers des personnages imaginaires se sont constitués à partir des images parentales; ces images composites sont donc à la frontière du réel et de l'imaginaire mais s'inscrivent dans une intrigue œdipienne. La culpabilité s'articule dans une double signification : celle de penser pour se donner du plaisir à une femme ou un homme qui renvoie inconsciemment au père ou à la mère, et celle de se retrouver seul dans son imaginaire sexuel alors que la pulsion sexuelle a vocation dans le réel à intégrer l'autre. La culpabilité est vécue comme résultant de l'échec de ne pas réussir à rencontrer celui-ci. Si des adolescents et de jeunes adultes se plaignent de la masturbation et viennent consulter, c'est pour changer ce reliquat de leur sexualité infantile et non pas comme on l'affirme trop rapidement et très superficiellement à cause de règles morales. C'est dans la mesure où l'adolescent (l'adulte aussi) parvient à se défaire de la dépendance des images parentales qu'il n'éprouve plus le besoin de masturber : « C'est un geste qui ne me sert plus à rien et dont je n'ai plus envie », constatent alors les adolescents.

On ne peut alors que regretter que la masturbation soit souvent maladroitement évoquée dans les magazines, bénéficiant par là d'une publicité pour le moins déplacée. La plupart du temps, il s'agit de dédramatiser, de déculpabiliser et de tordre le cou des idées qui voyaient en elle la cause d'infirmités. Parfois même elle est encouragée comme une étape nécessaire au développement affectif et comme un moindre mal. Malheureusement pour leurs lecteurs qui sont souvent les adolescents concernés, ces magazines font preuve à travers leurs analyses et leurs bons conseils d'une véritable méconnaissance du fonctionnement psychique, indépendamment des situations individuelles toujours singulières. La masturbation est bien la traduction d'une difficile composition sexuelle avec autrui. N'est-ce pas cette idée qui domine dans une plaisanterie qui fait recette (et pour cause!) actuellement. Un homme rentre seul un soir chez lui, il se déshabille et se couche. Au bout de quelques instants il commence à se toucher puis finit par se caresser et se donner du plaisir. Réjoui d'être ainsi recouvert de son éjaculat, il se lève, va dans sa cuisine, ouvre son réfrigérateur et prend une bouteille d'eau gazeuse en disant : « Après l'amour, champagne! » Cette histoire dite drôle évoque en fait toute la tristesse de la solitude et du manque de l'autre.

Si la masturbation infantile permet à l'enfant de découvrir son corps puis à l'adolescent de jouer intérieurement avec ses émotions tout en restant proche de sa relation œdipienne, chez l'adulte elle isole et signe dans ces conditions l'arrêt du développement relationnel. Bien sûr on ne peut pas dire comme au début du siècle que la masturbation rend sourd, mais en revanche on peut avancer, quand elle se prolonge au-delà de l'adolescence, qu'elle rend aveugle à la présence des autres et c'est souvent de cette difficulté à se libérer de ses liens infantiles et de communiquer avec autrui qu'on vient parler en psychothérapie.

Découvrir l'autre

Freud a défini le passage de la sexualité infantile à la sexualité objectale par le fait que la pulsion devient altruiste, et cela dans une double direction. La première semble évidente et suffisante pour certains, c'est la capacité de développer le sentiment amoureux et de s'unir par amour pour l'autre. Mais la définition de Freud allait plus loin : la pulsion devient réellement altruiste lorsque le désir de reproduction est intégré à la sexualité. Le fait de se sentir capable d'être père ou mère achève la maturation sexuelle, l'autre faisant vraiment loi dans la relation sexuelle.

Le dilemme de l'adolescent est de se dire face à l'autre

et tant qu'il n'a pas confiance en lui : « C'est lui ou moi ! » La présence de l'autre (c'est-à-dire l'être aimé et l'enfant) lui apparaît contraignante et inhibante comme si elle limitait sa liberté au lieu de la révéler. Parce qu'il doit lutter contre son angoisse de castration, l'adolescent revendique souvent de vouloir agir selon ses envies et ses besoins qu'ils soient ou non en accord avec les réalités. La présence de l'autre et les contraintes inhérentes à l'existence lui renvoient sa peur d'être limité et l'accession à l'altérité s'en trouve parfois hypothéquée, surtout quand l'adolescent perçoit mal la différence des sexes.

De ce point de vue, la puberté n'est pas toujours l'âge idéal pour la mixité car chacun, durant cette période, a besoin de se construire de son côté. Quand ce travail psychique n'a pas pu se faire (pendant la puberté) à cause d'une trop grande proximité ou à cause de relations érotisées avant d'être socialisées, la mise à distance s'opérera plus tard pour les deux sexes qui préféreront se retrouver entre garçons ou entre filles. Cette trop grande proximité qui ne permet pas aux sexes de se différencier explique en partie la lenteur avec laquelle se mettra en route la coopération dans les couples qui se fidélisent. Si la mixité a favorisé le travail entre les hommes et les femmes, elle a aussi compliqué leur vie affective car ils ont vécu leur enfance dans la ressemblance et il leur a ensuite fallu du temps pour se reconnaître autre et apprendre à associer leur identité respective. C'est ce que l'on constate chez les 25/35 ans, âge qui correspond à l'établissement de relations affectives stables dans une vie de couple : le mariage va se présenter comme un terme, un but à atteindre lorsque les partenaires seront parvenus à authentifier leur relation et à s'engager ensemble dans la vie quotidienne sans être gênés par la présence de l'autre.

Il n'est pas simple pour des adolescents d'accéder à leur identité sexuelle dans un contexte où la différence des sexes est niée au nom d'une légitime égalité sociale. La femme doit réduire le mythe de « la garçonne » et l'homme celui de « l'homme enceint » : deux mythes qui reposent sur la représentation imaginaire de l'enfant « du sexe unique ». C'est une conception prégénitale remise en question et traitée lors de l'adolescence mais qui peut avoir des effets durables dans le champ social et engager des débats stériles qui font fi des réalités psychologiques sous prétexte d'égalité entre les sexes. Le conflit œdipien s'en trouve réactualisé chez les deux sexes, l'autre étant recherché à l'image du parent du sexe opposé; mais la solitude affective dans laquelle se trouve l'adolescent le conduit à chercher également, sans en avoir conscience, une identification avec le parent du même sexe. Plus il est agressif à l'égard de ce dernier et plus il est en attente à son sujet. De nombreux parents interprètent cette attitude comme un rejet de leur personne et de leur rôle, ils s'efforcent alors de se faire discrets, de ne pas intervenir croyant que le jeune n'a plus besoin d'eux ; or les adultes n'ont pas à déserter la relation éducative aux adolescents et à les laisser devenir autonomes dès l'âge de 15 ans. Ce double alibi masque surtout une impuissance à communiquer réellement, à bien se situer vis-à-vis d'eux : on permet tout et n'importe quoi sans contrôle et on s'étonne ensuite des problèmes qui ne manquent pas de perturber la personnalité de l'adolescent et la vie familiale. L'adolescent n'a pas toujours le sens des limites, ni celui de ce qui est souhaitable ou préférable; il a besoin d'apprendre à élaborer ses désirs plutôt que de chercher à réaliser en permanence la première envie qui lui passe par la tête. Les conduites de dépendance comme la toxicomanie et les relations affectives additives, activées par une incapacité psychologique à assumer son intériorité, sont entre autres provoquées par ce manque de *Self* et de contrôle, ce qui rend l'identité sexuelle incertaine et la relation aux autres aléatoire.

L'autre est sexuellement dangereux

La conception de la sexualité contemporaine que nous venons d'esquisser laisse, on l'a vu, peu de place à l'autre. Ne sachant pas comment l'investir, négocier la coopération du quotidien dans la relation amoureuse, coïncider avec son identité sexuelle s'acheminer vers la maturité sexuelle, l'individu vit de plus en plus souvent sa relation à l'autre de façon dépressive, c'est-à-dire sans savoir vraiment le rejoindre. L'autre est à la fois érotiquement recherché et paradoxalement mis à distance. Pis encore, l'autre incarne le danger dont il faut se protéger, que ce soit par la contraception, l'avortement ou la prévention contre le sida. Ces trois réalités, à bien y réfléchir, mettent en jeu les mêmes mécanismes de repli, selon lesquels autrui est vécu comme pouvant devenir l'instrument de la négation de l'individu ou de sa mort (dont l'enfant ou le virus seraient l'empreinte flagrante). On parlera de se protéger l'un de l'autre comme d'un fléau redoutable, on exhibera comme d'universelles panacées la pilule contraceptive (dont les jeunes ne sont pas aussi friands que la génération précédente) ou le préservatif qui serait censé protéger de « tout ». Au prix de quelle « embrouille », il n'y aurait plus de problèmes puisqu'on serait débarrassé de relation à l'autre ! Un tel raccourci nous incite à décrire le fonctionnement psychologique de ces trois réalités de la « dépressivité » sexuelle que sont la contraception, l'avortement et le sida. Ce dernier aspect est d'une autre nature que les deux précédents. Mais ils se rejoignent dans le caractère morbide et dangereux de la relation à l'autre. La relation sexuelle à l'autre a toujours un aspect angoissant et comme l'angoisse apparaît rarement pour elle-même, elle s'exprime de façon masquée à travers la peur de l'enfant ou de la maladie. C'est encore plus vrai chez des adolescents et des postadolescents qui doivent à leur âge traiter de nombreuses inhibitions et adoptent paradoxalement des discours normatifs et des comportements transgressifs. Il n'y a pas si longtemps, certains refusaient pour des raisons de moralité d'avoir des rapports sexuels, vint ensuite la crainte de la grossesse non désirée supplantée actuellement par la peur des MST et du sida qui a leur tour servent d'alibis à une angoisse de toujours que la culture et l'éducation se refusent de traiter comme si la question ne devait pas se poser.

La névrose contraceptive
La volonté de limiter les naissances a toujours existé et n'est donc pas un phénomène nouveau. Il est bien évident

que si l'une des finalités de la sexualité est le désir d'appeler à la vie des enfants, toutes les relations sexuelles n'ont pas ce but et expriment principalement l'attachement amoureux entre deux êtres ou le besoin de mettre en acte une pulsion partielle qui n'a pu s'intégrer à la maturité génitale.

Des progrès techniques considérables ont réussi à proposer des médicaments contraceptifs d'une grande efficacité biologique permettant pour certains d'entre eux à la femme, pour d'autres au couple, d'éviter « le risque » d'une grossesse non désirée. Jusqu'à présent la contraception a été abordée de façon militante et on a ainsi empêché que se fasse jour une réflexion plus libre et non fondée sur des conceptions politico-idéologiques. Tout a été mis en œuvre pour que la femme soit non seulement libérée de grossesses non désirées mais que soit aussi nié son sens du portage maternel, ce qui la mettrait à égalité avec l'homme. La philosophie négatrice de la différence des sexes (que Simone de Beauvoir a pu prôner en affirmant que la maternité des femmes est un accident de la culture) a encouragé une contraception d'où le père se voit exclu de la fécondité et a magnifié dans le narcissisme secondaire (tout pour moi toute seule) le ventre de la femme. Les hommes ont relativement accepté cette situation, quoiqu'ils n'aient pas tout de suite pris conscience de la paralysie fantasmatique dans laquelle ils étaient immobilisés. Cependant, ils pouvaient difficilement faire autrement quand on sait qu'ils ont tendance, dans un premier temps, à s'inférioriser devant leur femme devenue mère, parce qu'ils retrouvent en elle la mère archaïque de leur enfance, forte de tous les pouvoirs sur la vie.

Ce qui nous intéresse ici est de savoir comment fonctionne psychologiquement l'attitude contraceptive. Nous verrons qu'elle s'organise comme une névrose, en tant que structure résultant d'un compromis entre un désir et une défense, en sachant qu'une névrose n'est pas systématiquement une maladie (elle peut le devenir) mais une limitation de la vie psychique. Jusqu'à présent il n'y a pas eu d'études sur les répercussions psychologiques de la contraception : nous avions déjà abordé cette question dans un précédent ouvrage [1] et nous voudrions en poursuivre ici l'analyse en insistant, au regard de l'expérience clinique et de l'indifférence des jeunes générations, sur le rôle limitatif qu'elle peut avoir sur la sexualité humaine en induisant une attitude anti-altérité et asociale. La contraception développe dans le psychisme un refus de l'autre dans la mesure où, en clair, on ne concède pas de place pour la génération à venir. Certes, la question n'est pas simple, mais est-ce une raison pour l'évacuer sous le prétexte que la pilule ne pose pas biologiquement de problème? Nous essaierons de montrer que tout n'est pas si simple au regard des psychologies.

La contraception légalisée a des effets déprimants sur les mentalités dans la mesure où, idéalement, il est reconnu souhaitable de limiter les naissances. Mais ce principe se heurte à une tendance lourde : même si les individus sont enclins naturellement à espacer les naissances, une société ne peut proposer comme idéal que la naissance de nombreux enfants pour assurer son avenir, car le non-renouvellement des générations équivaut à la mort sociale. Pour que l'individu accepte de mourir, encore faut-il que quelqu'un demeure après lui et, si tel n'est pas le cas, c'est le risque de la désespérance. Or nos sociétés, qui ont posé de façon militante la contraception comme un idéal, remettent clairement en question l'idéal social de la fécondité. C'est parce que nous ne voulons pas entendre cette contradiction que, faute d'être reconnue et traitée, elle se retourne contre la société et prépare tous les ingrédients d'une relation dépressive à l'autre : en désinvestissant la relation à l'enfant à venir, on se dégage des réalités dans un mouvement de repli sur soi. Ce retrait mobilise la pulsion de mort qui est très active dans la dépression et pour laquelle l'autre, pas plus que l'avenir, n'existent. Une attitude motivée, du moins rationnellement et sans tenir compte des représentations inconscientes, par le besoin légitime d'être plus libre, plus détendu et sans la contrainte psychologique et économique d'un enfant.

---

1. *Le Sexe oublié,* Flammarion, Paris, 1990.

Est-ce à dire que nous n'avons pas besoin de l'enfant, symbole de l'autre, pour être et vivre socialement ? Entendons-nous bien, une procréation inconsidérée ne résoudra pas le problème psychologique posé ici qui veut souligner le déplacement d'une problématique individuelle de limitation technique des naissances à la question collective de l'affaiblissement de l'idéal social. Laisser entendre qu'on veut moins d'enfants, c'est affirmer que l'on peut se passer de leur présence. Mais certains adultes se rassurent en pensant que s'ils conçoivent un enfant quand ils ont la certitude de pouvoir l'assumer, il sera un enfant mieux réussi et plus épanoui ! Rien n'est moins évident que cette croyance, au reste souvent infirmée dans la réalité. Si la société ne privilégie pas dans son idéal l'appel à la vie des enfants et ne donne pas aux adultes les moyens de les éduquer, ils se vivront comme des otages valorisant le désir de leurs parents ou comme des « tolérés à vivre ». C'est d'ailleurs pourquoi les jeunes acceptent moins bien que leurs aînés la contraception et que les campagnes militantes engagées pour les obliger à y avoir recours n'auront qu'un faible impact sur ces jeunes mentalités.

Laisser entendre à des jeunes qu'un enfant en gestation est un risque au même titre qu'un virus contre lequel il faut se prémunir, au moment où ils travaillent au sein de leur vie psychique la double insertion de l'altérité dans la pulsion sexuelle (sentiment amoureux/procréation), c'est vraiment apporter la contradiction dans leur développement. En effet l'autre est saisi comme un gêneur et perd sa valeur sociale tout en étant paradoxalement surinvesti affectivement, et seulement affectivement. Quant à l'amour, il est tellement magnifié qu'il en devient suspect, indice d'une culpabilité qu'on doit se faire pardonner. La publicité pour les produits laitiers et autres couches de bébé est pleine de ces bons sentiments connotant l'amour sans frontières présenté sous la forme primitive de la tendresse (relation de protection) au détriment d'une attitude plus élaborée et plus distancée où l'individu pourrait se constituer comme sujet, car un tel amour que l'on sent, envahissant et réparateur d'un désir d'enfant refoulé au bénéfice d'un narcissisme protecteur, n'est pas aussi vertueux qu'on le prétend. Il est très souvent justifié par de fausses raisons psychologiques : on idéalise l'enfant programmé, qui, d'ailleurs, ne correspond jamais aux rêves de ses parents. Pourtant ce briseur de rêves revendique d'être reconnu, de grandir et de choisir en tenant compte de sa réalité et non pas en étant la réplique imaginée de l'achèvement personnel de ses géniteurs. L'adulte a tendance à vivre l'enfant à travers la relation primitive de la fusion et à faire un autre soi-même. C'est pourquoi l'enfant, parce qu'il affirme sa différence, reste l'un des symboles majeurs du sens de l'autre et de la temporalité. En acceptant le temps qui passe, l'adulte accueille plus volontiers l'enfant; il suffit de voir l'attitude rajeunie et complice des personnes âgées au contact des enfants pour le constater.

La transmission de la vie n'est pas un gadget de la sexualité humaine que l'on peut facilement dissocier de la relation génitale. La preuve c'est que les enfants ont en eux-mêmes très tôt conscience que la sexualité est faite pour concevoir (dans leur langage « faire des bébés »). Ils ont besoin de sentir s'ils sont acceptés pour eux-mêmes ou tolérés et il est déterminant, pour leur sécurité et leur confiance personnelle, de pouvoir compter sur le désir de leurs parents à leur égard. L'enfant est soumis pendant très longtemps à l'angoisse d'être abandonné, rejeté et incompris; c'est pourquoi il développe souvent des comportements qui peuvent exaspérer les adultes, cherchant à savoir comment ils tiennent à lui. Le fantasme inconscient sous-jacent à l'angoisse d'abandon correspond au besoin illimité et absolu d'amour que l'enfant connaît dans sa période précœdipienne (avant trois ans) : il se sent insécurisé d'avoir perdu la relation fusionnelle avec sa mère et supporte mal d'en être séparé, développant ainsi une insécurité affective fondamentale. Cette angoisse de l'abandon ne correspond d'ailleurs pas systématiquement à un abandon réel, vécu dans l'enfance, mais il peut être le résultat d'une absence (profession, maladie, décès) ou d'une attitude d'indifférence affective inconsciente de la mère à son enfant. Celui-ci le ressent évidemment comme un refus d'amour ou une fausse présence : si sa mère est bien là et fait les gestes qui conviennent, c'est sans aucune charge affective. L'individu abandonnique qui se vit ainsi, pour des raisons fantasmatiques ou liées à des événements, présente dès le plus jeune âge un terrain favorable à la dépression anaclitique; en d'autres termes, il est incertain, insécurisé de ce que peuvent représenter ses images parentales et manque de points d'appui en lui-même pour affronter seul le réel.

Au risque de surprendre nous pouvons dire que la légalisation de la contraception limite l'idéal social de l'altérité. Certes, elle n'a pas été voulue délibérément dans ce sens, mais le fantasme inconscient qu'elle active se traduit dans le refus de l'autre. Il est important d'amener à la conscience cette interrogation afin de la réfléchir et il ne serait pas sain de refuser cette lucidité. Le refus et le rejet de l'autre, contre lesquels nous voulons lutter avec juste raison, trouvent leur origine pour une part dans notre attitude sociale face à la procréation. Nos représentations sociales développent une contradiction quand elles affirment la défense du sens de l'autre et en même temps sa négation dans la fécondité. Si les débats deviennent passionnels et virulents au sujet du racisme, ce n'est pas tant pour faire admettre le brassage ou le mixage des races que pour se libérer de la culpabilité du refus de l'enfant : cette culpabilité n'étant pas reconnue ni évidemment élaborée dans les esprits trouve un prétexte pour se projeter sur un autre objet d'intérêt en escamotant ainsi le problème essentiel qui, lui, est refoulé. La culpabilité qui est inhérente au psychisme humain est liquidée à partir du moment où le sens de l'autre est négligé, mais reste néanmoins active (sans être traitée psychologiquement et moralement) pour défendre la cause de l'autre alors que précisément ce dernier est malmené. Une façon de régler une dette en quelque sorte! L'enfant contracepté est au cœur du malaise de la civilisation qui tente d'oublier sa culpabilité en s'occupant des plus défavorisés, des exclus et des marginaux. Il convient bien entendu d'assumer cette tâche avec générosité et la question n'est pas là : ce que nous tentons de montrer c'est qu'ainsi nous répondons en même temps à deux problèmes différents et valorisons l'un pour mieux taire l'autre.

La législation contraceptive ainsi que les bons résultats techniques de la pilule et autres contraceptifs servent d'alibis pour ne pas à avoir à réfléchir aux aspects psychologiques, sociaux et moraux des effets de leur utilisation sur nos représentations. On pourra bien sûr fulminer ou se révolter en usant d'arguments rationnellement bien rodés afin de prouver le contraire du constat que nous venons de faire, mais au regard de l'inconscient il en va tout autrement. Ce qui n'est pas investi sur l'autre revient sur soi dans la forme du narcissisme secondaire et si ce retrait du réel libère, il isole également dans l'autosuffisance, ce qui ne manque pas ensuite d'entraîner des plaintes ou des conduites de compensation. Notons ici que les animaux de compagnie n'ont jamais été aussi nombreux et personnalisés érotiquement que depuis que l'on conçoit moins d'enfants dans nos sociétés : ne les appelle-t-on d'ailleurs pas également « bébés » à leur tour comme dans la relation amoureuse ? On manifeste ainsi le besoin de se maintenir dans une double direction : dans l'état affectif du nourrisson d'une part, pour se mettre à la place du bébé qui n'est pas venu et, d'autre part, pour s'installer dans l'attitude de l'amour passif grâce auquel on veut recevoir pour soi l'attention, la tendresse et le dévouement de l'autre plus qu'on ne lui en donnera. Faute de concevoir des bébés on se met dans leur situation affective pour jouer le rôle de ces absents qui ne peuvent que nous manquer socialement. Cette absence et ce manque sont encore plus renforcés dans nos sociétés lorsque, paradoxalement, on se refuse à donner aux enfants la place qui devrait être la leur, dans la mesure où les représentations dominantes les situent à égalité avec les adultes, ce qui peut expliquer par ailleurs l'abandon de la relation éducative.

Pour en revenir à la contraception, on aura raison de soutenir le fait que nul n'est obligé d'y avoir recours, mais il y a une telle pression sociale que l'on paraît vite stupide et irresponsable de ne pas s'en servir. Les nombreuses émissions qui dissertent doctement sur la question et pour lesquelles sont principalement conviés des militants et des techniciens ne proposent jamais une réflexion sur les effets psychologiques de la contraception que ce soit dans un sens positif ou négatif. On se contente simplement d'évoquer le degré de tolérance par l'organisme du dosage hormonal de ces médicaments sans prendre en compte le vécu psychologique, ce dernier étant souvent escamoté, refoulé ou transformé dans l'idéalisme contraceptif du plaisir sexuel trouvé sans l'angoisse d'une grossesse non voulue. Serions-nous encore dans un obscurantisme psychologique? De nombreux gynécologues éliminent volontairement ou non des interrogations qui, faute d'être exprimées et réfléchies, se convertissent dans des troubles somatiques ou finissent par se dire au cours de psychothérapies. Les gynécologues sont souvent étonnés, voire agacés que leur soient révélées ces réalités; certes ils ne sont pas situés pour recevoir les confidences et le vécu psychologique de leurs patientes, pour les comprendre et les approfondir comme on peut le faire en psychiatrie et en psychothérapie, ce n'est ni leur rôle ni leur formation. Au moins pourraient-ils reconnaître que la contraception n'est pas qu'une histoire de dosage et que, sortie de leur cabinet, il n'est pas rare que leur patiente entre chez le psychanalyste afin d'évoquer ce que les conséquences psychologiques de la pilule ou du stérilet provoquent comme questions, craintes ou souffrance.

La contraception n'est en effet pas toujours aussi bien acceptée qu'on veut le prétendre même si elle l'a été pour la génération des années 70 dites de la « libération sexuelle ». On constate cependant qu'en masquant les problèmes du sens du désir sexuel, on a aussi « stocké » des interrogations qui nous reviennent maintenant à travers les fameuses « pannes » de désir. Aujourd'hui de très nombreuses jeunes femmes, à commencer par des adolescentes, ne se sentent pas concernées comme le furent leurs aînées par toute cette problématique et il n'est d'ailleurs pas rare que si certaines consultent un gynécologue elles le fassent à l'initiative de leur mère qui souhaite pour elles une contraception. Bien souvent ces adolescentes refusent ou ne veulent pas de contraception; d'abord elles n'ont pas encore de vie sexuelle active (comme c'est souvent le cas chez les 15/20 ans) et ensuite elles ne comprennent pas cette intrusion des adultes dans l'expression de leur vie sexuelle qu'elles considèrent à juste raison inachevée et qu'elles diffèrent.

L'observation montre donc bien que les attitudes vis-à-vis de la contraception se sont modifiées. Vécue comme une idéologie par toute une génération, elle ne peut plus l'être par la suivante qui a une conception de la sexualité plus proche de ce que l'on vit psychologiquement à l'adolescence, et qui, au milieu d'essais et d'erreurs, se caractérise surtout par l'attente : en ce sens, les adolescents d'aujourd'hui sont différents de leurs aînés qui ont affirmé leur sexualité contre les adultes et la société. Quand des adultes essaient parfois de se maintenir dans leur adolescence à l'image des modèles anciens de leur époque (ce qui n'est pas rare), ils sont surpris par l'attitude des jeunes qui pour certains entretiennent des relations de copinage amoureux sans pour autant s'exprimer et le traduire sexuellement, bon nombre d'entre eux n'acceptant pas la contraception. La prise régulière de la pilule est vécue dans la toute récente prise de conscience d'une écologie humaine comme un agent chimique qui risque de provoquer des effets secondaires sur l'organisme. Paradoxe des comportements quand on sait que ces mêmes jeunes n'ont pas cette exigence quand ils se nourrissent dans les fast-food avec des produits qui auront sans nul doute des répercussions sur leur santé future. Autre argument pour ces jeunes qui abordent avec difficulté la contraception : la contrainte quotidienne qu'elle représente et qui est trop lourde par rapport à l'intérêt escompté puisqu'ils ne sont pas engagés dans la sexualité de façon aussi précoce et aussi active qu'on veut le prétendre.

Les pratiques sexuelles pendant l'enfance et l'adolescence ont toujours existé et il n'est pas juste de croire (car nous sommes dans le domaine de la croyance et non dans celui de la connaissance) qu'elles sont plus nombreuses qu'autrefois. La nouveauté est surtout dans le fait que, depuis les années 60, ces gestes affectifs ou sexuels signifieraient une vie de couple. Les modes ont en effet incliné les adultes, et même les adolescents à concevoir ces essais et ces erreurs dans une optique qui était celle du « tout couple » valorisé par le sentiment amoureux. Au regard critique de l'expérience de leur aînés, les jeunes sentent aujourd'hui qu'ils doivent se préparer pour réussir une relation et, une fois passé l'âge des défis pubertaires (de 14 à 18 ans mais qui peut se prolonger au-delà), ils se mettent en attente. La jeune génération supporte mal ce refus de l'autre sous-jacent à la contraception car il laisse supposer que l'enfant pourrait en fait ne pas exister ni être accepté par les adultes. Suivant la célèbre maxime biblique selon laquelle il ne faut pas « faire à l'autre ce que l'on ne veut pas qu'il nous fasse », les jeunes ne peuvent que laisser ouverte la question de l'enfant à venir car il est signe de leur propre vie. De fait, l'enfant se vit comme un survivant, et comme le dernier maillon de la chaîne de la vie qu'eux-mêmes, pour une part, choisiront de ne pas poursuivre. En effet, actuellement, devant les implications négatives de la contraception et le recul de plus en plus tardif du premier enfant (autour de la trentaine), le jeune préfère renoncer dès l'adolescence à toute idée d'avoir des enfants.

Ainsi la névrose contraceptive se constitue-t-elle quand la relation à l'autre devient simple protection narcissique de sa survie égoïste, l'autre étant surtout désiré pour son propre épanouissement et apparaissant dangereux s'il vient à se présenter en dehors de cette représentation autolatrique. C'est de cette façon que naît et se développe cette névrose de la méfiance de l'autre impliquée dans l'idéal social de la limitation des naissances; ce qui ne veut pas dire que nous devions renoncer à une maîtrise raisonnable des naissances et que la sexualité humaine doive être uniquement finalisée par la procréation. Il est simplement indispensable de nous dégager de l'esprit militant et prescripteur de la contraception qui accentue la problématique que nous avons décrite et empêche de réfléchir sur le comportement sexuel et notre relation à l'autre.

L'avortement ou l'être en peine de l'autre
La procréation fait partie intégrante de l'idéal d'une société et la naissance d'un enfant est un événement généralement attendu avec bonheur dans la plupart des familles. Dans certaines situations néanmoins, il peut

représenter une véritable catastrophe pour ses parents, pour une femme seule, ou pour une adolescente. L'avortement est alors une solution, malgré les nombreux problèmes qu'il pose : en effet, si personne ne conteste le principe de la régulation des naissances (l'Eglise elle-même en a reconnu la nécessité depuis longtemps et le pape Paul VI l'a rappelé dans l'encyclique *Humanae Vitae* en 1968), la discussion achoppe principalement sur les moyens à employer si l'on veut tenir compte de l'éminente dignité de la personne humaine. Il est vrai que l'avortement pose des questions à la frontière du psychologique, du social, du politique, du moral et du religieux et qu'on ne peut exclure aucune de ces dimensions. Il place tous les partenaires dans un conflit de droit et de devoir – les parents, la femme dans la relation à son corps, l'embryon – au statut relativement flou quant aux lois, à la société et aux valeurs morales. L'enfant, espoir de vie et d'avenir, peut ainsi devenir source de désespoir et de détresse accablante.

L'avortement est toujours un drame vécu par la femme dans son corps sans qu'elle mesure nécessairement les répercussions qu'il aura sur sa vie psychique. L'ensemble des praticiens qui interviennent dans le cadre de l'IVG le perçoivent à des degrés divers. Il n'est pas rare d'ailleurs que des médecins qui le pratiquent, pour certains depuis plusieurs années, choisissent de ne plus se livrer à ce type d'opération qu'au reste ils ne supportent plus.

Nous avons reçu plusieurs lettres de médecins confirmant par leur témoignage « la souffrance de l'avorteur », comme l'exprimait l'un d'entre eux qui a décidé de démissionner du centre d'IVG dans lequel il travaillait depuis plusieurs années. S'il manque parfois des médecins dans ces centres, ce n'est pas uniquement en raison de la faible rémunération mais plutôt du fait qu'il devient psychologiquement et moralement insupportable de répéter un geste de mort. Pourtant, la doxa voudrait que l'avortement ne pose aucun problème ! L'expérience clinique prouve le contraire et souligne une mauvaise foi que l'on retrouve dans certains organismes militants et lobbies intellectuels. Si nous insistons sur les incidences psychologiques de

127

l'avortement, c'est d'abord au nom de l'expérience clinique. Il nous importe peu de savoir s'il faut être pour ou contre l'avortement mais d'envisager l'ensemble des problèmes qu'il pose. Une remise en question permanente s'avère nécessaire si nous voulons conserver notre liberté de penser pour aller au-delà des évidences et des stéréotypes militants.

Nous allons donc essayer d'énumérer les questions inhérentes à l'avortement dans une société contraceptive.

Avortement et sens de l'autre

L'avortement et la contraception sont des situations bien différentes, cependant les réalités psychologiques et symboliques qu'elles mettent en jeu sont identiques. Si, dans le premier cas, il s'agit de suspendre le processus de fécondation et, dans le second, d'annuler le développement du fœtus, c'est toujours la question du sens de l'autre qui reste posée : la contraception évite l'apparition d'un tiers, l'avortement le supprime. Ce comportement n'est pas neutre et pose de sérieux problèmes moraux et sociaux dans la mesure où on lui reconnaît socialement une certaine légitimité alors que, jusqu'à ces dernières années, seule la fécondité était valorisée. A partir du moment où une loi autorise et organise l'avortement, il faut admettre que l'idéal de la procréation s'en trouve sévèrement mis à mal. Cela ne signifie pas que l'individu qui y a recours est un assassin (et plus précisément un infanticide), mais on ne peut pour autant nier qu'il s'installe dans l'ordre de la mort : c'est ce climat qui est un des facteurs de « dépressivité » de notre société.

Ce sentiment de mort envahit la conscience des couples ou des femmes qui avortent : ils ont nettement l'impression de porter atteinte « à la vie » à l'intérieur d'eux-mêmes. Divers état de conscience peuvent être éprouvés – culpabilité, angoisse de l'avenir, perte ou affaiblissement du désir sexuel, etc. – qui se présentent sous des formes masquées, parfois plusieurs semaines après l'avortement; selon la personnalité de chacun, un système de défense se mettra en place qui évitera des prises de conscience douloureuses mais pourra susciter un rapport névrotique de la femme à son corps et aux autres. Des séquences dépressives, des troubles psychosomatiques et des difficultés relationnelles viendront parfois stigmatiser ce défaut de traitement des questions inhérentes à cet acte exceptionnel que représente l'avortement.

Le suivi psychologique après un avortement est donc tout aussi important que l'entretien de huitaine qui le précède (ou du moins qui devrait le précéder) lors duquel le couple – ou la personne – réfléchit à l'alternative qui s'offre à son choix. Après une IVG un sentiment de délivrance se produit, accompagné du besoin d'oublier ce qui vient de se passer – réflexe qui ne facilite pas l'intégration de l'expérience. Ce refoulement, indice d'une situation mal vécue, d'autres tenteront de le compenser en devenant par exemple des militants de l'avortement. Militer en ce domaine étant toujours suspect quand cela devient, sur le dos des autres, voire de la société, le lieu de projections réparatrices.

Quoi qu'il en soit, l'avortement est un acte grave. N'est-il pas une concession accordée par la loi à une situation exceptionnelle et cela au nom de la santé publique? Or il se produit actuellement un glissement qui laisse entendre que l'avortement pourrait n'être qu'une modalité de la contraception, au point même que d'aucuns y voient un encouragement à demander au pouvoir de prolonger l'autorisation de l'IVG au-delà de la dixième semaine. Les arguments utilisés pour étayer cette requête sont ceux du droit de la femme à disposer librement de son corps et de considérer l'embryon comme une partie d'elle-même. Ces motivations, purement narcissiques, ne peuvent évidemment pas être les seules prises en compte et exclure du même coup toutes les autres engagées dans la procréation. A moins qu'elle ne démissionne de ses responsabilités, aucune société ne peut abandonner la fécondité aux mobiles subjectifs de la femme, laquelle ne peut à elle seule décider du destin d'un enfant qui, en tout état de cause, comme le dit justement le poète, ne lui appartient pas : « Vos enfants ne vous appartiennent pas. Ils viennent de vous mais ils ne sont pas à vous... » Pour achever sa sexualité la femme a besoin de mettre au monde son enfant dans le cadre d'une relation parentale inspirée par l'amour conjugal : si ce besoin est déconnecté d'une histoire affectivo-sexuelle, on risque « le délire » d'un enfant vécu uniquement comme prolongement et accomplissement de soi. Or l'enfant n'est pas une partie de la femme. S'il se développe en elle, c'est pour devenir toujours plus autonome, le père étant dans cette histoire garant de cette différenciation.

Du « droit à l'enfant »

De nombreuses femmes entre 35 et 45 ans sont actuellement dans un paradoxe affectif quasi dépressif : elles ont connu plusieurs histoires sentimentales, elles ont parfois décidé d'avorter (certaines plusieurs fois) et, arrivées au seuil de la quarantaine, elles sont doublement angoissées. Elles se retrouvent seules et elles réalisent que la plupart des hommes de leur génération sont engagés par ailleurs et donc indisponibles pour préparer l'avenir conjugal auquel elles aspirent. Si bien qu'elles se tournent vers des partenaires beaucoup plus jeunes. Cela explique pourquoi il est fréquent d'observer des hommes de 18/30 ans s'inscrire avec des femmes de 40 ans dans une relation de dépendance quasi maternelle sous l'apparence du sentiment amoureux.

Par ailleurs, le besoin d'« avoir », de « faire » ou de « vieillir avec » un enfant, indépendamment d'un homme ou du père, tout en regrettant dans certains cas d'avoir autrefois avorté et d'être ainsi privées d'une progéniture, les pousse de façon plus ou moins impulsive à se mettre en situation d'être enceintes, au besoin en demandant à l'un de leurs amis de leur « rendre ce service » tout en le déchargeant de toutes les responsabilités financières, sociales et éducatives de père. Si les hommes les plus lucides sur le caractère malsain d'une telle démarche déclinent évidemment cette proposition, les plus insouciants n'oseront pas refuser. Il n'est pas souhaitable que l'on encourage pareilles pratiques et encore moins que l'on autorise l'insémination de ces femmes dans des centres spécialisés car il n'est pas juste de prétendre qu'un enfant puisse naître et se développer dans n'importe quelles conditions. Il a besoin d'un père et d'une mère identifiés comme tels !

L'enfant n'est pas un droit, comme on voudrait nous le faire croire, il est un devoir à assumer vis-à-vis duquel plusieurs partenaires sont engagés, depuis les parents jusqu'à la société. Non seulement la loi doit dire les règles de la filiation et limiter les appétits narcissiques asociaux, mais la morale qui la transcende devrait davantage intervenir dans la formation de la conscience en rappelant les principes de vie qui donnent sens à la parenté. Ce discours est sans doute difficile à entendre dans une société qui dénie le complexe d'Œdipe en annulant la présence du père, et où les adultes vivent des relations confuses avec les enfants parce qu'ils ne savent pas situer leur parenté et qu'ils se sentent obligés de rester à mi-chemin entre la fratrie et le copinage.

En fait, ce que cache la fameuse formule du « droit à l'enfant », c'est le besoin de « se réparer » ou de « se réussir ». Dans l'indifférenciation des générations, l'enfant n'intervient que pour permettre l'épanouissement personnel de son géniteur. Chacun naît et meurt seul, dans l'interdépendance affective et sociale de ceux à partir de qui il a grandi et vécu... Le « droit à l'enfant » n'est qu'une relation de miroir possessive, par laquelle l'enfant est comme tenu de correspondre aux besoins psychologiques de ceux qui l'ont conçu. Cette psychologie du double est un réflexe d'annexion inconsciente de l'autre mais elle ne saurait rester en l'état, et doit être transformée pour rendre viable la relation à l'autre dans la réalité extérieure à la vie subjective. De ce point de vue, la religion joue un rôle humanisant quand elle affirme que l'enfant vient de Dieu, qu'il est une vie en elle-même donnée dont les parents ne sont que les gardiens attentifs. Quant à la biologie, elle prouve également que les gamètes n'attendent pas le consentement des parents pour se réunir à la suite d'une relation sexuelle qui n'avait pas le projet de procréer : il est essentiel que la constitution d'un être soit ainsi le résultat d'un événement biologique relativement indépendant d'une volonté. L'autonomie biologique est aussi une donnée qui dépossède le narcissisme contre les dérives de l'eugénisme.

Enfin, et surtout, la psychologie démontre à son tour

que l'enfant est un autre devenant progressivement autonome au sein d'un environnement qui l'aide à développer et structurer sa personnalité. Le biologique livré à lui seul n'a pas la capacité d'achever et de rendre autonome un individu s'il n'acquiert, grâce à ses parents, à l'école et à tous les groupes auxquels il appartient, de quoi éveiller ses diverses fonctions pour être initié à des raisons de vivre. Sans tous ces acquis l'être humain ne pourrait pas vivre seul, si faible est l'inné en lui.

Ainsi donc le religieux, le biologique et le psychologique énoncent-ils à leur façon cette différence radicale entre l'enfant et l'adulte, et enseignent-ils *a fortiori* le respect de la vie de l'embryon.

Statut juridique et moral de l'embryon

La société est ici directement en cause, qui a du mal à trouver un accord sur le statut éthique et juridique de l'embryon. La législation française est pour sa part pleine de contradictions puisqu'elle autorise l'avortement sur un embryon de moins de dix semaines (en tant qu'il serait une réalité insuffisamment humaine), alors qu'elle interdit aux scientifiques toute recherche sur l'embryon sous le prétexte qu'il est une « personne potentielle »... Admettre d'une part ce que l'on interdit par ailleurs prouve assez quelle difficulté nous avons à justifier positivement l'avortement d'un point de vue philosophique et moral. Il serait plus clair de reconnaître que le législateur a cédé sur ce point (en partie à cause de chiffres artificiellement majorées) à la pression militante et parce que l'avortement se pratiquait clandestinement. La revendication de l'individu a primé sur l'idéal social de la fécondité et la société est passée de l'attitude contraceptive à celle de mortinatalité qui a pour effet de diffuser partout une ambiance de deuil et de tristesse plus ou moins dépressive, liée à l'enfant en peine de naître.

L'expérience clinique montre bien que demeure dans la psychologie des individus qui ont vécu un avortement « la présence » de quelqu'un dont ils ont pris la décision d'interrompre le développement et qui est effectivement vécu comme une « présence » et pas simplement comme

132

un conglomérat cellulaire indifférencié. Il est important que cette représentation soit soulignée car elle indique que, si le sens de l'altérité est meurtri, il peut être également sauvegardé dans la mesure où il est encore perçu par l'individu.

Pour en revenir à ce statut moral et juridique de l'embryon, il faut distinguer trois conceptions. Pour la première, le zygote n'est que du matériel biologique. Pour la seconde, il n'est pas considéré comme une personne : il est du matériel biologique en devenir, susceptible de s'accomplir avec le concours d'une volonté humaine. L'intention des parents et de la société sera première, ils pourront décider du sort de son développement ou de son arrêt. Dans le premier comme dans le second cas, l'avortement reste une simple opération biologique d'interruption d'une vie qui n'a pas encore de valeur puisqu'elle est inachevée.

Enfin pour la troisième, le zygote est identifié à une « personne potentielle », car il possède déjà toutes les caractéristiques qui lui permettent de devenir à terme une personne humaine. Le Conseil national d'Ethique français, en définissant l'embryon comme une « personne potentielle », s'écarte de la première conception, purement biologique, et de la deuxième qui fait intervenir le facteur temps. Selon lui, le développement humain s'inscrit, au sein d'une histoire pourvue d'un commencement et d'une fin dans une singularité autonome qui s'exprime dans la rencontre des gamètes indépendamment de la volonté.

La position de l'Eglise catholique est sur ce point cohérente avec la conception de l'homme et du respect de la vie que l'on retrouve dans toute la tradition chrétienne. Dans son Instruction *Donum vitae* (1987) sur le respect de la vie humaine naissante et la dignité de la procréation, l'Eglise insiste sur le respect dû à l'embryon, refusant qu'on le considère comme un kyste sur lequel il serait loisible d'agir.

Dès que l'ovule est fécondé, se trouve inaugurée une vie qui n'est ni celle du père ni celle de la mère, mais d'un nouvel être humain qui se développe par lui-même. Il ne sera jamais rendu humain s'il ne l'est dès lors. A cette évidence de toujours (...) la science génétique moderne apporte de précieuses confirmations. Elle a montré que, dès le premier instant, se trouve fixé le programme de ce que sera ce vivant : un homme individuel avec ses caractéristiques déjà bien déterminées. Dès la fécondation, est commencée l'aventure d'une vie humaine dont chacune des grandes capacités demande du temps pour se mettre en place et se trouver prête à agir.

C'est pourquoi le fruit de la génération humaine dès le premier instant de son existence, c'est-à-dire à partir de la constitution du zygote, exige le respect inconditionnel moralement dû à l'être humain dans sa totalité corporelle et spirituelle. L'être humain doit être respecté et traité comme une personne dès sa conception, et donc dès ce moment on doit lui reconnaître les droits de la personne parmi lesquels en premier lieu le droit inviolable de tout être humain innocent à la vie.

Les Evêques de France rappellent cette conception en insistant également sur les situations difficiles dans lesquelles se trouvent des personnes sans que la société ne leur vienne en aide :

La culture, les conditions économiques et sociales jouent un rôle considérable dans le fait que des couples envisagent l'avortement comme une solution à des problèmes qui peuvent très bien être réels. Cependant il faut affirmer qu'objectivement l'avortement est un acte très grave [1].

La plupart des religions, juive, chrétienne et musulmane, refusent, au nom du respect de la vie, l'avortement; même si toutes ne reconnaissent pas dans l'embryon un être humain à part entière, toutes reconnaissent qu'il l'est

---

1. *Catéchisme pour adultes,* Paris, 1991. *Catéchisme de l'Eglise catholique,* Mame Plon, Paris, 1992.

en puissance. Seule la Fédération protestante de France a une position plus ambivalente quand elle écrit :

> Tout chrétien, devant le commandement de Dieu, sait que l'avortement est un acte grave qui tue un être en devenir, déjà promis à l'amour de Dieu même s'il n'est encore qu'un informe embryon. Mais ne peut-on pas être en même temps contre l'avortement et militer pour une loi du moindre mal ?

Le dénominateur commun des différentes confessions est bien le respect de la vie en son début indépendamment d'arguties pour savoir à partir de quel moment le zygote, le fœtus ou l'enfant devient une réalité humaine. Quand il s'agit de décider du seuil de la vie humaine, on entend parfois des raisonnements simplistes et dangereux : « Ce qui différencie l'homme de l'animal, c'est le volume de son cerveau. Or l'embryon n'a pas le cerveau développé : nous ne sommes donc pas en présence d'un homme, mais d'un processus biologique qui peut engendrer un homme... » Cet argument qui voudrait faire de qualités biologiques l'étalon de la vie humaine n'est pas nouveau, mais il faut plus de vingt ans pour qu'un cerveau humain atteigne sa maturité neurologique et l'individu est un être inachevé à sa naissance et longtemps encore pendant l'enfance. Vouloir décréter dans le temps un commencement de ce qui serait en nous l'humain relève de discussions byzantines. Et, à suivre cette opinion, il serait possible d'intervenir jusqu'à l'adolescence selon son bon vouloir et ses propres nécessités sur un matériel biologique infra-humain ! Il serait plus cohérent de reconnaître que le seuil a été franchi dès la fécondation plutôt que de placer des repères artificiels selon l'apparition de telle ou telle fonction. S'inscrire dans une logique purement instrumentale signifie également que la morale peut se fonder sur le progrès de la science alors qu'elle ne saurait venir de ce lieu qui a pour unique référence « la loi du faire » à partir du moment où la possibilité technique rend valable toute opération.

De ce point de vue, la loi Veil de 1975 ne manque pas

de rappeler dans son préambule le caractère exceptionnel de l'avortement qui ne peut être ni banalisé, ni utilisé comme moyen contraceptif et encore moins pour des raisons de confort. Si la loi permet cette pratique dans des conditions bien précises, elle évite cependant de la qualifier psychologiquement et moralement. Mais c'est oublier que, dans la mentalité française, la loi a force de critère moral et cela obscurcit – pour le moins – la réflexion! Une loi, même votée démocratiquement, n'a jamais par surcroît une valeur morale, elle règle, selon l'état des mentalités, le bon ordre de la société mais n'est pas transcendante ni universelle. C'est donc avec juste raison que les parlementaires avant de prendre une décision veulent entendre non seulement les rapporteurs qui font les propositions de lois, mais aussi les personnalités compétentes, les représentants des familles philosophiques et des Eglises. Seule la morale peut qualifier éthiquement une loi votée par un Parlement.

Il est important d'éduquer les mentalités à la différence de signification entre une loi civile et une loi morale, prise de conscience d'autant plus utile qu'elle est indissociable d'une réflexion sur le sens du destin individuel et collectif. Cela devient même une urgence quand les individus ont de plus en plus tendance à prendre des décisions au regard de leurs seuls intérêts personnels. Si le narcissisme ambiant veut que chacun bricole sa loi et transgresse avec bonne conscience des principes séculaires de vie, qu'on ne s'étonne pas qu'il règne un sentiment diffus de culpabilité que l'on retrouve tant dans l'agressivité sociale et urbaine que dans la dépression où l'on s'empêche de rejoindre les réalités.

Les conséquences psychologiques de l'avortement
En légalisant l'avortement par la loi Veil du 17 janvier 1975, le législateur français voulait éviter les drames sur la santé des femmes qui parfois mettaient aussi en péril leur existence; 397 femmes sont mortes en 1966 à la suite d'un avortement. Ces chiffres sont fort heureusement en deçà de ceux qui étaient présentés par Jacques Derogy dans *Libération* en 1955 et dans son

livre *Des enfants malgré nous en 1956,* comme le rappelle H. Leridon [1] en affirmant « 400 000 à 1 200 000 avortements par an avec 20 000 à 60 000 décès annuels [sont des chiffres] parfaitement invraisemblables quand le nombre total de décès de femmes âgées de 15 à 40 ans était inférieur à 13 000 ». L'exagération fantaisiste de ces chiffres avait pour corollaire une volonté militante antinataliste fondée sur le problème réel posé par les avortements clandestins. Ceux-ci ont disparu avec la nouvelle loi et les avortements paraissent actuellement se stabiliser autour du chiffre annuel de 162 000 à 165 000. Mais l'INED (Institut national d'études démographiques) reconnaît que ce dernier total est, lui, sous estimé compte tenu des non-déclarations et qu'il faut ajouter de 25 000 à 30 000 interventions supplémentaires, ce qui porte le nombre annuel des avortements à près de 200 000. Ce rapport de l'INED sur la situation démographique de la France en 1991 relève aussi deux observations : une élévation progressive de l'âge des personnes qui ont recours à l'avortement et un net recul chez les moins de 25 ans.

En même temps qu'évoluait le nombre d'IVG, l'âge moyen des femmes lors de l'intervention augmentait puis se stabilisait. Le mouvement n'est certainement pas aussi fort que celui qui affecte l'âge à la maternité, mais il est néanmoins sensible (+ 0,4 par an entre 1981 et 1987-1988). Il implique, dans un mouvement général de recul de l'avortement (depuis 1988), une baisse plus substantielle aux jeunes âges qu'aux âges plus élevés. Les IVG avant 25 ans ont, par exemple, chuté de près d'un quart, pendant que celles au-delà de cet âge ne diminuait que de 10 % (depuis 1985). Les craintes d'une extension de l'avortement chez les jeunes, qui s'étaient exprimées au moment des votes de la loi, ne se sont donc pas confirmées.

---

1. « La seconde révolution contraceptive », *Cahiers INED*, n° 117, PUF, Paris, 1987.

Ce constat de 200 000 avortements par an n'est pas banal ni sans répercussion sur les psychologies individuelles; le désir sexuel comme le désir de l'enfant s'en trouvent affectés, ainsi que la représentation que les enfants vont se faire de leur conception puisque la société accepte d'intégrer l'idée de mort dans l'idéal de la procréation. Autrement dit ce qui initie la vie peut se transformer en peine de mort sur un embryon en devenir humain.

Cette mort annoncée du fœtus pose au regard de l'inconscient trois problèmes psychologiques.

– L'eugénisme ou le fait de sélectionner, dans un mouvement narcissique, les caractéristiques et les attributs d'un enfant à l'image de son idéal, donc de soi-même.

– L'infanticide ou le fait d'empêcher que les générations se prolongent les unes grâce aux autres.

– Enfin, le pouvoir démiurge du parent ou le fait d'avoir droit de vie et de mort sur sa progéniture.

Ces trois faits psychiques ne vont pas toujours apparaître visiblement mais s'exprimeront de façon détournée sous la forme de conduites symptomatiques. Chacun, à sa façon, révèle l'incapacité d'accueillir en l'enfant un être différent de soi. On se souvient de *E.T.*, le film à succès de Steven Spielberg (1982), qui enchanta les jeunes et d'autres un peu moins... Comment ne pas trouver chez cet être venu d'ailleurs une étrange ressemblance avec un fœtus humain que les adultes ignorent, ne voient pas et qu'ils tentent d'éliminer lorsque, réalisant sa présence, ils le considèrent comme dangereux? Les enfants qui savent communiquer avec lui finiront par le sauver. E.T. n'est-il pas le symbole de l'enfant à venir, cet étranger venant de notre sexualité que nos sociétés ne peuvent plus accueillir sans qu'il soit programmé ou sélectionné? Telles sont les conditions de vie dans lesquelles nous sommes et qui nous obligent pour des raisons matérielles et idéologiques à limiter le sens d'autrui. L'immaturité à assumer la naissance d'un enfant, la précarité financière, celle de l'emploi et de l'habitat, l'instabilité conjugale et la solitude sont souvent des raisons objectives avancées pour justifier en désespoir de cause un avortement. Nous n'avons de fait jamais rencontré de femme ou de couple acceptant

« avec plaisir » le recours à cet acte ultime dans leur corps. Or si la société réglemente l'acte médical, elle laisse seuls les individus avec leur culpabilité inconsciente.

L'une des traces les plus flagrantes de cette culpabilité s'inscrit chez l'enfant. Lorsqu'il découvre en photos [1] l'évolution de l'embryon humain, il est souvent inquiet, parfois effrayé que les adultes aient recours à l'avortement : effrayé non seulement que l'on puisse porter atteinte à la présence d'un autre, mais surtout parce qu'il imagine être éventuellement passé lui-même près de la mort. Les perfectionnements de l'imagerie médicale montrent à l'évidence la présence d'un être en sommeil qui vit dans le ventre maternel. Ne voit-on pas d'ailleurs de futurs parents montrer à leur entourage les clichés des premières échographies ? Cette nouvelle approche d'un être, dès le commencement de la vie, aura des effets sur les représentations à venir et mettra en cause des techniques qui apparaîtront alors comme des conduites barbares.

Les générations futures s'interrogeront sans doute sur la qualité de nos attitudes et de nos pratiques avorteuses, comme nous le faisons aujourd'hui à l'égard des Romains qui n'hésitaient pas à exposer les enfants sur la place publique pour qu'ils y soient adoptés – comme d'éventuels esclaves – ou qu'ils y meurent d'abandon. Il aura fallu la perspicacité des chrétiens pour s'opposer à ces conduites et promouvoir un sens de l'autre qui n'a jamais pu s'accommoder d'aucune forme d'avortement. Le jour où plus aucune voix ne s'élèvera contre l'avortement, c'est que nous aurons fini de faire cas du sens de l'autre, dont l'émergence est liée au développement de la sexualité humaine et qui se réaménage dans la psychologie du postadolescent sous la forme du désir de l'enfant. Une éducation toujours à reprendre est indispensable pour favoriser ce progrès et appeler à la responsabilité sexuelle vis-à-vis d'une fécondité que l'on n'est pas capable d'assumer.

La morale c'est le sens de l'autre

Nous avons voulu montrer que la légalisation de l'avortement, si elle a eu pour effet bénéfique de supprimer les

---

1. L. Nilson et L. Hamberger, *Naître,* Hachette, Paris, 1990.

pratiques clandestines, les mutilations et parfois la mort des femmes, a comme corollaire psychologique et social un vécu déprimant qui n'est pas pris en compte ainsi qu'un rapport à la loi morale ambivalent. Nul ne se donne le droit de juger ou de condamner les personnes qui y ont recours, pas même les Eglises qui, tout en étant cohérentes sur leurs principes, n'en pratiquent pas moins un accueil attentif. Il faut bien leur rendre cette justice car ce sont souvent les associations confessionnelles et les Eglises qui accueillent et prennent en charge psychologiquement et socialement les femmes en détresse. Les médias présentent souvent les textes de loi ou de réflexion morale (comme par exemple ceux de l'Eglise catholique) en termes de « permis » – la personne concernée est reconnue, acceptée et appréciée – ou en termes de « défendu » – ce qui voudrait dire à tort que l'individu est rejeté, pénalisé et dévalorisé. Cette vision de la morale est infantile puisqu'elle est déconnectée de la logique du sens. Or quand on lit ces textes, on y trouve toujours une approche analytique du problème puis une prise de position morale et enfin des modalités pratiques incitant chacun à réfléchir et à décider en conscience, selon ses principes, puisque la responsabilité lui en revient : les individus sont ainsi renvoyés à leur conscience. Mais cette démarche n'est pas la plus courante car, nous l'avons déjà évoqué, actuellement la maturation de la conscience ne va pas jusqu'à recourir à une réflexion sur des valeurs pour choisir un comportement mais reste au plus près des intérêts du moment. On reproche souvent à l'Eglise catholique son manque de sens pédagogique ou de sens de la communication : c'est parfois justifié mais d'autres raisons s'ajoutent à cette observation et en particulier celle de l'état des psychologies contemporaines dont l'Idéal du Moi est altéré et qui ont du mal à entendre et à travailler avec des références morales, même si l'éthique est à la mode (sans que l'on sache d'ailleurs très bien dans quel sens cette notion est de plus en plus utilisée). Dans le climat présent seuls comptent les désirs et l'épanouissement personnel des individus qui se laissent surtout aborder dans un langage narcissique et émotionnel. Il ne s'agit pas uniquement d'un problème de communication mais de structures de pensée qui, n'étant pas toujours parvenues à une relative maturité sociale et altruiste, ne sont pas capables de recevoir et d'intégrer un discours moral, pourtant nécessaire à la vie en société et indispensable pour affiner l'existence individuelle. Si le discours moral de l'Eglise est souvent déformé ou caricaturé par les médias (ce que l'on constate en prenant connaissance des textes originaux dans leur intégralité), cette « mauvaise foi » est bien le symptôme d'un besoin de dévaloriser tout ce qui pourrait représenter un idéal dépassant l'individu.

L'homme narcissique contemporain se donne des droits de vie et de mort sur tout, au risque de mettre en péril les équilibres écologiques dans la plupart des domaines. Ce droit qui s'exerce sur l'enfant à naître et qui a également ouvert la porte à l'euthanasie ne sera pas sans conséquence sur les psychologies qui dans cette double entreprise ne gagneront pas en qualité spirituelle.

Le XXᵉ siècle aura sans doute été marqué par les philosophies de la mort de l'homme et des pratiques introduisant dans l'idéal la négation du sens de l'autre là où pourtant progressivement la civilisation avait réussi à en valoriser la signification ainsi que le respect de la vie. C'est pourquoi une société qui inscrit la mort dans l'idéal des naissances à venir est une société en doute d'espérance et en doute d'avenir et c'est ainsi que les individus se rassurent et protègent leur destin dans cette course à l'enfant « coûte que coûte » espérant ainsi réparer leur peine de l'autre.

Le sida et la méfiance de l'autre

Une attaque intérieure
Le sida est une maladie de l'intimité biologique de l'homme narcissique et subjectif de la fin du XXᵉ siècle. Le sentiment dépressif lié à un surinvestissement de l'individu au détriment des réalités sociales (recherchées non pour elles-mêmes mais pour le simple profit défensif qu'on

peut obtenir dans l'immédiat) est la traduction psychologique de l'attaque intérieure subie par les cellules, lesquelles ne peuvent plus faire œuvre vitale. Admettons, dans cette perspective neurophysiologique, que les états psychiques soient souvent l'expression, dans un langage de signes et de symboles, de ce que l'individu éprouve et vit dans son corps : les rêves en sont un des symptômes les plus subtils. Ce sentiment d'agression intérieure par un virus ou par une désorganisation cellulaire, comme c'est le cas, entre autres, avec le sida et le cancer, insécurise d'autant plus profondément la personnalité que l'on a longtemps pu croire, dans une vision purement magique, que la science toute-puissante pourrait se substituer à Dieu ; or l'homme sera toujours en risque de maladie et la science ne pourra être qu'en retard pour la circonscrire.

Dans le cas du sida, c'est d'une lutte contre la mort qu'il s'agit, et d'autant plus angoissante que l'« ennemi intérieur » change constamment d'identité. Le virus du sida débite, en effet, des millions de copies de lui-même, mais il n'en existe pas deux semblables ; il est instable et se dérobe, pour l'instant, quasiment à tous les médicaments. Quoi qu'il en soit des progrès de la recherche, ce virus aux remaniements composites provoque des attitudes psychologiques qui sont la réplique de l'agression et de la destruction biologique dont on retrouve aussi le modèle dans certaines conduites sociales. Le corps individuel est vécu en risque d'infection et d'autodestruction de la même façon que, dans le corps social, les personnes psychologiquement et socialement les plus vulnérables véhiculent un besoin et une gestuelle de prédation et de sabotage. La volonté d'attaquer, de détruire, d'exterminer est recherchée comme une finalité, et non pas comme un moyen de défendre son territoire lorsqu'il est annexé ou que des biens sont volés. L'inconscient est riche du vécu corporel duquel découle notre relation à autrui et aux divers objets de la réalité : quand le risque de destruction est grand, on voit se développer des comportements suicidaires comme si l'on agissait socialement à l'image des procédés du virus du sida ou du cancer.

Rappelons que le rétrovirus (VIH) qui s'installe au

cœur du système immunitaire en le neutralisant provoque la destruction des lymphocytes T4 lesquels assurent la protection biochimique de l'organisme humain. Plus précisément, selon des études réalisées aux Etats-Unis, en France et aux Pays-Bas, c'est en stimulant la production de deux hormones que le virus active la production de corticotropines par les lymphocytes; cette hormone, capable de s'attaquer au système immunitaire, se transforme dans la circulation sanguine en mélanotropine, une hormone encore plus néfaste pour le système immunitaire. Les cellules meurent alors qu'elles ne sont pas toutes infectées car elles sont atteintes par un mécanisme indirect qui entraîne un phénomène d'apoptose (un processus de mort programmée), c'est-à-dire le suicide des cellules qui ont reçu l'ordre de s'autodétruire. Tel est le paradoxe terrifiant de cette maladie dont le virus favorise la mort des cellules par elles-mêmes, alors qu'elles sont en bonne santé. L'organisme ainsi attaqué de l'intérieur risque d'imploser; c'est en cela qu'il semble à l'unisson de l'état psychique contemporain.

Le virus du sida, comme d'autres virus inactifs pour l'instant, a vécu de nombreuses années à l'état latent jusqu'au moment où, profitant de la faiblesse immunitaire humaine (peut-être stimulée par le fait que d'autres virus ont été, quant à eux, éradiqués), il a pu croître et entraîner la chute des défenses biologiques. Evénement pour le moins déstabilisant : nous voilà assaillis par des effets de système que nous avons favorisés ou engendrés par nos comportements et la prolifération des effets de nos techniques. Que nos modes de vie et nos techniques évoluent, là n'est pas la question et il en sera toujours ainsi, mais que, faute d'une évaluation responsable, nos actes et nos comportements à l'égard de la nature puissent être la cause de déséquilibres écologiques dont les générations futures auront à subir les effets, voilà qui pose problème. Nos sociétés veulent vivre et profiter de tout dans une conception homosexuelle de l'histoire, c'est-à-dire fermée, sans avenir où demain et les enfants n'existeront pas. A quoi bon alors construire et inscrire sa vie dans un au-delà de soi-même puisque l'on veut que tout soit orienté vers la satisfaction d'un Moi d'autant plus narcissique qu'il est fragile ? Il ne reste qu'à consommer en détruisant au lieu de privilégier un développement cohérent et responsable des ressources de l'univers et du progrès de la conscience humaine ! Ce qu'une telle conduite traduit, c'est inconsciemment le désir de sa propre mort. On trouve plaisir à rechercher des émotions sadiques dans l'agression la plus primaire, on frôle la mort pour se prouver qu'on existe. Il est étonnant de constater que dans certains films les héros sortent des égouts (*Les Tortues Ninja*), des caves (*Batman*) ou des cimetières (*Dracula*), autant de lieux qui séduisent volontiers les psychologies sadiques-anales, lesquelles sont marquées par le besoin de posséder les êtres et les choses en les détruisant. Cette forme de plaisir du refus et de la négation dans laquelle il n'y a pas de place pour le don et l'amour, nous la retrouvons également à travers une tendance trop affirmée de la chanson et du cinéma contemporains à exprimer les états premiers des pulsions qui seraient plus authentiques que leurs élaborations et leurs sublimations culturelles. La pulsion à l'état brut se joue ainsi contre sa nécessaire civilisation dans un refus de vivre pour ne considérer qu'une satisfaction partielle et immédiate.

Dans ce contexte c'est donc bien la pulsion de mort qui est actuellement la plus valorisée au détriment de la pulsion de vie et d'Eros. « Le but d'Eros, écrit Freud dans son *Abrégé de psychanalyse*, est d'instituer des unités toujours plus grandes, et ainsi de maintenir la vie : c'est la liaison. Le but de l'autre pulsion est au contraire de dissoudre des assemblages, et ainsi de détruire les choses. » Cette deuxième pulsion, on en voit la trace par exemple dans la vulgarité, confondue trop souvent avec la simplicité, dans la dérision que l'on qualifie faussement d'humour, dans l'échec programmé où les « nuls » sont les *nouveaux premiers de la classe*, dans les différents types de vols et de casse légitimés par la « haine » que l'on porte en soi. Ajoutons à cela l'absence d'éducation et de transmission de valeurs, lesquelles ont pourtant fait leur preuve dans l'humanisation des individus et des sociétés, et l'on obtient des groupes d'« archaos » qui auront du mal à trouver leur place dans la société sinon sur le mode de la destruction anale.

Des films tels *Orange mécanique* ou plus récemment *Basic Instinct* sont l'expression d'une telle dérive : la relation aux êtres et aux choses y est marquée par la haine la plus sadique.

Revenons un instant à Freud : dans *Pulsions et destin des pulsions*, il développe l'idée que « la relation de haine ne provient pas de la vie sexuelle, mais de la lutte du Moi pour sa conservation et son affirmation ». C'est dire que l'agressivité négative que l'on retrouve dans la haine, le mépris, le mensonge, la dérision ne trouve pas son origine dans une quelconque frustration sexuelle ou dans un échec ou un manque affectif, mais dans une carence du développement de la personnalité et dans le besoin de s'assurer constamment auprès des autres, parfois au prix de leur vie : détruire pour avoir la certitude d'être quelqu'un! C'est dire enfin combien le Moi de ces personnalités est fragile et manque de *Self*, mais comment en serait-il autrement dans une société qui ne favorise pas la maturation des individus.

Le sadisme ambiant est aussi la conséquence de la désexualisation des relations humaines, et l'érotisme le plus primitif et le plus agressif qui s'affiche au nom d'une prétendue libération sexuelle représente en fait une véritable oppression et la négation de la relation sexuelle et de l'amour. Autre exemple de cette contradiction, les modes vestimentaires incitent de plus en plus les femmes à se dénuder (collants associés à des shorts, robes et chemisiers transparents) et cette mise à nu ne devrait provoquer aucune stimulation sexuelle? Le nu ne serait plus érotique? Cette bizarrerie masque une curieuse dénégation du sexe. Le besoin d'être ainsi reconnu pour surseoir à un Moi déficitaire en adoptant un comportement exhibitionniste s'appuie paradoxalement sur la hantise des abus sexuels qui, s'ils doivent certes être dénoncés, ne sont pas aussi répandus qu'on se plaît à le dire : si on en parle tant c'est surtout pour masquer le fait que la sexualité est de plus en plus sollicitée dans ses archaïsmes et qu'on s'escrime à vouloir la dissocier de la relation amoureuse. Une relation sexuelle de passage, fût-elle intense et sexuellement gratifiante, ne correspond en rien à des critères amoureux : d'ailleurs passés les essais et les erreurs de l'adolescence la plupart des individus ne souhaitent pas s'enfermer dans ce genre de modèle qui ne construit rien et qui, à la longue, est déprimant. A vouloir séparer le sexe de l'amour dans les représentations collectives, on favorise le développement d'une sexualité agressive et frustrante à l'image des personnages vides et sans intériorité des romans de Marguerite Duras. Les pervers sexuels auront ensuite beau jeu de crier au viol ! Faute d'être inscrit dans une dimension relationnelle et un amour qui engage, le sexe s'éparpille au gré de pulsions partielles qui morcellent l'individu.

C'est dans ce contexte suicidaire d'implosion qu'il convient de situer le vécu psychologique du sida car il nous confronte avant tout à une interrogation sur la mort, la grande oubliée de l'histoire humaine récente.

Précisons également que, des problèmes posés par le sida, nous ne retiendrons ici que deux questions : celle de l'exclusion et celle de la prévention. Nous ne parlerons donc pas de la situation des personnes atteintes par le virus et nous ne voulons pas que l'analyse critique que nous faisons des modèles et des pratiques sexuelles ainsi que des thèmes choisis pour les campagnes de prévention soient entendues comme une condamnation de leurs conduites individuelles : il s'agit d'un autre problème qui relève de choix singuliers et dont chacun reste juge s'il le peut.

Le sida ou la mort exclue

La maladie du sida fait peur et de nouvelles découvertes ne cessent d'être faites, au sujet du VIH, qui rendent compte de la complexité croissante de ce mutant. Capable de s'adapter chimiquement à la plupart des produits susceptibles de le limiter ou de le réduire, il fait échec aux stratégies scientifiques les plus sophistiquées, remettant en question notre aptitude à agir à volonté sur la nature pour le bonheur de l'humanité.

Cette illusion scientiste n'est évidemment pas un fait nouveau : de la menace nucléaire au péril écologique, le risque de dégradation des équilibres vitaux est parfois réalité. Les systèmes immunologiques se sont fragilisés. Le sida participe de ce même contexte : il montre de façon particulièrement aiguë le danger qu'il y a pour une société à exclure tout traitement symbolique de la mort. Naturellement, une telle dénégation provient du refus ou de l'ignorance du religieux, car c'est le propre d'un discours religieux que de nous parler de notre destin et du sens de notre mort. Dès que la vie s'organise sur un mensonge culturel, elle favorise en extension un climat de tricherie et de dérision dans lequel il est difficile de prendre au sérieux des questions essentielles.

Dans une telle société, la mort devient un mal et un accident regrettable que l'on aurait pu prévenir (sous-entendu que font la science et le gouvernement?). Le sida vient alors nous rappeler à la réalité : le risque fait partie de la vie! S'il convient d'être prudent (les anciens parlaient de la vertu de prudence), aucune protection ne saurait nous garantir à terme contre la mort, sauf lorsque nous vivons dans l'illusion de l'immortalité ou de la réincarnation. Refuser d'intégrer la mort, c'est suprimer aveuglément une partie de l'existence; c'est, une fois encore, nous fermer à tout ce qui nous relie aux autres : la fécondité et la naissance séparées de la sexualité, l'enfant avorté parce que non désiré ou mal formé, la vieillesse ou la maladie vécues dans la volonté de l'euthanasie et l'incapacité d'intégrer visiblement la mort à la vie et d'être solidaires de ceux qui sont « partis ». Ces comportements sont castrateurs — la mort, supprimée, réapparaît comme une volonté délibérée de la donner — et expriment un mépris de la vie là où l'on manifeste le contraire dans la quiétude des bons sentiments.

Mais si le sida rappelle à nos esprits la réalité de la mort, il nous éloigne en même temps de cette mort que nous voulons exclure. Il n'est pas inutile d'analyser à quoi correspond la représentation de la méfiance et du rejet dont seraient victimes les malades du sida. L'observation clinique montre aussi que la personne atteinte par le virus a tendance à s'« exclure » des autres dans un premier temps et à ne pas vouloir révéler son affection même si le milieu est accueillant. Certains vivent négativement leur condition et se mettent en retrait, sans pour autant en vouloir aux autres. Encore faut-il reconnaître que le sujet social ne tient qu'un rôle de prétexte car la méfiance à l'égard d'autrui a précédé l'apparition et la prise de conscience des dangers de la maladie. Cette méfiance, nous l'avons déjà dit, a pris forme au cours des années 70 quand le modèle de la libération sexuelle a abouti à une impasse. Trop de déceptions, de souffrances et d'échecs sont venus clore cette période au cours de laquelle les individus ont perdu en qualité relationnelle, ce qui a favorisé la mise à distance de l'autre. Il faut bien noter ici combien ce paradoxe est confondant : dans le même temps que nous en appelions à la non-exclusion de l'autre, il était plus que jamais le grand absent d'une sexualité devenue lieu de plaisir solitaire. On a ainsi valorisé des pratiques sexuelles marginales, d'où l'autre était absent, telles que le partenariat multiple, qui est une variante du don-juanisme ou de la nymphomanie, la pédérastie, l'homosexualité, la masturbation, le voyeurisme, l'exhibitionnisme : bref, on a promu les pulsions partielles aux dépens d'une relation complète. Le tout s'est bien sûr trouvé justifié par des sexologues qui méconnaissent la signification psychologique de ces comportements et maintiennent leurs patients dans l'immaturité... On voudrait reprocher aux autres leurs réticences à accepter l'altérité et l'on dénonce avec fracas l'exclusion, mais on passe sous silence le plus grave, ce déficit relationnel des psychologies contemporaines! Nous ne voulons pas, dans le cas du sida, minimiser le réel danger qui serait que notre société rejette ces malades; mais si l'on peut encore craindre une telle exclusion, c'est bien parce que le rejet du sens de l'autre l'a précédée.

La prévention fondée sur le latex

Alors que nous risquons la mort avec le sida, la prévention française nous présente des spots publicitaires qui nous plongent dans un univers candide, type « Disneyland », le seul personnage protecteur étant le préservatif. Cible principale ? Les jeunes qui seraient plus exposés que les adultes ! Nous ne reviendrons pas sur ces stratégies surréalistes qui renforcent le conformisme ambiant de la sexualité infantile, nous avons eu l'occasion de les analyser par ailleurs.

La philosophie de la prévention ne propose jamais une réflexion sur les comportements sexuels contemporains; elle s'arrête à une cause objective – les méfaits d'un virus – et ne va pas jusqu'à s'interroger sur le sens des conduites sexuelles encore moins sur la signification de la sexualité humaine. Bien au contraire son idéologie sous-jacente consiste simplement à prendre en compte les comportements sexuels à la mode et à les légitimer à l'aide de moyens techniques qui deviennent des normes d'hygiène élémentaire. Si une grande part des personnes interrogées sur ces campagnes dans le cadre d'enquêtes ou de sondages ne font qu'exprimer un conformisme convenu, dans le privé on parle plus volontiers de sentiment de saturation voire de rejet de cette vision plutôt déprimante et fausse de la sexualité.

Il n'est pas juste de laisser entendre que les Français vivent sur le modèle du multipartenariat hétérosexuel car, outre que ce modèle correspond à une minorité, il est davantage représentatif du modèle homosexuel. Au point que l'on peut se demander si les campagnes de prévention ne sont pas faites par des publicitaires qui n'ont pas recours aux moyens de protection qu'ils prônent pour des gens qui ne se sentent pas concernés ? En fait, l'obsession du préservatif, comme ce fut le cas avec la contraception, représente un véritable écran qui empêche que s'élabore une réflexion sur l'amour et la sexualité.

Nous avons eu l'occasion d'étudier le contenu des tracts et des brochures financés par les pouvoirs publics et conçus par des associations de lutte contre le sida, et avons dénoncé leur caractère relativement pervers car, sous le couvert de la prévention, y sont « vulgarisées » des pratiques sexuelles comme dans une bande dessinée pornographique. *Le Petit Livre de l'amour sans risque* qui a été diffusé dans les collèges et les lycées qui en faisaient la demande est de ce point de vue tout à fait typique. Le titre de cette brochure de quarante pages est déjà une tromperie car au lieu de parler d'« amour sans risque », (ce qui ne veut rien dire), il eût été plus souhaitable de l'intituler « des pratiques sexuelles sans risques », pour autant que cela soit vrai ! On y trouve banalisés autant de gestes valorisés, qui sont pourtant de simples caricatures du comportement sexuel humain. Au reste, cette figuration brutale de la sexualité ne laisse guère de place à la découverte et à l'invention de gestes sexuels. Que reste-t-il à ceux qui sont engagés dans une réelle relation amoureuse pour se dire et entretenir leur affection ? Les éducateurs savent bien qu'il est indispensable que les jeunes accèdent à la dimension globale de la relation à l'autre et quand celle-ci leur est présentée de façon démagogique par des adultes qui veulent se donner des airs affranchis, ils le vivent souvent comme une insulte à la dignité des sentiments qui s'éveillent en eux. D'autres, il est vrai, encore dépendants de leurs pulsions partielles, n'apprendront pas à intégrer le sens de la relation altruiste et seront par la suite plus enclins à se comporter dans la régression sexuelle orale ou anale, voire dans une symbolique homosexuelle empreinte de narcissisme.

On peut alors se demander quelle est l'utilité de mettre en circulation de tels documents, financés par de l'argent public. Devenus adultes ces jeunes, dont on a volé l'intimité, pourront à juste titre se retourner vers leurs aînés et leur faire un procès pour les avoir trompés sur le sens de l'affectivité humaine, la grande oubliée de ces campagnes de prévention...

Car le but des discours préventifs est d'alerter la population quant aux risques inhérents à la multiplication des partenaires, mais il n'est nulle part question des problèmes psychologiques que traduisent ces conduites. Le véritable courage intellectuel aurait pourtant été d'aborder de front le problème au lieu de banaliser certaines pratiques en les recouvrant de propos pseudo-romantiques. La brochure *Les Premières Fois* est un autre exemple de cet esprit de propagande sexuelle qui méconnaît la psychologie des 15-18 ans et manque de sérieuse réflexion éthique. Des affirmations simplistes voudraient que « la demande de préservatif deviennent un acte neutre, d'abord de responsabilité et de plaisir confiant ensuite ». Or ce n'est jamais un acte neutre, à moins d'en faire le sexe supplétif d'une sexualité sans intériorité. C'est pourquoi il est abusif d'écrire : « L'utilisation du préservatif, en supprimant de nombreuses inquiétudes, facilite la confiance. » Ou encore : « l'utilisation du préservatif apporte ce plus inestimable de ne pas avoir à regretter chaque fois ce que l'on vient de vivre ». Il est douteux de laisser penser que grâce au latex la relation à l'autre est authentifiée et qu'il n'y a plus de questions à se poser sur ses expériences pour les évaluer. Le problème ici posé n'est pas de savoir si le plaisir est possible ou pas avec cet instrument, mais de comprendre quelle représentation et quel modèle de la sexualité nous fabriquons dans les mentalités quand on affirme que le véritable sexe est celui du préservatif. Nous risquons de maintenir les individus dans des images sociales qui valorisent les archaïsmes de la sexualité primitive où l'autre est perçu dans une relation agresseur/agressé pour ensuite venir se plaindre que le climat social est propice à la violence alors que nous induisons les comportements dans ce sens...

Enfin une bande dessinée, dite européenne, *Les Aventures du latex,* est diffusée actuellement par les services du ministère de la Jeunesse et des Sports. Une trentaine de scénarios mettent en situation l'utilisation du préservatif présenté parfois comme un personnage (il est curieusement quelqu'un) dans une série d'aventures qui se veulent drôles en ridiculisant ceux qui en sont dépourvus, mais qui restent d'une telle vulgarité pornographique que bon nombre de directeurs de centres d'accueil de jeunes se sont demandé s'ils devaient laisser circuler cette publication. En quoi la description hyperréaliste de pratiques sexuelles, pour certaines perverses, peut-elle aider à la prévention contre le sida et aider des jeunes à accéder à la maturité de leur expression affective et sexuelle? A quoi correspond chez des adultes ce besoin maintes fois observé de transformer les jeunes en voyeurs, ébahis pour certains, obligés de constater et de découvrir des gestes et des techniques sexuelles dont ils ignoraient la plupart du temps la moindre existence et qui risque d'entraîner chez les plus fragiles de sérieux troubles, blocages et inhibitions ? C'est le meilleur moyen pour tuer tout imaginaire affectivo-sexuel et neutraliser le désir de l'autre.

Répétons-le, car ce n'est pas vouloir les offenser que de dire que les fonctionnaires, les biologistes, les épidémiologistes et les médecins spécialistes de la recherche et du traitement du sida ne sont pas les mieux placés pour concevoir une prévention qui tienne compte du développement de la personnalité et de la psychologie sexuelle. Dès l'apparition de cette maladie, nous sommes plusieurs, dans des groupes d'experts, à nous être heurtés au refus de réfléchir à ce sujet : pour nous, le préservatif servait de « camouflage », derrière lequel il était plus simple de s'abriter pour en faire « le vaccin contre le sida ».

Certes, le préservatif est indispensable lorsque des personnes vivent des aventures passagères, mais il n'est pas pertinent de laisser croire que les envies sexuelles d'un jour correspondent à une relation amoureuse en affirmant que le préservatif est un « geste amoureux ». A moins de s'en servir, dans un couple fidélisé, comme moyen contraceptif ou contre certaines MST, le préservatif est souvent pensé à travers un doute sur l'authenticité de l'attachement à l'autre ; il sera vécu comme « un tiers » présent et gênant dans l'acte sexuel, limitant l'intimité et l'engagement. Médiateur, il enveloppe chacun dans sa bulle de protection et renvoie ainsi à un plaisir solitaire alors que, dans l'acte sexuel il s'agit, quand on s'aime, de se donner complètement l'un à l'autre.

En France, les actions de prévention contre le sida sont lancées dans la parfaite inconscience du fait qu'à long terme, elles modélisent une conception de la sexualité où l'autre apparaît comme un danger dont il faut se protéger. Ces mêmes campagnes laissent entendre que toutes les conduites se valent socialement puisque, en un sens, elles sont l'apologie de tendances sexuelles plutôt marginales et antisociales : mettant à égalité l'hétérosexualité et l'homosexualité, elles compliquent l'acquisition de l'identité sexuelle et suppriment l'idéal de la sociabilité amoureuse.

A continuer ainsi, nous assisterons dans l'avenir à de sévères remises en questions et leur coût en sera lourd! Faut-il aussi dénoncer plus avant l'hypothèse qui imprègne les slogans des campagnes contre le sida quand elles soulignent l'importance de « changer de comportement ». On serait en droit d'espérer qu'on s'interroge sur les comportements sexuels de notre société, qu'on prenne conscience des motivations, des attentes véhiculées par les conduites de chacun, qu'on découvre quel problème affectif jamais résolu incline à répéter toujours les mêmes essais et les mêmes insatisfactions... Tel n'est hélas pas le cas. Et « changer de comportement » signifie seulement intégrer dans ses activités sexuelles ce nouvel élément qu'est le préservatif! C'est ainsi que l'animateur d'une émission de télévision se fit en août 1992 le propagandiste du préservatif à un franc et ceci avec le concours de l'industrie pharmaceutique (!) et de trois ministres. Le jour de la présentation de cette campagne estivale, pour des raisons qui restent très mystérieuses, l'animateur semblait le plus impliqué dans cette opération. La médiocrité des analyses ajoutée aux fausses informations était inquiétante. Un secrétaire d'Etat a confondu les jeux sexuels des jeunes de 15 ans avec la capacité d'être dans une relation amoureuse et un ministre a annoncé l'introduction d'un cours sur le sida dans les programmes de biologie des classes de quatrième et de troisième... alors qu'il figure déjà au programme! Quant à la proposition d'installer des distributeurs de préservatifs dans les lycées (comme si cette mesure démagogique et inutile était un progrès pour la qualité et la vérité des relations), c'est à cette occasion qu'on l'a sortie du placard d'où le Premier ministre cru bon de la ranger quelques semaines auparavant. Curieuse expérience de voir ainsi l'Etat, à travers trois de ses ministres, venir se mêler de la sexualité des Français et donner des consignes techniques aux citoyens en faisant de leur vie sexuelle une opération sanitaire... Comment imaginer obtenir des résultats lorsque, au lieu de tenir un discours d'adultes à des adolescents, on se débarrasse d'eux en toute bonne conscience en leur offrant le latex miracle contre une ridicule pièce d'un franc? Cette entreprise n'eut pas le résultat escompté et se solda par un déficit de plusieurs millions de francs. A en croire un pharmacien d'une station balnéaire très fréquentée de la Côte d'Azur, interrogé au cours d'un journal télévisé, il n'a vendu que soixante pochettes en un week-end! Déçu, les mots lui manquaient pour dire son indignation et dénoncer l'irresponsabilité des estivants jugés imprudents de ne pas recourir davantage à ce moyen de protection. S'était-il cependant demandé s'ils en avaient vraiment besoin et comment le pouvait-il si, dans son esprit, sont nécessairement associées vacances et multiplication de partenaires?

Outre qu'elles sont dérisoires, ces campagnes confortent des représentations sexuelles qui ne correspondent pas toujours à ce qui est vécu, et elles exposent à grand renfort de marketing l'angoisse de leurs promoteurs qui, faute de connaître leur sujet, sont prêts à inventer n'importe quoi au lieu d'agir sur les véritables causes. Finalement ces campagnes provoquent l'inverse de ce qui est recherché...

Les limites de la prévention
Le sida n'est pas une fatalité, nous le savons, il est possible de l'éviter en prenant les moyens de ne pas être contaminés. C'est pourquoi il n'est pas juste d'affirmer que cela peut arriver à n'importe qui comme le répètent souvent les médias. Mis à part les dangers de la transfusion sanguine, le virus se transmet dans les relations sexuelles lorsque l'on change souvent de partenaire et dans la toxicomanie intraveineuse. Sans introduire de discrimination entre les malades quant à la façon dont ils ont été contaminés, et sachant que nous parlons surtout de prévention dans ce chapitre, il faut oser dire qu'il y a des conduites à risques qui mettent directement en contact avec le VIH, mais que l'on peut se protéger tant que l'on n'a pas réussi à changer de comportements. S'il est difficile d'échapper au virus de la grippe voire à celui de la peste quand ils sont présents dans un milieu, il est possible en revanche de se soustraire au virus du sida, ce qui est un gage d'espoir car nous ne sommes pas tous en état d'être contaminés si nous savons être prudents. (Nous ne parlons

ici que de la situation française, il est évident que d'autres problèmes plus dramatiques vont se poser en Afrique et en Asie.) Les délires médiatiques auxquels nous assistons périodiquement, mettant en scène les dangers encourus par les citoyens, cultivent injustement une angoisse sociale qui n'est pas le meilleur moyen pour vivre un compagnonnage attentif et confiant avec les séropositifs et les malades du sida.

Certes l'information n'empêchera pas les impulsifs de jouer avec la mort car danger et risque sont souvent perçus comme une source de plaisir intense. La liberté de chacun ou, si l'on préfère, les déterminismes dans lesquels chacun se trouve sont la limite de la prévention et, s'il fallait encore le prouver, les exemples ne manquent pas. Ainsi cet homme de 25 ans, ayant déjà dans sa famille un cousin séropositif, et connaissant bien les modes de transmission et de protection, alors qu'il avait renoncé depuis plusieurs mois à s'adonner à la drague homosexuelle de certains lieux de rencontre, y retourna l'instant d'un moment mélancolique et se découvrit quatre mois plus tard porteur du virus... Il connaissait les préservatifs pour les avoir souvent utilisés mais ce seul moyen technique proposé par la prévention ne l'a pas aidé à réfléchir et à traiter son problème affectif enraciné dans son inconscient. Sa conduite, au reste dépressive, était suicidaire mais de cela, jamais la prévention ne parle. On peut se demander alors à qui s'adressent au juste les campagnes pour l'utilisation du préservatif?

Protéger l'affectivité n'est pas possible et le préservatif ne saurait garantir la qualité du comportement sexuel. Pour être plus précis, c'est l'organe sexuel enveloppé dans une gaine de latex qui se protège en évitant le contact direct avec un autre organe ou une muqueuse et, ainsi, ce sont les deux partenaires qui sont dans un rapport de protection. Jusqu'à présent il a été bien difficile d'aborder la question de la dimension affective dans la prévention, comme s'il fallait éviter de scruter son intériorité et de s'interroger sur le sens de son désir. Dans ce déni, on fait l'impasse sur l'inconscient et sur le débat subjectif autour de sa propre sexualité; on évite de s'interroger sur ce qui est viable et ce qui ne l'est pas. Ainsi vit-on avec une représentation monolithique de la sexualité qu'on identifie à un absolu divin qui ne changerait pas, et l'on affirme doctement (ce que nous avons entendu lors d'un congrès de spécialistes !) : « On ne gère pas sa sexualité, on ne la choisit pas. Nous vivons notre sexualité dans notre rapport à l'autre et c'est accidentellement que la sexualité est contaminante. » Ce genre d'affirmation neutralise toute réflexion personnelle de l'individu sur la façon dont il engage sa sexualité, et sert d'argument à un style de prévention figée qui met entre parenthèses les conflits et les réaménagements qui se produisent lors de l'enfance, de l'adolescence mais aussi à l'âge adulte.

On reste ainsi à la surface des questions pour accréditer, sous couvert de liberté, l'idée que chacun vit ce qu'il veut, sans autre référence que le slogan qui ne peut devenir qu'inhibant à terme : « C'est bien quoi que vous fassiez puisque c'est vous qui choisissez. » Cette morale de situation n'a pas grande valeur, elle est tout juste flatteuse quand elle émane en particulier d'adultes qui ne savent pas se situer vis-à-vis des adolescents.

La solution de facilité qui consiste à suggérer l'installation de distributeurs de préservatifs dans les lycées serait-elle pour autant efficace ? Nous pouvons en douter. Certes, il convient d'imaginer toutes les solutions possibles pour éveiller les jeunes au risque d'une contamination lors de rapports sexuels, mais certainement pas d'une façon aussi simpliste et injurieuse à leur égard. Le lycée n'est pas un tripot dans lequel, entre deux cours, on pourrait pour un franc ou même gratuitement s'émouvoir dans un contact sexuel. Cette vision banale de l'amour (s'il s'agit encore d'amour) est pour le moins sordide et une telle campagne est finalement perverse car, sous prétexte de santé publique, elle intronise de fausses valeurs : on laisse croire que la capote protégera de l'infection, qu'elle donnera bien du plaisir « pour ne penser qu'à l'amour » et que c'est « mieux » ou « bien » d'avoir un rapport ainsi enveloppé, qui plus est avec la bénédiction des adultes, ce qui équivaut en fait à une incitation.

Faut-il rappeler que le discours qui consiste à affirmer

156

que les jeunes ont des rapports de plus en plus précoces est un pur cliché? Certes, les modèles dominants, depuis les années 60, de la sexualité infantile nous incitent à le croire mais la réalité n'est pas en rapport avec ce qui circule dans les médias. Les pubères entre 13 et 18 ans ne sont pas aussi actifs et nombreux à avoir des relations sexuelles complètes; ils sont parfois poussés à les vivre plus par les circonstances que par désir, mais il reste à analyser la qualité de ces expériences passagères et à y réfléchir plutôt qu'à en décréter la normalité.

Le matraquage publicitaire qui a accompagné le lancement de *L'Amant* a, de ce point de vue, été une duperie qui voulait nous présenter le film comme une réplique de ce qui se vit à l'adolescence. L'héroïne est une fille pubertaire de 15 ans qui joue à la femme mais n'en est pas une; en revanche, qu'on le veuille ou non, la relation qu'elle noue avec un homme bien plus âgé montre et réactualise le complexe d'Œdipe et flatte l'affectivité indifférenciée de la puberté. Il se passe dans ce film tout autre chose que de l'amour, un vague sentiment, au reste pas nécessairement authentique, qui est plus du registre de l'affectivo-sensoriel. Il est d'ailleurs regrettable, qu'au moment de la promotion de ce film, on ait beaucoup parlé dans les médias − et fait parler les jeunes! − des merveilles de « l'éveil du sentiment amoureux chez les adolescents ». La façon de demander à ces jeunes de raconter leurs émois et leur première relation sexuelle (et si elle avait eu lieu!) était violemment impudique. Il y a d'autres choses à dire sur ces sujets, sans pour autant tomber dans ce genre de « tripotage » où les jeunes ont bien du mal à se retrouver : d'ailleurs peuvent-ils vraiment parler de ce qu'ils ont à peine découvert? Là encore, il est bien difficile de sortir du conformisme établi pour faire entendre un autre discours.

Si les adultes sont prêts à justifier bon nombre de conduites affectivo-sexuelles des jeunes, c'est qu'ils vivent encore eux-mêmes sur un registre adolescent : le cinéma comme la chanson foisonnent de ces images d'adolescents qui nous confortent dans ce que nous avons appelé par ailleurs « la société adolescentrique » de la génération des

« yéyé ». Ce qui est grave, c'est que pour de nombreuses personnes qui ont de plus en plus de mal à réfléchir sur elles-mêmes, les films ou les chansons servent de miroir, voire de modèle pour justifier ou déclencher leurs choix et leurs actes. A 15 ans on dit aux jeunes : « Vous êtes mûrs » et on les retrouve quelques années plus tard jouant comme de grands enfants au papa et à la maman en s'appelant « bébé »... Fragilisés d'avoir été précocement autonomes, sans avoir pu s'appuyer sur un environnement transmetteur de savoirs, de traditions et de valeurs à même de créer un avenir, sans avoir trouvé un soutien auprès des adultes, et encore moins auprès d'une famille souvent éclatée et recomposée, ils recherchent, plus tard, sans avoir conscience de cette défaillance, des relations de dépendance qui compensent un manque de confiance en eux.

Il n'est pas vrai que l'on peut aimer à 15 ans ; à cet âge, on cherche plutôt à se mirer dans l'autre, à se sentir vivant et réconforté. Lorsqu'une relation est vraiment importante, c'est qu'elle a pris un sens, elle n'est plus d'abord une affaire émotionnelle, et ce n'est qu'au bout d'un certain temps qu'elle englobera d'autres dimensions comme l'affectivité et le sexe. En faisant précéder la socialisation de la vie affective par l'élection amoureuse, on risque de rater les étapes du développement de la personnalité et c'est ainsi que l'on rencontre de jeunes adultes qui, ayant eu des expériences décevantes qu'ils ont prises pour de l'amour, ne sont plus certains de pouvoir devenir amoureux. Trop d'échecs les rendent hésitants à recommencer avec quelqu'un d'autre, même si le désir de se marier et d'avoir des enfants est très fort ; ils ont tendance à se décourager et à s'épuiser affectivement et sont incapables de développer leur imaginaire amoureux et érotique. La plupart des adolescents ne sont pas dupes de leurs amours éphémères et tristes ; ils s'y engagent tout de même parce qu'ils y voient une façon de couper le cordon affectif qui les relie encore à leurs parents, indépendamment de la qualité de la relation et de l'autre, ou encore parce qu'ils n'ont rien de passionnant à vivre dans le monde, parce que les parents sont absents et parce qu'ils semblent y trouver une marge de liberté.

Au regard de ce constat l'installation de distributeurs de préservatifs dans les lycées est un geste irresponsable et, particulièrement quand il s'agit d'aborder la prévention contre le sida, révèle un sérieux manque de réflexion sur l'état des sexualités contemporaines. Pourquoi prendre comme cible privilégiée les adolescents et leur faire peur avec le sida à coup de préservatifs ou de morales hygiéniste, alors que cela ne sert à rien? Il est surtout nécessaire de les faire réfléchir sur les risques inhérents à l'existence, dont le sida fait entre autres partie, et sur le sens de leur responsabilité engagée dans la relation avec les autres.

L'influence de l'homosexualité sur la prévention
Quand on examine le matériel pédagogique qui circule dans le cadre de la prévention on constate souvent que les pratiques sexuelles qui y sont présentées relèvent de comportements marginaux, au reste largement influencés par l'homosexualité. Un esprit de propagande se dégage de la plupart des documents. Au nom d'un principe bizarre on affirme que la peur du sida n'est pas dissociable de l'homosexualité et qu'il faut donc la banaliser et en faire une simple alternative à l'hétérosexualité. Nous avons déjà fait observer le caractère vulgaire et volontairement provocateur de ces brochures, qui laissent à penser qu'on demande une espèce d'officialisation des gestes relevant d'une pulsion sexuelle faussement autonome par rapport à un sujet. Ces comportements sont également présentés comme étant l'expression d'une relation amoureuse alors que le plus souvent ils s'expriment dans le cadre de relations occasionnelles. Ils ne sont donc pas significatifs d'un amour humain qui, lui, n'est jamais de passage mais d'une simple envie sexuelle; l'amour fidélise ses protagonistes, l'envie est éphémère! Les campagnes de prévention contre le sida imposent à la population, par voie de conséquence, des modèles de comportement marginal et, parce qu'elles excluent toute réflexion au mépris d'une dimension anthropologique, posent de très sérieux problèmes. Finalement, on se sert du sida pour légitimer l'homosexualité.

En fait, la question est celle-ci : les militants d'associations homosexuelles (qui jouent un rôle associatif essentiel auprès des séropositifs et des malades) sont-ils les mieux situés pour intervenir auprès des scolaires et leur parler, non seulement du sida, mais aussi de la pratique sexuelle ? Leur discours revendiquant la liberté sexuelle (considérée à tort comme active chez les adolescents) est pour le moins bizarre : tout y est dit très crûment comme si on voulait, à l'occasion de cette maladie, s'affranchir des tabous. Ce n'est pas ainsi qu'on circonscrira le virus ! Et faut-il rappeler que, à moins d'avoir perdu le sens des mots, les tabous sont de nécessaires prohibitions qui permettent aux individus et aux sociétés de s'organiser. Il ne faut donc pas les négliger ni les remettre en question ! L'interdit de l'inceste et celui de la pédérastie comme le respect de la différence des sexes et des générations, la prohibition de l'infanticide, du parricide, etc. sont autant de tabous à respecter si l'on veut que la vie soit possible. Le concept de tabou a donc toute sa valeur, et la façon de vouloir le bannir du langage courant fait davantage preuve d'une tendance à transgresser que d'un authentique esprit libre. Le besoin de franchir ces interdits révèle surtout une aliénation et nous le répétons volontiers ici : il n'est pas vrai d'affirmer que tous les comportements sexuels se valent !

Avec ce type de pratique pseudo-éducative, nous ne sommes plus dans le cadre de l'information sexuelle mais dans celui de l'érotisation de la relation aux jeunes.

La prévention sur un problème aussi complexe que le sida, tout comme l'information sexuelle, doivent rester dans le registre de la parole afin que le sens du désir se développe dans le psychisme individuel et ne soit pas uniquement incité à s'exprimer dans l'agir. L'animateur manipulant un auditoire de jeunes avec un « discours-action » qui a pour but implicite de les faire jouir, et de jouir avec eux de leur sexualité sera volontiers « libéré », quitte à proposer à des collégiens ou des lycéens de faire des exercices pratiques avec des reproductions en plastique de pénis en érection pour leur apprendre à poser des préservatifs : cette « liberté » traduit surtout de réelles tendances pédérastiques, activées et légitimées par des émissions de télévision sur le sida. Nous sommes ici dans des relations de passage à l'acte et non pas éducatives qui elles, en utilisant le langage, permettent de réfléchir et de prendre conscience des attentes sexuelles et du sens d'une relation amoureuse. La parole favorise l'approfondissement de l'intériorité affective et ouvre aux questions de sens comme celle de la responsabilité morale de ses sentiments vis-à-vis de l'autre. Les animateurs de débats télévisés ou d'émissions « éducatives » veulent souvent s'ériger en éducateurs de la population et en militants de la seule cause des préservatifs, mais à quel titre le font-ils, au nom de quelle compétence et avec quelle implication personnelle ? Quand on ne voit pas plus loin que le bout de son sexe, il est vrai que le préservatif semble être la seule solution, mais pour celui qui a une conception plus relationnelle de l'amour humain c'est l'affectivité et l'affectivité hétérosexuelle qui doivent être l'objectif de sa réflexion et de son travail.

Le sida est une maladie ayant ses propres causes qui ne relèvent pas seulement des mœurs, et les personnes touchées en sont des victimes malencontreuses ; le virus est à l'origine de leur infection et non la nature de leur comportement qui peut par ailleurs poser des problèmes mais qui ne se confondent pas avec la maladie. La toxicomanie, l'homosexualité et les relations occasionnelles ne sont pas à l'origine du rétrovirus du sida. Le virus se répand à travers des conduites inhérentes à bien d'autres pratiques, certes très minoritaires comme celle de la transfusion sanguine. Cette distinction est importante si l'on ne veut pas se tromper de cible et attribuer aux personnes, pour mieux les rejeter, les caractéristiques du virus. Nous n'avons donc pas plus à dévaloriser les malades en les délaissant qu'à les survaloriser et faire d'eux des persécutés ou les nouveaux héros de ce siècle, tendance que nous retrouvons trop souvent dans les médias et qui est loin d'être revendiquée par les personnes elles-mêmes concernées que nous pouvons côtoyer ici ou là. Il ne faut pas passer d'un extrême à l'autre, du rejet du malade à sa glorification, ou à faire de celui-ci l'expert de la maladie ! Seuls les sidéens seraient habilités à parler de la maladie, voire de la sexualité, et à faire la leçon aux autres. Ce mouvement d'idées relève principalement de certaines associations homosexuelles qui organisent actuellement ce discours afin de se maintenir institutionnellement! L'affection du sida est le prétexte pour tenter de justifier un modèle sexuel asocial, mais elle est également porteuse d'une charge de méfiance très forte à l'égard de l'autre qui est au cœur des maux de notre société, méfiance déterminée par de multiples causes que le sida vient amplifier en favorisant cette mise à l'écart du sens de l'autre dans la pulsion sexuelle, dont l'homosexualité est pour une part le symbole.

La libération sexuelle (comme représentation collective plus que comme pratique réelle) s'est jouée contre la relation d'altérité, au bénéfice d'une relation plus narcissique, accélérant ainsi une certaine désexualisation des rapports humains tout en érotisant le repli de l'imaginaire sur soi. Le sida ajoute à ce phénomène de déliaison et de méfiance entre les individus et cette ligne de rupture, repérée partiellement dans les représentations et les comportements sexuels, accroît, à elle seule, le climat délétère et dépressif de la société.

DEUXIÈME PARTIE

LES DÉLIAISONS

INTRODUCTION

LES LIEUX DE RUPTURE

Nous avons montré que nous sommes dans une période
où les sociétés et les individus implosent et régressent en
essayant d'utiliser des modèles primitifs pour se maintenir
en lien avec la réalité faute de pouvoir développer une
relation plus élaborée à soi-même et aux autres puisque la
fonction de l'Idéal qui permet de rejoindre le monde extérieur et de l'intérioriser est, pour une part, délaissée. La
dégradation du sens de l'Idéal et la remise en question,
voire l'abandon, des idéaux et des valeurs pourtant fonda-
teurs de notre vie sociale et de nos progrès humains,
témoignent surtout d'un repli sur la subjectivité individuelle et sur des groupes particuliers pour servir ses seuls
intérêts sans avoir à se situer dans une interdépendance
avec les autres. Cette attitude est d'autant plus accentuée
que l'environnement économique et culturel est incertain
et que des conflits territoriaux qui ont été masqués par les
deux guerres mondiales, la décolonisation et étouffés par
la chape de plomb des régimes communistes, sans jamais
vraiment être traités, risquent d'embraser des régions
entières. Tout ce climat est favorable à la déliaison,
c'est-à-dire à la dissolution du lien social.

L'excès de collectivisme et d'emprise de l'Etat sur les
populations aussi bien dans les pays marxistes que dans les
pays démocratiques a encouragé le développement de
l'individualisme pour trouver un espace de liberté. Toutes
les sociétés sont, à des degrés divers, confrontées à ce problème et pour y faire face on veut revenir à ses racines –

parfois dans des formes les plus archaïques et les plus aso-
ciales – ou se dire que l'on n'a plus de racines ni de traditions en se remettant à un hypothétique métissage des
cultures, ce qui est une autre façon de se suicider.
L'angoisse sous-jacente à ces réflexes est double, notamment dans la crainte de l'abandon et de l'intrusion condui-
sant l'individu à ne désirer que ce dont il a peur et à rejeter ce qu'il possède. Peut-être parce que sont ainsi
exprimés le souhait de symbiose totale et le vécu d'auto-
suffisance. Mais dans un cas comme dans l'autre l'attitude reste défensive et il n'est plus question de travailler
un quelconque lien social, ce sont les phénomènes de rupture et de « casse » qui vont être valorisés. L'irrationnel
sera d'autant plus privilégié que les modèles sociaux
négligent la reconnaissance des idéaux qui ont fait leur
preuve dans la civilisation en situant sur le même plan
toutes les idées et toutes les croyances. Le retour de la
magie sera ainsi possible après le refoulement du sens du
désir et parfois chez certains individus l'inaptitude à travailler leur intériorité. Alors, sous couvert d'originalité on
ne pourra pas faire autrement pour se sentir exister que de
promouvoir des cassures, de détruire et de dévaloriser les
réalités avec lesquelles les individus ne parviennent pas à
vivre. A cette défaillance toute dépressive répondent des
conduites de ruptures et d'éclatement fragilisant le lien
social. Tel est le sens de cette deuxième partie qui va examiner les réalités à partir desquelles se fracturent les individus et la société autour de quatre phénomènes.

– L'augmentation des divorces pose de plus en plus un
problème de société, car le sentiment d'insécurité qui
envahit les individus trouve, pour une part, son origine
dans l'altération du lien affectif et conjugal. Cette menace
de rupture pour les enfants et les adultes n'est pas propice
à la confiance en soi ni dans les autres et renvoie à la crise
de la sexualité qui a du mal à s'inscrire dans une dimension sociale.

– L'homosexualité dont on parle davantage aujourd'hui
et qui sert de prétexte pour exprimer les avatars de
l'acquisition de l'identité sexuelle et les difficultés de liaison entre la bisexualité psychique et la différence des

166

sexes est une manifestation de la crise de l'individu qui cherche plus la ressemblance que l'intégration du sens de l'altérité. Se retrouvant seul, il ne peut que s'agresser et créer les conditions psychologiques au développement de la violence.

– La drogue est un des effets d'une subjectivité malade qui ne sait plus quels sont les objets de valeurs à intérioriser pour vivre. L'intériorité contemporaine est souvent vide et des individus ne savent pas comment occuper leur espace intérieur si ce n'est parfois avec des cerveaux auxiliaires que sont les musiques et les images bruyantes et rapides sur lesquelles il faut être en permanence branché sous peine de ne pas pouvoir vivre avec soi-même. Débranchons ces systèmes et chacun devient fou en se perdant dans une sorte de vertige intérieur. La toxicomanie est justement le reflet d'une intériorité brisée dans laquelle la structure psychique de l'Idéal ne parvient pas à faire son travail de remaniement et de liaison entre les pulsions, pour exister vraiment avec le monde extérieur.

– Enfin le suicide dont l'augmentation pose également un problème de société lorsque des individus rompent de cette façon leurs relations avec l'environnement dans l'espoir de vivre autrement en mourant. Ce désespoir qui ne rattache à plus rien est à envisager comme une manifestation de la dégradation du sens de l'Idéal. L'altération de cette structure est source de dépression et de dévalorisation si typique des obsessionnels qui organisent progressivement des conduites de mort plutôt que de chercher à vivre.

Au cœur de ces quatre brisures du lien social nous retrouverons le conflit entre les pulsions de vie et les pulsions de mort en sachant que les pratiques actuelles favorisent davantage ces dernières.

CHAPITRE 4

LE DIVORCE

Le divorce, une fatalité?

Les ruptures occasionnées par le divorce sont mal vécues par les partenaires conjugaux comme par les enfants et les conséquences et les dégâts qu'entraîne, souvent après plusieurs années de vie commune, cette brisure relationnelle, laissent amères de nombreuses personnes. Steven Spielberg, qui a souvent mis en scène des enfants séparés de leur famille, explique que ce thème lui a été dicté par le divorce de ses parents quand il avait quatorze ans et qu'il a conservé comme une blessure d'enfance dont il n'a jamais réussi à guérir. « Le jour où j'ai appris cette séparation, j'ai pleuré et je pleure encore quand j'y repense... » Il n'y a pas de divorces réussis mais tout simplement un échec affectif à partir duquel chacun tente de faire le deuil d'une illusion relationnelle, d'une confiance trompée, d'un projet inachevé. Cependant le divorce n'est pas une fatalité, même s'il reste relativement dépendant des modèles affectivo-sexuels et des conditions de vie du couple actuel dominé par des attentes excessives qui sont rarement identifiées par les partenaires.

La relation de couple est souvent le lieu où se rejouent son affectivité enfantine, ses frustrations parentales, ses conflits sexuels, mais aussi ses oppositions à l'autre sexe à travers les images paternelles et maternelles ; elle est également le lieu paradoxal d'une revendication de son autonomie dans une relation à deux. En effet l'environnement ambiant, au nom du principe de l'égalité, culpabilise tellement toute idée de différence, qu'elle se retrouve dans le couple à travers une forme doublement négative : celle qui consiste à croire que l'homme et la femme peuvent faire les mêmes choses en sous-entendant qu'ils sont pareils, vœu androgyne qui ne correspond pas à la réalité de la différence des sexes et de leur symbolique respective et qui encourage une autre négation, celle de vivre à deux tout en se disant séparés, comme pour essayer de se distinguer et d'affermir une identité niée par ailleurs. La désunion, avec d'autres phénomènes culturels qui l'ont accélérée, est un risque potentiel pour le couple contemporain. Et certaines idées féministes d'égalité entre les sexes auront sans doute plus contribué à dévaloriser les relations entre les hommes et les femmes qu'à vraiment les renouveler. Vécues à travers une symbolique homosexuelle (puisque telle est la revendication inconsciente des féministes) qui n'est pas créatrice de vie sociale entre les deux sexes, les relations homme-femme ne sont plus fondées sur « l'un est opposé à l'autre », mais « l'un est l'autre ».

Si des changements sont intervenus dans les comportements, ils ne sont pas venus de ces idées ni de la mixité scolaire, mais du mouvement plus général issu du développement du sentiment amoureux et de la liberté qu'ont désormais les individus pour s'engager ensemble dans une vie commune sans le consentement de leurs parents. Sentiment amoureux et liberté de choix qui privilégient la personne comme sujet et objet de désir sont au cœur des relations de couple et se sont répercutés dans tous les domaines de la vie sociale, en particulier sur l'enfant et dans la relation éducative, laquelle insiste sur les aspects affectifs du développement de la personnalité.

La relation de couple exige, certainement plus que par le passé, une maturité affective et sociale et, selon les âges de la vie, une capacité à franchir des étapes ensemble. En reposant essentiellement sur des motivations affectives, les relations entre les hommes et les femmes se confrontent à leur force et à leur faiblesse dans la grande variation des états de conscience et des émotions. Le traitement de ces questions nécessite une intériorité vivante et réfléchie dont l'éducation devrait se préoccuper ainsi qu'une conception de la vie amoureuse qui ne soit pas limitée à l'instant des émotions passagères. La perte du sens même de l'engagement dans la société (et, en particulier dans le domaine social, la perte du sentiment d'appartenance à un groupe au sens civique du terme) s'est produite en écho à la dévalorisation relative de l'engagement amoureux : il est vrai que toutes les relations que l'on nomme « amoureuses » ne le sont pas systématiquement.

L'expérience clinique met souvent en évidence le manque de lucidité et l'absence de dialogue entre les partenaires sur des questions essentielles de la vie de couple qui, parmi d'autres raisons, contribuent à des évolutions divergentes et débouchent sur des situations insupportables : mais que l'on ne vienne pas dire, après dix ou quinze ans de vie commune, que l'on s'est trompé de partenaire !

Ce défaut de négociation doit être mis en évidence afin que dans le cadre de l'éducation sexuelle (que l'on ferait mieux d'appeler éducation affective), on puisse éveiller les jeunes à apprendre à faire ce travail sur eux-mêmes pour identifier leurs sentiments et leurs attentes à l'égard d'autrui : nos sentiments quand ils sont partagés par l'autre nous engagent, et il n'est pas sain ni vrai de laisser entendre que l'on peut s'exprimer en dépit de ses engagements sans être responsables de ses gestes et de ses attitudes. Ce travail est possible et les adolescents sont d'ailleurs très ouverts à cette approche psychologique et morale. La relation amoureuse ne se joue pas en dehors des valeurs morales, il faut le rappeler tout en sachant que la relation ambivalente à l'Idéal du Moi des personnalités actuelles les conduit parfois à négliger le recours au sens des valeurs pour réguler leurs conduites. Il est fréquent de voir des individus, jeunes et moins jeunes, engagés dans des liaisons parallèles à une relation « fidélisée », regretter de n'avoir suivi que l'impulsion d'un moment sans trop réfléchir aux conséquences de leur comportement et se retrouver impliqués dans des processus qu'ils ne parviennent pas toujours à arrêter alors qu'ils savent bien que l'essentiel de leur vie se trouve ailleurs dans une vie amoureuse qui a déjà une histoire ou des projets cohérents qu'ils se préparent à mettre en œuvre. Il est vrai que la psychologie et la morale ne font pas toujours bon ménage mais savoir les associer dans un dialogue à l'intérieur de soi est un signe de maturité qui qualifie la personnalité.

Le divorce n'est plus une affaire privée, il est devenu un problème de société qui a un coût humain, social, économique, moral et spirituel. Il n'est pas neutre et reste lourd de très nombreux enjeux, et la souffrance psychique qu'il provoque, les réaménagements plus ou moins réussis et ses effets sur la société nécessitent une réflexion et des actions qui ne se limitent pas à des mesures juridiques et économiques.

Le divorce : un problème nouveau ?

Le divorce est devenu une pratique courante quand il s'agit de trouver une solution à des conflits ou à un mal-être affectif dont l'institution du mariage est parfois rendue, à tort, responsable : cependant cette attitude est-elle vraiment nouvelle ? L'étude de l'histoire des idées et des comportements depuis la plus haute antiquité montre que nous sommes confrontés, selon les périodes et à quelques variables près, au même type de problème : c'est ainsi par exemple que l'union libre se joue contre le mariage et c'est pourquoi nous pensons que le législateur actuel va sans doute trop vite quand il promulgue des lois qui établissent des équivalences entre ces deux pratiques après seulement vingt ans de diminution du nombre des mariages...

Nous n'avons pas ici comme objectif de mener une étude historique approfondie qui nous permettrait d'entrevoir combien le débat entre une alliance perpétuelle dans le mariage et une alliance transitoire dans le concubinage ne date pas d'aujourd'hui et que nous ne sommes pas en présence de faits inédits, du moins quand il s'agit de conceptions opposées sur la façon d'organiser sa vie affectivo-sexuelle. Les enquêtes sociologiques contemporaines sur des problèmes dits de société donnent parfois l'impression que la situation est nouvelle; cette vision des choses n'est pas juste et nous induit souvent à projeter des anachronismes sur l'histoire des idées et des mœurs. Le couple d'aujourd'hui n'est pas l'héritier de l'amour courtois, pas plus que de la légende de Tristan et Yseult, car ces deux faits ne sont que l'expression d'un moment de l'évolution du sentiment amoureux dont le mouvement d'idées a commencé bien avant eux. C'est pourquoi il nous faut plus avoir recours à l'historien et au psychanalyste pour élucider ce problème, la sociologie ayant une vision trop arrêtée du temps pour rendre compte des comportements humains qui s'inscrivent dans la durée; car mis à part son apport précieux en statistiques, elle ajoute souvent de la confusion, ce qui explique, comme l'a évoqué Edgar Morin, la situation de crise dans laquelle elle se trouve.

Rappelons donc que l'évolution du sentiment amoureux sous l'influence des idées bibliques et du mariage chrétien s'est développée au cours des siècles en permettant aux gens de se libérer des alliances forcées par le rapt ou l'achat de la femme et celles organisées par le clan ou les parents. Le mariage chrétien a fait œuvre de culture et d'intériorisation plus grande de la vie affective en privilégiant le sentiment amoureux, la liberté et le consentement des sujets, l'aide mutuelle des partenaires entre eux et l'enfant comme fruit de leur relation. Il s'est aussi inscrit comme modèle d'organisation du lien matrimonial en contradiction avec des idées déjà présentes dans l'Antiquité et qui sont des conflits déjà repérés dans l'histoire.

Nous retrouvons ces conflits dès le premier et le deuxième siècle avant Jésus-Christ dans la conception puritaine et stoïcienne du mariage en réaction à la montée des cultes orientaux qui déifient le sexe. Une différence s'affirme entre deux types de femmes; les matrones pour les enfants et les concubines pour le plaisir. Le mariage stoïcien craint le sentiment amoureux jugé dangereux par Sénèque et Plutarque qui définissent le couple comme un lieu de bonheur où la procréation est un devoir, la sexualité un danger. « Du haut en bas de l'échelle sociale ce ne sont que mariages infernaux ou impossibles et concubinats provisoires ou définitifs [1].» L'Empire romain succombe au IVe siècle sous le poids du concubinat généralisé, et c'est l'arrivée du christianisme qui va apporter une nouvelle conception du désir et du respect de l'enfant et de la femme; il faudra du temps à l'Eglise pour faire triompher le couple monogame, la polygamie étant très présente et Charlemagne – 747-814 – fut sans doute le dernier à la pratiquer.

Du XIe au XIIIe siècle un équilibre s'instaure, c'est la famille nucléaire exogame qui s'impose avec les respects de la femme protégée par le droit coutumier : le sens du mariage comme alliance se généralise cependant que d'autres courants se développent en opposition, avec, en particulier, au XIIe siècle l'amour courtois qui est un amour adultère. En effet, dans les familles nobles, où le mariage est toujours politique, l'amour ne peut pas exister entre époux qui ne se sont pas choisis et qui sont obligés de s'unir pour des raisons d'intérêt ou d'obéissance. La sexualité est alors d'autant plus séparée de l'expression du sentiment amoureux que l'on est persuadé que l'amour ne peut être vécu qu'en dehors du mariage : c'est le drame de Tristan et Yseult...

Au début du XIVe siècle la crise de la société médiévale s'accompagne d'une violente misogynie et d'une attaque contre le mariage dont on retrouve la trace dans *Le Roman de la rose*. Le retour du droit romain n'aide pas à la protection juridique de la femme, et à cause de la crise économique les mariages sont plus tardifs, l'adolescence devenant par la même plus longue. La redécouverte de la littérature antique renforce le courant anti-féministe : ce ne sont que plaintes contre l'impossibilité du célibat et louanges de l'amour en dehors du mariage; l'instinct étant irrépressible, les municipalités installent des bordels. Le retour à la prospérité, dès la fin du XVe siècle, encourage le désir d'une jouissance sans limite.

La conception du mariage chrétien permettait dans ce

---

1. Michel Rouche, conférence donnée à l'Institut de la famille.

contexte de s'affranchir des pressions du milieu pour favoriser, non sans conflits, l'affectivité du sujet dans son élection conjugale. L'idée chrétienne de se marier par amour a dominé tout en se heurtant à d'autres pratiques (celles des Romains – concubinat et mariage stoïcien – dont certaines idées ont infiltré la pensée chrétienne : mais aussi celles des Germains – mariage « politique » de la noblesse) mais, pour l'Eglise, seuls devaient compter le sentiment amoureux et la liberté des fiancés. Le mouvement de cette liberté affective individuelle s'est accentué à partir du xviiie siècle et nous avons vu progressivement la sexualité se recentrer sur le couple conjugal, le mariage étant vécu comme une émancipation parentale et sociale au nom du sentiment amoureux. L'espérance était donc de se marier par amour.

On assiste au cours du xxe siècle à un renversement de situation : l'état naissant des sentiments est valorisé en permanence mais, isolé des liens sociaux, il devient une affaire purement individuelle. La formule « puisque l'on s'aime il est inutile de se marier » résume l'idée que se font nombre d'individus de l'institution matrimoniale, laquelle est supposée risquer de limiter le sentiment. Alors, il est possible de :

– rompre si la relation ne correspond plus aux affects primaires,

– tenter de rechercher quelqu'un d'autre pour réactualiser les premiers mouvements amoureux,

– rester solitaire en se disant que l'amour est impossible.

Tel est le contexte dans lequel le divorce s'est développé dans notre société en lien avec la prévalence de l'individu et du sentiment amoureux et dont nous voudrions surtout examiner les conséquences psychologiques et sociales.

Les conséquences affectives chez l'adulte et chez l'enfant

Les motivations qui, chez l'adulte, sont à l'origine de la décision de mettre fin à une relation sont multiples et renvoient à l'expérience singulière de chacun. Cependant,

175

nous pouvons au moins en retenir cinq qui sont au cœur de la vie affective :
- des erreurs de choix,
- des problèmes d'identité,
- des évolutions divergentes,
- la difficulté à franchir ensemble certaines étapes,
- la carence d'une conception morale et philosophique qui permette d'orienter des projets de vie et de résoudre des conflits existentiels.

Ce dernier point est actuellement manifeste ; de nombreuses personnes manquent de connaissances et d'une conception de l'existence à partir desquelles elles pourraient traiter leurs difficultés. Ce champ de conscience, dans lequel le praticien pour son travail clinique n'a pas à entrer, gagnerait sans doute à être plus présent dans le domaine de l'éducation et de la formation à la relation à l'autre. Quand les problèmes affectifs ne sont retenus que pour eux-mêmes, on pense nécessairement au divorce dès que le moindre conflit dégénère ; c'est pourquoi il arrive dans bien des cas que le divorce soit une fausse solution qui ne règle pas les questions de fond.

La séparation comme le divorce sont la plupart du temps mal vécus car ils représentent un échec, même si l'on cherche à surcompenser dans une défense idéalisante et rassurante pour éviter l'apparition d'un sentiment de culpabilité en voulant comme certains le disent, « au moins réussir son divorce ». Le lien brisé provoque un sentiment de culpabilité qui peut demeurer inconscient. Sans se manifester pour lui-même, il se traduit souvent à travers des conduites ou des troubles psychosomatiques qui entraînent toute une série d'examens médicaux ne révélant aucune anomalie. Ceux qui sont ainsi perturbés dans leur quotidien tenteront de rationaliser ou de refouler cette culpabilité, source d'agressivité, qui reste en l'état sans être toujours vraiment élaborée.

Lorsque la séparation n'a pas été provoquée pour aller vivre avec quelqu'un d'autre, ce qui représente une motivation plus importante, la personne traverse une période de deuil accompagnée de dévalorisation de soi, d'angoisse d'abandon et de perte de confiance, et il n'est pas rare que certains se mettent à régresser, à se désorganiser ou à présenter des troubles psychologiques et somatiques qui nécessitent souvent des interventions médicales et des prises en charge psychothérapiques.

Celui qui est abandonné ne comprend pas toujours le sens de ce qui se passe. D'où une perte d'intérêt, des idées de suicide, la fuite des problèmes qui le placent dans des états asthéniques plus ou moins longs. Quelques-uns pourront se maintenir dans un état de deuil continuel sans pouvoir réorganiser leur vie autrement. Les séparations affectives touchent les racines initiales de la relation à l'autre qui a commencé avec la relation maternelle et l'angoisse de la séparation réveille la crainte de ne pas être désiré, ni accepté et d'être pour ainsi dire condamné à mort, puisque ne plus être aimé revient à s'entendre dire : « Maintenant tu peux disparaître, tu peux mourir. »

La séparation peut provoquer une angoisse, comme, paradoxalement, elle peut donner naissance à un sentiment de liberté lié à l'impression de commencer une nouvelle existence. Si certains se donnent un temps de solitude pour se retrouver avec soi-même, d'autres, qui ne supportent pas le vide ni l'absence, tentent de nouvelles relations avec le risque souvent constaté de déplacer le problème sur une autre personne ou de faire des choix délirants. Tel est le cas de cette femme de 48 ans qui s'associe amoureusement avec un jeune homme de 25 ans à la grande surprise de sa fille de 18 ans, laquelle a l'impression que sa mère régresse et qu'il lui revient à elle de tenir à son corps défendant le rôle d'adulte dans la famille.

L'amour peut aussi rejoindre son contraire et devenir de la jalousie, voire de la haine, que certains mettront en œuvre à travers tous les échanges qu'ils devront avoir avec leur ancien conjoint. C'est pourquoi d'autres, qui se quittent, tentent de réussir leur séparation en sublimant la notion de mort inhérente à la rupture en se quittant à l'amiable et en maintenant entre eux un lien de quasi-camaraderie et parfois des relations plus ambiguës. Remarquons que la situation actuelle favorise la polygamie au sein des familles recomposées dont les partenaires (pourtant séparés, voire divorcés) continuent à vivre aussi des relations sexuelles, ce qui provoque des perturbations psychologiques.

Or, on l'a dit, l'association entre deux êtres qui veulent s'appuyer essentiellement sur une élection sentimentale exige une capacité à s'interroger sur sa vie affective et sur ses besoins afin d'élaborer et d'intérioriser sa vie relationnelle. L'expérience précoce ou diversifiée des relations sexuelles ne concourt pas nécessairement à la maturation de la sexualité pas plus que la cohabitation (bizarrement appelée « mariage à l'essai ») ou le concubinat ne garantissent la stabilité conjugale à venir. Il y a des conditions psychologiques à l'amour humain et le plaisir sexuel s'il n'est pas qualifié affectivement ne garantit ni ne valide la relation.

On est surpris aujourd'hui de voir de nombreux adultes calquer leur vie affective sur celle des adolescents, comme s'ils craignaient de sortir des commencements de la relation amoureuse et s'empêchaient de se développer ou, comme on le dit aujourd'hui de « grandir » : ils prennent l'intensité d'une attirance pour le sentiment amoureux et les frissons d'une émotivité à fleur de peau sont bien souvent les seuls symptômes de cette pseudo-relation amoureuse.

Les adolescents (ou les adultes-adolescents) investissent la relation de couple comme des enfants qui ne savent pas comment donner sens au reste du monde, faute de raisons de vivre, c'est avec excès que le sentiment amoureux se trouve valorisé au cœur de leur vie affective sous la pression de l'environnement. Fort heureusement, la plupart d'entre eux, après s'être assurés qu'ils ne sont pas anormaux, tentent de prendre des distances vis-à-vis de cette influence.

Mais ce n'est pas toujours le cas et l'on voit bon nombre d'adolescents végéter sentimentalement dans des relations vaines. Dans un tel climat, on comprend que la séparation ou le divorce apparaissent comme une émancipation par rapport à des sentiments trop limitatifs. Nouvelle donne puisque, avant, c'était le mariage qui permettait de s'émanciper de l'emprise parentale et sociale.

Des études partielles et divergentes existent quant aux conséquences du divorce pour les enfants. Nous pouvons en retenir que les enfants dont les parents sont divorcés ne présentent pas plus de symptômes psychopathologiques que les autres, ni de difficultés ou de retard dans leurs performances scolaires. On remarque d'ailleurs souvent dans cette population un besoin de réussite scolaire d'autant plus grand qu'il faut réparer la cassure parentale. Ce constat vient donc tempérer certaines croyances sur les effets négatifs que peut avoir le divorce chez les enfants. Il est bon de souligner que cette « dramatisation » renvoie d'une certaine façon à l'angoisse de séparation qui s'active en chacun quand nous sommes les témoins d'une rupture conjugale.

Ces observations ne signifient pas en revanche que la séparation et le divorce ne posent pas de problèmes aux enfants et aux adolescents, car chez eux les troubles du comportement sont tout de même plus nombreux. Nous en observons certaines, comme la baisse provisoire du travail scolaire, les conduites agressives ou la tendance à la tristesse : autant de perturbations psychiques qui dépendent de la nature des relations que chaque parent engage avec son enfant. Enfin, il faut aussi savoir que les répercussions traumatiques de ces problèmes familiaux ne sont pas toujours immédiates, mais peuvent être différées jusqu'à la postadolescence, au moment où le jeune adulte doit élaborer sa vie d'homme ou de femme sur la base de ses identifications parentales qui, en l'occurrence, ont été fragilisées.

L'enfant, ou l'adolescent, face au divorce de ses parents se trouve confronté à plusieurs questions.
— Pour construire son unité interne, il a besoin de participer à la cohérence de la relation parentale. Si cette cohérence vient à se rompre, il éprouve un sentiment d'effondrement : il se perçoit alors en état d'insécurité tant avec lui-même qu'avec l'environnement. Ainsi s'exprimait un adolescent de 18 ans, qui souffrait depuis l'âge de 14 ans de la séparation de ses parents : « Ce qui m'a le plus man-

qué, c'est d'avoir un père présent tous les jours. J'ai besoin d'un modèle, je ne peux pas être mon propre modèle!» Cette réaction se comprend quand on sait que la relation affective avec les figures parentales fonde l'unité de la psychologie de l'enfant, stabilise son Moi et assure le contact vital avec le monde extérieur. Il s'appuie sur sa relation parentale pour exister et trouver des modalités relationnelles avec les autres. Il a besoin de l'authenticité affective de la famille pour accéder à la réalité et aux vérités du monde extérieur. Il intériorise progressivement sa relation sociale dans la mesure où la cohérence et la valeur de sa vie familiale sont intégrées.

– Pour l'enfant, les parents sont le fondement du réel. Il apprend la vie en société à partir de son expérience familiale. Il se révèle et découvre au sein d'une relation affective triangulaire le sens des règles de la vie commune et le sens de la loi. Il est le témoin de la façon dont ses parents sont capables de résoudre les divers problèmes de l'existence, à commencer par ceux de la vie domestique et de la communication entre eux. Mais face aux échecs parentaux l'enfant doutera de ses propres possibilités au risque d'envahir toutes ses fonctions : « Vais-je pouvoir réussir là où mes parents échouent? » Lorsque l'enfant a le sentiment d'être seul face aux réalités de la vie, il risque une prématuration du Moi (qui favorise les immaturités ultérieures) ou d'engager des conduites coûteuses pour valoriser ses parents afin de ne pas avoir une image de lui trop négative face aux réalités.

– L'enfant se considère souvent, à tort, comme la cause des mésententes parentales, il cherche à réparer ou à se placer comme le gardien de l'unité parentale, et s'il n'y parvient pas, il se dévalorise d'autant que ses parents pourront l'utiliser comme confident afin de critiquer l'autre ou comme intermédiaire pour régler leurs comptes. Par ailleurs, la loi Malhuret qui fait participer l'enfant à la procédure juridique du divorce risque d'avoir des effets pervers : l'enfant pourrait se reprocher inconsciemment (ce que nous observons souvent chez de jeunes adolescents) d'avoir « choisi » tel parent plus que l'autre...

– Les parents inspirent aux enfants une confiance (en

180

eux ou en soi) quasi automatique, mais cette confiance peut s'altérer ou se perdre dans les cas de mésententes et de divorces. Pour l'enfant, les seuls garants de la vie contre la mort, ce sont ses parents; il a engagé sur eux une identification anaclitique, c'est-à-dire qu'il s'est appuyé sur eux dès sa naissance et leur a emprunté des aspects de leur vie psychique pour développer la sienne. Lorsqu'une rupture parentale se produit, elle vient ébranler les bases du processus d'identification : l'enfant va introduire en lui de la désunion, tout en essayant de sauvegarder une image de couple parental qu'il ne pourra entretenir qu'avec ses propres ressources d'enfant et non plus grâce à la relation des adultes.

Il n'est pas rare qu'arrivé à l'adolescence, l'enfant, qui sait la précarité des relations conjugales et a fortiori si ses parents ont divorcé, ait du mal à appréhender la véritable notion de couple. Souvent alors, il se lance dans des relations à deux qu'on peut à juste titre estimer prématurées. Chez ces couples précoces, que nous avons par ailleurs appelés « bébés-couples », l'économie affective est pour le moins immature : ils sont passés de papa/maman au nounours, puis au copain/copine, sans que leur régime libidinal se soit modifié. Cette forme d'union reste cependant un refuge pour des adolescents confrontés à l'incertitude affective des adultes ou à l'absence du couple parental. Etant obligés de s'appuyer sur leurs propres ressources, ils risquent d'arriver, comme nous le constatons fréquemment, « fatigués » affectivement au moment où, justement, ils pourraient commencer une réelle vie amoureuse. Alors, ils la diffèrent de façon plus ou moins chaotique et vivent à coups de défis renouvelés. L'agir est privilégié par rapport à la réflexion et à l'intériorisation : faute de projet, ces jeunes accumulent « plans » et « trips ». C'est ce fait qui peut expliquer en partie la difficulté de certains à engager des relations et à croire en leur avenir amoureux; les uns chercheront à se protéger du mariage, d'autres encore dans un effort de surcompensation tenteront de réparer le couple initial dans la réussite de leur propre couple.

Ainsi donc, l'enfant vit la séparation comme une expérience interne de relatif anéantissement. Il se trouve séparé de ses parents dans une perte de cet objet aimé que sont le père et la mère et, pour lui, cette perte d'objet est surtout la perte d'un état, qui le renvoie à un sentiment d'abandon et d'insécurité. Il est naïf de croire qu'il suffit d'expliquer à un enfant que « papa et maman se séparent parce qu'ils ne s'aiment plus, mais ils continuent de t'aimer toi! » pour qu'il accepte cette situation. Raisonner ainsi c'est faire l'impasse sur l'irrationalité de l'affectivité et méconnaître que l'amour des parents pour leur enfant passe essentiellement par leur relation (ce qu'ils sont) et non pas uniquement en ligne directe (ce qu'ils disent) : c'est parce que les parents s'aiment que l'enfant se sait aimé. Autrement dit, il ne reçoit l'amour parental qu'à travers l'amour conjugal et hérite ainsi d'une situation de crise : « Si vous ne vous aimez plus, vous ne pouvez pas m'aimer. » Faute de cette certitude, il doit se débrouiller pour organiser sa relation entre le risque d'un amour conjugal qui n'existe plus et celui d'un amour à symbolique incestueuse puisque le lien à trois est brisé et qu'il risque de « faire couple » tour à tour avec l'un ou l'autre de ses parents. Plus encore, c'est de séduction dont il faut ici parler puisque en l'absence d'amour conjugal, l'enfant ne sait pas ce qu'est l'amour parental. Entre le parent et lui, point de distance, point de possibilité d'un développement harmonieux de la relation éducative.

Il faudrait ici évoquer les problèmes qui se posent lorsque l'enfant est le partenaire d'un parent unique et que l'un et l'autre sont trop liés comme dans un couple ambigu et fusionnel. Cette situation n'est jamais évidente : l'enfant grandissant peut culpabiliser de son besoin d'autonomie, et le parent le surveiller de trop près. Pis encore, il arrive que le parent abandonne toute action éducative pour vivre une relation égalitaire avec son enfant. Ce que de nombreux adolescents nous rapportent en thérapie à ce sujet ne peut que nous renforcer dans l'évidence qu'il n'est pas possible de jouer à la fois le rôle de père et celui de mère...

Les mésententes conjugales sont donc des cassures qui mettent en danger les identifications à partir desquelles

les enfants construisent leur personnalité. C'est alors que les angoisses et les incertitudes de l'existence prennent naissance.

Faisons une parenthèse pour souligner la différence de retentissement psychologique qui peut exister chez un enfant qui vit éloigné de ses parents et chez celui qui les perd dans le divorce. Une conception historique erronée, influencée par Philippe Ariès et remise en question par des historiens médiévaux, voudrait que nous n'ayons acquis que récemment le sentiment de l'estime de l'enfance ou – autre thèse sommaire – que les enfants aient longtemps vécu éloignés de leurs parents et qu'alors ils se débrouillaient plus rapidement tout seuls. Ce développement aurait pour but d'établir un parallèle avec les conséquences qu'un divorce a sur le psychisme de l'enfant. Or, comme l'indiquent les textes anciens et l'iconographie, la plupart des enfants étaient présents dans leur famille et quand ils en étaient éloignés, c'était pour raisons éducatives, de travail, de formation, et non pas pour cause de rupture du lien conjugal.

Il est certes normal que des enfants vivent difficilement l'absence de parents qui, sans être divorcés, sont éloignés d'eux; pour autant le rôle identificatoire d'adultes de ceux-là ne s'en trouve pas menacé. En cas de divorce il en va tout autrement : les enfants doivent parfois trouver d'autres modèles affectifs que leurs géniteurs sur lesquels ils ne peuvent plus compter psychologiquement.

Les conséquences sur le lien social

Le divorce en augmentation depuis quelques années est-il la préfiguration d'un changement profond qui viendrait accréditer une idée selon laquelle, étant donné l'allongement de notre espérance de vie, on pourrait développer successivement plusieurs vies amoureuses dans l'existence? Les romanciers et les poètes n'hésitent pas à exploiter ce thème en faisant rêver leurs contemporains : faut-il y voir la quête de la perfection du partenaire ou bien celle, infinie, de l'amour introuvable ? Ces deux modalités de la relation humaine, relativement différentes l'une de l'autre, faites d'illusions et de plaintes d'incomplétude, font partie du commencement de la vie affective de l'enfant. Cet archaïsme fondateur se réactive à l'adolescence et, dans le meilleur des cas, se prolonge dans la recherche des éternels commencements d'amours impossibles.

Ces rêves d'amour parcourent toute l'histoire de la littérature : ils rêvaient, Tristan et Iseult, de s'aller unir au nom du sentiment amoureux, alors que, dans la réalité politique, la raison sociale n'avait cure de leur sentiment amoureux. Et nous-mêmes de rêver à ces héros dont l'histoire finissait avec leur mort...

Aujourd'hui chacun veut être le héros d'une histoire d'amour qui soit singulière, mais souvent aussi impossible, puisque confinée à la recherche perpétuelle de mouvements premiers, tels qu'on peut les observer quand, au lieu de parler d'amour, on fait appel à la tendresse ce qui n'est pas la même chose puisque c'est l'affectivité passive que l'on désigne ainsi. Dans cette « dérive des sentiments », ce ne sont plus les héros imaginaires qui meurent mais une histoire que l'on a crue amoureuse. Chacun s'en va, blessé et affaibli dans son idéalité, en se demandant s'il pourra donner une fois de plus sa confiance à autrui.

Mais un roman, un film, une chanson, sont des œuvres imaginaires qui reflètent plus l'état de nos représentations et leur construction que les événements de la vie avec leurs possibles et leurs nécessités... C'est pourquoi il y a sans doute une illusion à se dire que les pratiques actuelles créent un nouveau modèle et à affirmer que nous allons vers une société où l'on pourra vivre plusieurs histoires d'amour successives comme on change plusieurs fois de profession dans sa vie !

Pour autant l'institution du mariage n'est pas totalement remise en question. A travers elle s'exprime l'inquiétude de voir le sentiment limité, mais tout autant le désir de vivre dans la durée et non dans la précarité. L'enfant, qui précède souvent l'officialisation de l'union, donne une dimension sociale à la relation amoureuse qui devient dès lors conjugale ; il est le garant que l'avenir est possible. Et le voilà qui annonce de plus en plus souvent dans de nombreux faire-part le mariage de ses parents. Les enfants qui « marient leurs parents » légitiment en même temps leur union et il n'est pas rare d'entendre des adultes déclarer : « Je veux que notre fils soit en âge de comprendre que son papa et sa maman s'aiment. Il nous passera l'alliance au doigt. »

Lourde tâche qui pèse ainsi sur les épaules des enfants et indique combien les adultes cherchent plus la référence de leur affectivité dans les prémices de son début que dans l'achèvement de sa maturité. Le fait que l'enfant soit celui qui valide la relation amoureuse n'est pas un progrès ; c'est même une régression, même si, d'un point de vue psychologique, les couples qui mettent ainsi leur enfant en avant affirment que la procréation donne une dimension sociale à leur vie conjugale. Tout se passe donc comme si l'enfant devenu lien social entre eux et les autres donnait enfin une existence légale à leur couple...

CHAPITRE 5

L'HOMOSEXUALITÉ

La société française qui est devenue relativement permissive à l'égard des homosexuels ne reconnaît pas pour autant l'homosexualité comme un modèle social. Reste qu'un glissement se produit actuellement, qui veut qu'au-delà du respect de la personne des homosexuels on en vienne à donner un statut légal à ce choix sexuel. Cette confusion est symptomatique du processus de rupture et de déliaison dans laquelle la société se laisse emporter au cœur même de la sexualité. Il faut reconnaître que, sans bien évidemment jeter le discrédit sur ceux qui vivent leur homosexualité, les motifs qui consistent à la reconnaître socialement méritent d'être analysés.

Autrement dit, la « tolérance » à l'égard de l'homosexualité est une des traductions de notre société dépressive dont on voit les représentations sexuelles se morceler comme si la pulsion sexuelle ne devait plus rechercher l'unité mais l'éparpillement. Le revers d'une telle conception est qu'elle traite la pulsion sexuelle en « force indépendante » et qu'elle « omet » l'existence des deux sexes. Si l'individualisme contemporain entraîne jusqu'à cette négation, c'est au nom de la seule référence au plaisir, recherché comme un but alors qu'il n'est qu'une conséquence. Car, on l'a vu, le plaisir pour le plaisir est déstructurant et mortel. Réclamer la parité sociale entre l'homosexualité et l'hétérosexualité ne peut se justifier d'un point de vue psychologique et montre à quel point la société valorise les états premiers et immatures de la sexualité. Une des raisons est historique : nos sociétés éprouvent, semble-t-il, le besoin de se retrouver dans leur singularité et par rapport à leurs origines culturelles mais, la tendance étant à la déliaison dépressive, elles se perdent dans la recherche du semblable, de l'identique pour ne pas avoir à affronter la différence. Nous avons montré que cette déliaison provient du fait que nous intégrons de moins en moins la valeur de la continuité à travers la procréation. Il est clair pareillement qu'à partir du moment où l'impératif de la reproduction de l'espèce fléchit dans l'idéal social, l'homosexualité s'en trouve confortée.

Ce dont la Grèce antique a souffert et a fini par mourir politiquement, ce n'est pas d'un excès de population, mais de l'oliganthropie, c'est-à-dire du manque d'hommes et, d'autre part, l'avortement et l'abandon d'enfants, pratiques admises par les mœurs et par les lois, permettaient de restreindre facilement l'effectif de la population. (R. Flacelière)

Il est évident que la sexualité humaine accède d'autant plus difficilement à une dimension sociale qu'elle s'opère dans un contexte qui dévalorise la procréation et encourage les demandes de reconnaissance sociale de l'homosexualité. Or le modèle homosexuel est asocial, quelles qu'en soient ses raisons, puisqu'il n'intègre pas la dimension de l'autre, ni la procréation.

Précisons d'emblée que le terme d'homosexualité est souvent utilisé pour désigner abusivement des situations affectivo-sexuelles complexes qui ne relèvent pas toutes de cette appellation générique. C'est pourquoi il convient de rappeler les distinctions suivantes afin d'éviter des confusions.

— L'homosexualité : c'est l'attrait sexuel pour un partenaire de même sexe que soi.

— La pédérastie : c'est l'attrait sexuel d'un individu formé pour des enfants, sous une forme hétéro ou homosexuelle.

— Le travestisme : c'est le besoin de s'habiller comme

l'autre sexe sans pour autant renoncer à la configuration de son sexe biologique.

– Le transsexualisme : c'est le besoin de changer de sexe et de mode de vie. Certains vont jusqu'à demander une intervention chirurgicale pour modifier uniquement leur apparence corporelle, mais un homme ne devient jamais une femme pas plus qu'une femme ne devient un homme à la suite d'une telle opération. Il s'agit surtout de mettre en place des artifices.

– L'hermaphrodisme : c'est un accident rare de l'embryogenèse qui fait que l'enfant naît avec les deux sexes, soit avec l'un des deux qui domine l'autre, soit en ayant l'un et l'autre insuffisamment développés. L'intervention chirurgicale est possible quand on peut donner toute sa place à l'un des sexes aux dépens de l'autre qui est simplement préformé.

L'homosexualité est un fait minoritaire

Il convient, dans un premier temps, de rappeler cette évidence : l'homosexualité n'est pas un fait majoritaire. Si elle semble plus manifeste et plus admise actuellement par la société, elle ne représente pas pour autant une part déterminante de la population : il serait plus juste de dire que la plupart des gens l'acceptent pour les autres, alors qu'elle ne correspond pas du tout à un désir pour eux-mêmes. Cette attitude relève plus de l'indifférence dans laquelle les individus vivent que de la tolérance ou d'une position vraiment réfléchie quant aux enjeux d'un modèle homosexuel.

Si l'on tient compte de quelques sondages (pour autant qu'ils soient valables en matière de mœurs, ce qui est loin d'être évident et scientifique, les chiffres ne donnant jamais plus qu'une représentation partielle de ce que les sondés disent d'une réalité : encore faut-il savoir comment cette réalité est réellement vécue, ce que le sondage ne peut pas dire!), la pratique homosexuelle est un fait très marginal. Des enquêtes réalisées depuis 1970, auprès de personnes de classes d'âges différentes qui reconnaissent

avoir vécu des expériences homosexuelles, donnent des chiffres très variables.
- IFOP/Simon, 1970, 20/29 ans = 6 %.
- IFOP/*Le Nouvel Observateur,* 1986 : 18/24 ans = 5 %, 25/34 ans = 6 %.
- *L'Etudiant,* 1987, 18/25 ans = 8 %.
- IFOP/*Le Nouvel Observateur,* 1988, 18/24 ans = 5 %, 25/34 ans = 6 %.
- INSERM, 1991, 18/69 ans = 4,1 % des hommes et 2,6 % des femmes.
- *Science et vie junior/L'Evénement du jeudi,* juillet/ août 1992, 13/18 ans :
  • « L'homosexualité est-elle anormale ? »
  Oui : 57 % des garçons et 33 % des filles.
  • « L'avez-vous déjà pratiquée ? »
  Oui : 0,2 % des garçons et 0,2 % des filles.

Une enquête statistique au sujet de la sexualité et de l'homosexualité en particulier se révèle difficile, ce que confirment les écarts de chiffres des premières enquêtes. Les réponses sont-elles surestimées ou sous-estimées ? Seules l'expérience clinique et l'analyse du vécu au cours d'entretiens non directifs avec des praticiens pourraient le dire. Mais nous pouvons déjà faire plusieurs constats.

De nombreuses personnes (et des jeunes en particulier) confondent souvent des tendances qui ont pu marquer leur développement psychologique avec des relations homosexuelles qui ne se sont jamais réalisées. Il est fréquent de recevoir des patients qui se plaignent d'avoir des « tendances » qu'ils ne vivent pas mais qu'ils aimeraient voir évoluer vers l'hétérosexualité. Ne sachant pas comment interpréter ce qui se passe en eux, ils sont dans le doute et s'inquiètent afin de savoir s'ils ne sont pas homosexuels.

Les premières enquêtes donnent des chiffres plus élevés qui diminuent progressivement jusque dans les années 90 et, si l'on s'en tient aux données de 4 à 5 % de personnes interrogées déclarant avoir vécu des expériences homosexuelles, cette tendance, à l'évidence, était et reste toujours un fait très minoritaire. Autrement dit, ce n'est pas parce que les homosexuels font davantage parler d'eux, qu'ils sont en augmentation importante dans la population. Au fait dominant qui rassemble habituellement les gens, les médias (par souci de leur audimat?) préfèrent évoquer les situations marginales, provocantes, insolites, tel le curieux mariage de deux homosexuels dans une secte religieuse qui ne rassemble d'ailleurs que ce type de population « au nom du respect des minorités sexuelles »... D'aucuns croiront y découvrir une pratique courante alors qu'il s'agit d'un cas isolé et peu significatif. Les couples hétérosexuels sont bien entendu plus nombreux à se marier, mais de ceux-là on ne parle guère, et c'est ainsi que se forgent des représentations collectives qui ne correspondent ni au vécu ni aux idéaux de progrès d'une société.

Pour en revenir à ces sondages, précisons que les écarts dans les réponses ne sont pas le reflet de la difficulté de certains à se déclarer homosexuels car la tolérance à leur égard est sans doute actuellement plus grande que dans un passé récent. De nombreux homosexuels en peine de reconnaissance s'imaginent souvent que l'homosexualité est en progression et sont déçus lorsqu'ils constatent le contraire à l'issue des enquêtes menées à ce sujet ainsi que le désintérêt des jeunes pour la question quand, au nom de leur association, ils interviennent en milieu scolaire. Nous ne sommes plus dans la mouvance de la comédie musicale *Hair* des années 70 ou du film *Théorème* de Pasolini!

Cependant, il n'est pas pertinent d'affirmer que « plus l'homosexualité est acceptée par les Français, moins les Français semblent la pratiquer ». La population accepte-t-elle l'homosexualité comme un modèle social ou reste-t-elle indifférente à ceux qui en vivent au nom de l'individualisme? Des Français en nombre plus important ont-ils eu des expériences pouvant être étiquetées d'homosexuelles? On ne peut pas répondre positivement à ces questions mais la psychologie homosexuelle développe souvent un esprit prosélyte et souhaite secrètement que chacun révèle à lui-même, et aux autres, son homosexualité hypothétique. C'est ainsi que l'homosexuel projette sur les autres son propre désir en les considérant à l'image de son narcissisme.

L'impression qu'il y a davantage de personnes se

reconnaissant dans l'homosexualité provient du fait que, dès les années 70, l'homosexualité était plus utilisée pour s'affranchir d'un conformisme social, développer une sensibilité et exprimer sa liberté que pour revendiquer un choix exclusif. Elle jouait alors un rôle symptomatique car, aujourd'hui, dans notre monde technologique, policé et médiatiquement encadré, la sexualité comme la religion sont les seuls espaces qui restent à l'individu pour exprimer sa liberté sur le plan privé (sexe) et social (convivialité religieuse). Le législateur et les politiques ne comprennent pas cet état de fait qui conforte une désaffection pour la chose et la responsabilité civiques : ils croient y voir un changement de mœurs et passent ainsi à côté des vrais problèmes en promulguant de nouvelles lois qui accentuent les cassures sociales.

L'homosexualité ne correspond plus de nos jours à une volonté de marquer une différence et la chute des chiffres que nous avons constatée dans les sondages (surtout chez les jeunes de 13/18 ans) souligne ce net rejet de l'expérience et du modèle qu'elle représente. En effet, les entretiens avec des adolescents, qu'ils soient de groupe ou individuels, indiquent des changements notables par rapport à cette période où l'on affirmait que « toutes les expériences sont bonnes à faire ». Il apparaît à présent que les relations homosexuelles sont plus redoutées que recherchées, car elles évoquent la castration, c'est-à-dire l'incapacité d'accéder à l'autre sexe. Il y a quinze à vingt ans les adolescents évoquaient plus ou moins aisément l'hypothèse pour eux de vivre une relation homosexuelle ; aujourd'hui, la réponse s'est modifiée, et si l'expérience est tolérée pour ceux qui veulent la vivre, la question ne doit surtout pas se poser pour soi-même. Une telle démarche chez les adolescents serait vécue comme le reflet d'une incertitude intérieure mais aussi d'un trouble dans la perception des identités sexuelles, et ils ne sont pas disposés à ajouter de la confusion de désir à la confusion des sexes...

En fait, les jeunes générations ne sont pas psychologiquement assez fortes, ni suffisamment délimitées dans leur personnalité pour se risquer dans un essai homosexuel. Reste que, aujourd'hui, la situation psychique de nombreuses personnalités demeure en deçà d'une interrogation sur elles-mêmes et sur leur identité sexuelle. Si la configuration anatomique suffit pour se reconnaître homme ou femme, pour autant, on ne peut faire l'économie de tout ce qui est de l'ordre du désir, et qui implique qu'on tienne un débat intérieur pour acquérir sa masculinité ou sa féminité psychique et dépasser l'ambiguïté de la bisexualité psychique. Nombreux sont ceux qui se contentent d'en rester à ce qu'ils constatent d'eux-mêmes dans un miroir, des pieds à la tête, et s'assurent de leur physique d'homme ou de femme sans pour autant donner de réponse à leur identité sexuelle; c'est donc dans la confusion qu'ils engagent ou entretiennent des relations affectivo-sexuelles, ignorant qui ils sont et ce qu'ils cherchent. C'est ainsi que de nombreux couples vivent des difficultés de communication sous forme de reproches, suspicions, dysharmonies sexuelles, chantages, parce qu'ils vivent souvent leur hétérosexualité à travers une symbolique homosexuelle. Il en est par ailleurs qui s'interrogent sur la nature de leurs attirances vis-à-vis de personne de leur sexe, sans pour autant souffrir d'une quelconque psychopathologie. Bien des hésitations et des incertitudes pèsent ainsi sur leur désir et traduisent parfois l'ambivalence fondamentale de la sexualité humaine.

Dans ce contexte de fragilité, on comprend qu'une expérience homosexuelle puisse représenter pour certains un tel choc qu'ils se fracturent psychiquement dans une sorte d'accident à caractère psychotique. Dans cette brisure naît un espace où le rapport temps/réel est flou et source de pensées délirantes. Il ne s'agit pas d'un état chronique, ou aigu comme chez le schizophrène, mais de pensées et de conduites qui demeurent évanescentes sans aucune efficacité et sans que le sujet ait toujours la capacité de contrôler ses affects et ses relations avec le monde extérieur : il ne sait plus très bien qui il est.

Mentionnons enfin que, particulièrement dans le domaine de l'homosexualité, des effets de mode – par définition éphémères – sont tenus pour des tendances durables ayant force de structure, en fonction desquelles les psychologies et une culture s'organisent : c'est le prétexte à toute une gamme de représentations allant de l'androgynie à l'homosexualité. L'androgyne, on le sait, s'imagine avoir en lui les deux sexes, vœu mythique, qui remonte à la nuit des temps, dans lequel on se veut l'un et l'autre à la fois. Vouloir en faire l'emblème de l'histoire contemporaine relève de la supercherie intellectuelle ! Si la mode unisexe a dominé dans les années 60/70 et celle de l'androgynie jusqu'au début des années 80, l'une comme l'autre ne représentent certainement pas une tendance de fond ; il s'agit bien plutôt de fabriquer des montages d'idées très séduisantes qui ne rendent pas compte des réalités...

Homosexualité et bisexualité psychique

Le problème de fond est en fait celui du traitement de la bisexualité psychique qui a toujours existé et que chaque époque tente de résoudre à sa façon. Car l'homosexualité trouve son origine dans l'échec de l'élabora tion de la bisexualité psychique. En effet, l'organisation de la sexualité humaine repose sur les identifications de l'enfance : à la naissance, le désir sexuel reste encore à acquérir ; il va dépendre des premières sensations et se modeler sur les expériences affectives vécues par – et avec – le père et la mère. On peut dire que l'orientation sexuelle n'est pas innée. L'enfant puis l'adolescent a donc besoin de trouver auprès de ses parents du matériel psychologique masculin et féminin pour se construire et s'inscrire progressivement dans une identité sexuelle selon son sexe biologique. Nous l'avons déjà fait observer, c'est à partir du vécu sexuel de ses parents, puis de l'environnement au moment de l'adolescence, que l'enfant éveille sa propre pulsion. Il s'identifie inconsciemment à l'organisation sexuelle des adultes en leur empruntant des représentations et des attitudes à partir desquelles son imaginaire va se constituer. Le garçon comme la fille pourront aussi bien adopter, vis-à-vis de leurs parents, des attitudes hétérosexuelles qu'homosexuelles sans pour cela avoir encore les exigences érotiques des adultes. Ce n'est que vers

4/5 ans que l'enfant découvre la différence sexuelle qui est définie, chez le garçon, par l'attribut du pénis et, chez la fille, par le « port du bébé ». Tant que cette découverte n'est pas faite, l'acceptation de la réalité cède le pas à un repli sur l'imaginaire et à une conception plutôt narcissique de la relation aux êtres et aux choses. Mais comme les enfants ne savent pas préciser les termes de cette dissemblance sexuelle, ils la nomment principalement à partir de caractéristiques secondaires : la petite fille de cinq ans pense par exemple que la femme a des bébés quand elle porte un soutien-gorge et, avec le petit garçon du même âge, ils affirment que c'est en se donnant des « bisous » entre adultes que la fécondation se produit. Ils ne peuvent concevoir la dissimilitude sexuelle qu'au regard de l'expérience affective de leur corps et ils auront du mal à intégrer des informations plus conformes à la vérité anatomique et psychologique aussi longtemps qu'ils n'auront pas dépassé certains stades. De plus, l'un comme l'autre ont besoin de prendre appui et de développer une relation privilégiée avec le parent du même sexe pour affirmer leur masculinité ou leur féminité, faute de quoi ils rechercheront auprès d'un partenaire homosexué ce qui leur a manqué ou ce à quoi ils ne veulent pas renoncer de leur relation infantile à leur père ou à leur mère.

L'inconscient d'un enfant ne connaît pas la différence sexuelle tant qu'il n'a pas assimilé cette donnée du réel. Mais dès l'instant où il parvient à réaménager son complexe d'Œdipe en renonçant à un quelconque commerce amoureux avec ses parents pour se reconnaître dans la filiation (sans pour autant s'inférioriser), il devient sociable, coopératif dans ses jeux comme dans son travail scolaire : vivant ainsi son autonomie affective, il la manifeste avec une certaine fierté.

La bisexualité psychique est donc plus l'expression de l'inachèvement sexuel de l'individu à la naissance que le fait de posséder les deux sexes à la fois. Une philosophe s'est même hasardée à prétendre que nous sommes tous « féminins » puisque nés d'une femme... L'homme ne serait qu'une « femme ratée » et passerait son temps à se défaire de sa féminité pour affirmer sa virilité. La biologie pas plus que la psychologie et encore moins l'anthropologie ne peuvent accréditer cette thèse au service d'idées féministes qui voudraient démontrer qu'il n'y a pas de différence entre l'homme et la femme. Le détournement du sens de la bisexualité psychique voudrait nous obliger à croire que chacun est l'un et l'autre alors que ce débat rejoint surtout le conflit pubertaire du garçon et de la fille qui ont du mal à se différencier. La fille a tendance, à ce stade du développement, à s'identifier au garçon et cherche à mener les mêmes activités que lui car, le plus souvent, elle accepte difficilement sa féminité pour intégrer l'image de son ventre dans sa vie psychique. (Le garçon rencontre d'autres problèmes qu'il a, lui aussi, à traiter.) Elle s'habille, parle, se comporte et agit parfois comme un garçon en éprouvant une sorte d'injustice à ne pas l'être. La psychanalyste H. Deusth a eu raison de parler de « la protestation virile de la fille » qui envahit la vie du garçon et parle souvent à sa place.

Avant d'accepter leur féminité, les filles sont jalouses et s'identifient aux garçons alors que l'inverse n'existe pas. Les garçons ont surtout besoin de se retrouver entre eux pour s'assurer de leur virilité et ce n'est que sur le mode de la provocation qu'ils s'adressent aux filles à l'âge pubertaire. La confusion de la différence des sexes commence avec la non-résolution du complexe noué, entre autres, à la puberté et qui empêche d'accéder à son identité sexuelle. C'est pourquoi la question reste de savoir comment la bisexualité psychique s'articule avec la différence sexuelle dans la personnalité de chacun. Le sexe réel a parfois des difficultés à admettre la plasticité de la bisexualité psychique et l'inconscient résiste souvent à intégrer la différence des sexes. Or la bisexualité psychique c'est la capacité d'intégrer l'autre sexe et de pouvoir communiquer avec lui et non pas d'être doublement sexué. L'échec de la bisexualité psychique au service d'une androgynie de circonstance, en niant la différence des sexes, anémie la pulsion sexuelle et favorise l'homosexualité. L'unisexualité ainsi conçue ne peut qu'appauvrir la vie érotique et altérer les relations du masculin et du féminin. Dans ce mouvement de désexualisation les individus n'accèdent pas à la symbolique de chaque sexe et vivent dans l'autosuffisance de pouvoir être tout à la fois, rendant impossible les liens sociaux. Dans cette dénégation on oublie souvent que le singulier d'une identité sexuelle permet de rejoindre l'universel alors que ce n'est pas le cas en affirmant une égalité sexuelle pour ne pas avoir à se différencier : ce problème psychologique est plus souvent celui des femmes que des hommes. La bisexualité psychique permet de relativiser la différence des sexes, mais sans l'abolir, pour créer un lien avec l'autre sexe et non pas pour être comme lui. C'est justement ce lien que l'homosexuel ne parvient pas à établir du fait d'un conflit identificatoire avec le parent du même sexe. On ne naît pas hétérosexuel ou homosexuel, on le devient, comme nous l'avions déjà écrit par ailleurs. Le sentiment que notre sexualité est innée tient plus à la force des identifications primaires qu'à une quelconque détermination génétique du désir sexuel. Un individu qui serait abandonné à son seul capital biologique ne survivrait pas et ne pourrait même pas se développer sexuellement (comme on le constate d'ailleurs avec certains psychotiques qui ne parviennent pas à engager une relation aux objets de la réalité) car, sans aucun contact humain, il ne trouverait pas à emprunter tout le matériel psychologique et social dont il a besoin pour construire sa personnalité et sa relation au monde.

La neurophysiologie est l'un des paramètres qui composent l'orientation du désir sexuel, mais le fonctionnement neurologique, pas plus que celui des hormones, ne sauraient la fonder en dehors des acquis psychiques qui participent à l'organisation de la relation affective. Il est heureux que les comportements humains ne reposent pas uniquement sur la biologie : un chercheur américain de Californie, Simon le Vay [1], se disant homosexuel, a effectué une étude sur 41 cerveaux de personnes décédées du sida – dont 19 étaient des homosexuels hommes – et proposé l'hypothèse selon laquelle une partie de l'hypothalamus (le cerveau hormonal dénommé INAH 3) serait de taille inférieure chez les homosexuels (de 0 à

---

1. *Le Quotidien du médecin*, 30/08/1991 et 10/09/1991.

0,05 mm³) à celle des hétérosexuels (de 0,2 à 0,4 mm³) et pourrait donc être la cause biologique de cette orientation sexuelle. Cette étude ne suffit pas à prouver quoi que ce soit car l'homosexualité relève d'un faisceau de causes qu'il serait dangereux et erroné de vouloir réduire à la neurobiologie ou les gènes. Si tel était le cas, nous n'aurions qu'à envisager des interventions neurochirurgicales pour modifier l'orientation sexuelle, ou des tests permettant de constater chez une femme enceinte un fœtus homosexuel afin de pratiquer une thérapeutique génétique! Cette réduction ridicule du comportement humain à ses seules caractéristiques neurobiologiques fait totalement l'impasse sur l'élaboration psychique de la sexualité humaine, qui n'est pas celle de l'animal, et évacue du même coup les débats internes qui amènent le sujet à choisir une position relationnelle dans son rapport aux autres. Nous l'avons montré dans la première partie, l'individu choisit et réaménage son orientation sexuelle pendant l'enfance et l'adolescence à travers les solutions qu'il donne à ses conflits intrapsychiques. S'il n'est pas rare d'observer chez des jumeaux que l'un des deux (ou les deux à la fois) s'oriente vers l'homosexualité, ce n'est pas tant pour une raison génétique, comme l'affirme une autre étude américaine (établie à partir d'un échantillon de 170 homosexuels dont 52 % avaient un jumeau), mais surtout parce que les jumeaux, plus que d'autres, se développant dans la relation au semblable, ont du mal à se différencier psychologiquement malgré la vigilance de leurs parents. Il leur est donc plus difficile d'accéder au désir de l'autre sexe et de se dégager d'une psychologie du double et du semblable; plus délicat en somme d'assurer par eux-mêmes leur propre image et leur propre unité. Il n'est pas rare qu'ils n'y parviennent pas et recherchent perpétuellement ce qu'ils croient être leur moitié.

Le refus de la différence des sexes

Ce qui est sous-jacent à ce débat, c'est, en clair, le refus de différencier les sexes. Dans nos sociétés, en effet,

198

l'image du père s'est estompée jusque dans la loi civile et dans les pratiques courantes qui accordent une primauté de la mère sur l'enfant. Nous sommes ainsi passés de la révolte contre le père à son inexistence. Bien des mères d'ailleurs s'organisent psychologiquement pour ne pas accorder une place trop gande au père et quand celui-ci parvient à l'occuper, il le fait souvent en tenant un rôle maternel et féminin. Défini comme un « papa-poule » qui imite la mère, il se condamne à n'être rien d'autre qu'un grand frère ou un copain, ce qui n'est jamais structurant, ni pour les filles, ni pour les garçons. Nous sommes en train d'enfermer notre société dans une image mono-parentale où la mère serait censé incarner, en plus de son rôle, celui du père...

Cette mutilation de la parenté est bien la conséquence du fait qu'on nie de plus en plus qu'il y ait une différence entre les sexes. Les hommes ont toujours rencontré une grande difficulté pour accepter le fait irréductible du dimorphisme sexuel et, selon les périodes de l'histoire, ils ont essayé de traiter ou d'annuler ce fait. Actuellement, si l'on minimise la différence entre l'homme et la femme, c'est essentiellement au nom de l'argument (au demeurant indiscutable) qui veut que la femme soit un être humain à part entière avant d'être définie dans son rapport à l'homme. Il est cependant absurde de penser que « jusqu'à présent, seuls les hommes étaient considérés comme des humains ». Nous rejoignons Georges Devereux quand il écrit :

> Cette revendication permet ensuite d'envisager les traits spécifiquement masculins comme des traits génériques de l'humanité, ce qui équivaut à nier la masculinité en tant que phénomène *sui generis*. Nous sommes ramenés de cette façon au vieux sophisme que la femme ne peut être humaine qu'en étant homme [1].

Il n'est pas étonnant que la négation de l'autre sexe conduise à l'appauvrissement des relations entre les

---

1. *Op. cit.*

hommes et les femmes mais aussi à la solitude et puisse déboucher sur l'homosexualité. Certains écrivains vont jusqu'à se faire les chantres de théories pour le moins bizarres de l'abolition de la différence sexuelle en prétendant que la frontière qui sépare les deux sexes n'existe pas, puisque nous sommes l'un et l'autre. L'idée – inconsciente – que cache un tel discours, c'est que la pulsion sexuelle est une réalité asexuée qui ne dépendrait pas de l'existence de deux sexes. L'angoisse de la castration est au cœur de cette dérive dans la mesure où, en chacun, demeure la crainte d'être révélé par l'autre sexe dans sa différence radicale et d'en éprouver une inquiétante étrangeté; inquiétude qui motive diverses attitudes chez l'homme comme chez la femme allant du besoin de séduire pour s'approprier les attributs de l'autre sexe jusqu'à l'agression pour s'assurer de sa non-perte d'identité. Ainsi se résume toute une gamme de comportements sexuels que l'on retrouve dans l'érotisme contemporain, plus porté vers le voir (*cf.* l'importance prise par le voyeurisme pornographique au cinéma et à la télévision) que vers le toucher. Ce qui manifeste une inhibition sexuelle liée à la valorisation des pulsions partielles; c'est la sexualité infantile marquée par l'envie de voir et de se montrer (la nudité exhibitionniste et asexuée des plages), éventuellement de se toucher en solitaire. La sexualité s'exprime donc surtout sur le plan du regard et de l'imaginaire comme chez l'adolescent qui se prend toujours, même à travers l'autre, pour son propre objet sexuel.

La différence des sexes est plus facilement évitée ou niée quand la femme se sent incomplète au regard de l'homme et que celui-ci craint de manquer de virilité. En se comparant, ils peuvent éprouver des sentiments d'infériorité, comme en témoigne l'expérience des pubères au moment où, leur pulsion sexuelle se remaniant, elle cherche à intégrer la présence de l'autre sexe. Si ce processus n'aboutit pas, toutes les conduites réactionnelles sont possibles, qui manifestent la difficulté de trouver une juste adaptation à l'autre sexe. Dans une attitude défensive à courte vue, de nombreuses théories seront fabriquées pour rationaliser ce complexe au lieu de le comprendre. La lutte contre le racisme, par exemple, est une des traductions transitoires d'un problème sexuel dans la société, qui ne parvient pas à reconnaître et à assumer la différence entre homme et femme; il se transforme en besoin de militer pour l'abolition de toutes les différences avec ce sous-entendu inhérent à la psychologie du castré, lequel craint tout ce qui lui rappelle son infériorité imaginaire et confond à tort différence et infériorité.

Dans l'évolution psychologique habituelle de tout individu, il y a d'une part le besoin d'être conforté dans son identité sexuelle par des personnes de son propre sexe et, d'autre part, la nécessité d'être révélé à soi-même par des personnes de l'autre sexe. Cette deuxième opération semble plus difficile à réaliser puisque l'environnement ne donne pas les moyens de traiter symboliquement le complexe de castration qui permet d'accepter la séparation des sexes au lieu de rester dans l'illusion qu'on se suffit à soi même.

Pour en revenir à notre point de départ, il n'est donc pas abusif de dire que l'absence de la symbolique paternelle dans nos sociétés, conjuguée à un certain féminisme motivé principalement par le rejet de l'homme, sont des éléments favorables à la revendication sociale de l'homosexualité. Ces deux phénomènes favorisent, chez les jeunes, des troubles psychiques de la filiation (liés aux divorces, à l'instabilité affective des adultes et aux relations monoparentales) qui les empêchent souvent de disposer d'une intériorité constituée autour d'images identificatoires cohérentes et d'un *Self* leur donnant de l'assurance en eux-mêmes et de la confiance dans les relations sociales. Ce double manque incline au repli sur soi et à la recherche du semblable homosexué de façon directe dans l'homosexualité ou, de façon indirecte, dans le couple hétérosexuel en faisant jouer à son partenaire l'image parentale manquante et en adoptant dans la vie sexuelle des conduites à symbolique homosexuelle. Le modèle hystérique de la relation affective des personnages de Duras, chez lesquels se côtoient mensonge et duperie, se porte également bien dans les représentations actuelles : le public se laisse volontiers berner par cette sentimentalité illusoire et reconstruite, pour les besoins d'une relation perverse à la réalité, en feignant de croire que l'amour se rencontre dans les situations extrêmes et compliquées. Quand on se plaît ainsi à souligner les caractères morbides d'un attachement masochiste, nous sommes plutôt dans les délices de la pathologie affective. L'autre est harcelé de plaintes et de reproches dans le secret espoir d'attirer ses faveurs, alors que, le plus souvent, il y a erreur sur la personne qu'on a, à tort, mandatée pour jouer le rôle compensateur du parent manquant.

Mais, comme on l'a dit, un certain féminisme qui s'attache à nier la masculinité n'est pas non plus étranger au développement du modèle homosexuel contemporain. Sous prétexte de faire reconnaître les femmes à parité avec les hommes, il est surtout l'expression d'une relation homosexuelle qui trahit chez la femme le vœu inconscient d'être un homme et de se suffire à elle-même, au point de vouloir seule un enfant sans l'inscrire dans une histoire affective ni dans une parenté. Cette attitude correspond à la fois à l'annulation de la sexualité masculine et à la négation du père. Il n'est pas rare d'ailleurs de constater l'association de militantes féministes avec des militants homosexuels pour des causes qui consistent principalement à dénoncer des formes d'organisation sociale enracinées dans l'hétérosexualité. On milite pour que des mineurs de 15 ans puissent vivre leur homosexualité, pour que l'union homosexuelle soit reconnue par la loi, pour le droit à la parenté dans la négation des deux rôles indispensables de père et de mère, pour la contraception, pour l'avortement, etc. Dans ce genre d'association les homosexuels affirment qu'ils s'entendent bien avec les femmes et apprécient leur compagnie; c'est surtout qu'elles ne représentent pas une gêne dans leur refus de la différence sexuelle et qu'elles leur laissent la possibilité de rester entre hommes sans être en concurrence. Quant aux femmes qui identifient leurs problèmes à ceux des homosexuels, elles évitent une rencontre qui leur semble dangereuse avec des hétérosexuels, lesquels pourraient réactiver leur complexe de castration, c'est-à-dire un sentiment d'infériorité qui leur semble, à juste raison, insupportable.

Autrement dit la relation du féminisme à l'homosexualité est possible en raison d'un conflit non résolu...

La revendication féministe est de ce point de vue très symptomatique, qui masque le problème de la différence sexuelle en proclamant que les femmes peuvent en tous points vivre comme des hommes. Ce modèle social, actuellement valorisé, se heurte au constat que la majorité des femmes est capable d'apporter des réponses complémentaires et conjuguées à l'existence irréductible de l'autre sexe, qu'elle peut évoluer et résoudre à son avantage un complexe de castration, qu'entretiennent, au contraire, certaines féministes. Si les femmes ne peuvent pas vivre comme des hommes, la réciproque est aussi vraie ! Une femme Premier ministre a cru bon de dire que « les hommes ne sont pas irremplaçables, sauf dans la vie intime ». Une telle réflexion est le symptôme même du rejet de la différence sexuelle comme système de compréhension clivée sur sa propre sexualité, car ce qui est pensé est en contradiction avec ce qui est habituellement vécu. En croyant qu'il faut être ressemblant, on condamne la vie sociale à se priver de la présence enrichissante des deux sexes, lesquels ne réduisent pourtant pas leur raison d'exister au simple coït . Une telle fusion, si elle était complètement réalisée (elle l'est en partie dans la mixité des enfants et des adolescents par ailleurs jamais véritablement pensée pédagogiquement), appauvrirait les relations humaines à l'intérieur d'une société et empêcherait la mise en œuvre de la masculinité et de la féminité. Nous pouvons déjà en constater certains effets négatifs qui aboutissent à l'isolement des uns par rapport aux autres ; il n'est pas étonnant que la masturbation soit à nouveau valorisée alors qu'elle est le signe d'un attachement narcissique à son propre corps ; elle signale une incapacité à orienter sa libido sur un autre ; elle est un échec que l'on veut transformer artificiellement dans l'illusion de « se faire plaisir ». Nous entendons souvent en forme de slogan cette idée impérative : « Il faut se faire plaisir ! » Cela ne signifie rien d'autre que chacun se prend pour son propre objet, dans l'absence de toute interaction avec l'autre et sans avoir à s'inscrire dans une identité.

Ainsi donc, le flou de la symbolique paternelle, ou son ignorance, la revendication féministe, quand elle était excessive, ont eu pour conséquence d'offrir à la tendance homosexuelle une légitimité psychologique qui veut aujourd'hui s'étendre au champ social. Mais nous ne sommes pas des êtres asexués et le fait que nous soyons humains implique que nous exercions notre humanité au masculin ou au féminin. Chacun dispose d'un sexe qui renvoie à des comportements, innés ou acquis, féminins qui répondent aux masculins et réciproquement; sans femmes, il n'y aurait pas de masculinité et sans hommes, il n'y aurait pas de féminité puisqu'ils se révèlent les uns grâce aux autres. Le fait d'avoir un sexe différent et de le reconnaître a un sens : c'est à partir de cette donnée bien réelle, selon laquelle on se sait homme ou femme que chacun peut apporter des réponses significatives à son existence. Or l'inconscient ne connaît cette différence que si le conscient opère un travail d'intériorisation qui assimile cette réalité irréductible.

Homosexualité et culpabilité

Mais, une fois l'homosexualité reconnue et admise, a-t-on pour autant banni le problème de la culpabilité? Car lorsqu'un individu découvre son inclination à l'homosexualité, il est le plus souvent envahi par un double sentiment de culpabilité psychique et sociale.

La culpabilité psychique se manifeste la plupart du temps par un sentiment de souffrance et d'inquiétude face à des tendances qui s'imposent à soi, sauf chez ceux qui ont du mal à s'interroger sur eux-mêmes et à adopter une position critique. La culpabilité a d'ailleurs surtout une signification psychologique avant d'avoir un sens moral ou social; elle est en effet l'expression d'un échec, celui de ne pas savoir intégrer dans sa vie psychique la différence sexuelle et de se trouver contraint à un enfermement dans la recherche du même que soi. Pour répondre à cette angoisse inconsciente, beaucoup d'homosexuels vivent dans le multipartenariat et se donnent l'illusion de briser leur relation narcissique dans la nouveauté transitoire et partielle de rencontres éphémères. C'est ainsi que nous constatons souvent qu'une certaine mauvaise foi traverse la psychologie homosexuelle et favorise un état d'esprit de tricherie dans les relations allant de l'insouciance à l'inauthenticité des sentiments; cette absence de sens de la vérité explique la grande instabilité des relations amoureuses homosexuelles d'où la confiance est souvent bannie. Ce manque d'authenticité est encore beaucoup plus fort chez les bisexuels qui trompent volontiers la personne avec laquelle ils sont engagés, pensant, dans une relation clivée, qu'ils ne lui portent pas tort. Leur vie affective est mouvementée, complexe, continuellement soumise à l'épreuve de la souffrance. Il en résulte que, la crainte d'être délaissé devenant insupportable, l'affectivité se transforme dans l'idée qu'une relation durable et confiante à l'autre n'est pas possible.

De même, le besoin de faire la fête et de se retrouver dans des lieux typés avec des gens du même profil a vocation à juguler cette angoisse de l'incomplétude sexuelle. Bien sûr, cette angoisse n'est que le symptôme d'une position souvent dépressive des individus. En effet la découverte de tendances homosexuelles s'accompagne d'une décompensation psychique plus ou moins grave selon les individus et se caractérise comme tous les syndromes dépressifs par le repli sur soi, un sentiment de dévalorisation, la peur et la méfiance des autres, le désintérêt pour les réalités de la vie quotidienne et professionnelle, la fatigue, l'insomnie, l'instabilité des émotions et des humeurs, le besoin d'être reconnu par manque de *Self*, l'agressivité contre les institutions rendues responsables de ses maux individuels, etc.

La dépression est ici à considérer principalement comme la conséquence de la difficulté à poursuivre son élaboration psychologique affectivo-sexuelle, laquelle répète ce conflit en fonction du stade où il s'est déroulé. C'est d'ailleurs pourquoi il y a des homosexualités et non une seule... Si l'homosexualité s'organise pendant la petite enfance, avant et après le complexe d'Œdipe, elle ne débouchera pas sur les mêmes attitudes que si elle s'est constituée au moment de l'adolescence ou de l'âge adulte, ou encore si elle est une réaction chez ceux qui n'arrivent pas à rencontrer des adultes fiables. Là où elle devrait être un lieu de passage, une étape pour se trouver conforté dans sa propre identité d'homme ou de femme, l'homosexualité devient un état qui signe en réalité le revers d'un parcours inachevé et la culpabilité, consciente ou non, en est le signal d'alarme. L'expérience clinique nous apprend cependant que si des tendances homosexuelles sont refoulées sans être élaborées, elles se retournent contre le sujet et débouchent sur un caractère paranoïaque qui va du machisme à la méfiance vis-à-vis d'autrui, tel cet homme qui vérifiait tous les trajets de sa femme en relevant le compteur kilométrique de sa voiture à son départ et à son arrivée.

C'est ici le lieu de se demander selon quel processus psychique fonctionne l'homosexualité. Quand le processus de sublimation se produit, les pulsions se transforment et se sociabilisent, travail qui ne se fait pas sans de provisoires frustrations jusqu'à ce qu'une économie nouvelle se soit mise en place. L'environnement actuel ne favorise pas particulièrement cette sublimation surtout quand on privilégie l'agir immédiat des fantasmes et des pulsions comme elles se présentent. C'est ainsi qu'au nom de l'état premier de la pulsion, du vitalisme et du plaisir on liquide l'intériorité plutôt que de se concerter à l'élaborer. Or il est indispensable que la sublimation intervienne sur les pulsions partielles pour les intégrer dans la forme définitive de la génitalité :

> Les forces utilisables pour le travail culturel, écrit Freud, proviennent en grande partie de la répression de ce que l'on appelle les éléments pervers de l'excitation sexuelle. [1]

Ainsi, par la voie de la sublimation, des aspects de la pulsion sexuelle peuvent s'orienter vers des buts non sexuels. Nous montrerons comment « la pulsion homosexuelle » se métabolise dans la personnalité hétérosexuelle en devenant « la pulsion de la vie sociale » mais aussi celle de la cohésion des groupes et, dans son étude

---

1. Freud, *La Vie sexuelle*, Paris, PUF, 1969.

sur le narcissisme, Freud a initié l'idée de la trans-formation de l'activité sexuelle en une activité sublimée sur des centres d'intérêts extérieurs à soi et valorisants, après un temps de retrait de la libido sur le moi pour en permettre sa désexualisation. Il en précise davantage les modalités dans son article « Le Moi et le Ça » et indique comment l'énergie du Moi étant désexualisée et sublimée elle peut investir des objets sans intérêt sexuel. La sublimation est donc une activité narcissique qui permet au Moi d'accéder à la représentation globale de l'objet et non pas d'en rester à sa vision partielle : elle est un progrès et ne saurait se confondre, même si elle en est proche, avec des mécanismes plus névro-tiques comme l'inhibition, le refoulement, les formations réactionnelles ou l'idéalisation. Elle améliore le fonc-tionnement de la personnalité et devient source de culture dans la société.

En prétendant qu'il est préférable de choisir l'état pre-mier de la pulsion et de banaliser l'homosexualité, on se prive d'une fonction essentielle de l'appareil psychique qui est la sublimation et l'on crée les conditions de l'état dépressif des individus qui ne parviennent plus à travailler sur eux-mêmes à partir d'un nécessaire idéal. Ce refus est principalement motivé par la crainte d'affronter la frus-tration vécue par le castré comme une privation, alors qu'elle est d'abord le résultat d'un double fait : d'une part, la rencontre des réalités avec lesquelles l'inconscient doit apprendre à composer pour que la personnalité vive dans le monde extérieur et, d'autre part, la nécessité de savoir renoncer à un comportement pour accéder, en possibilités et en qualités, à un état supérieur.

Cependant le refus ou la paralysie de la sublimation ne sauraient rendre compte à elles seules de l'homosexualité ; elles expliquent surtout le phénomène actuel de la banali-sation sociale. Croire que l'avenir est à l'homosexualité participe d'une attitude qu'il est bien difficile de débattre avec des homosexuels militants qui ont de grandes diffi-cultés à porter un regard critique sur eux-mêmes à cause d'un Moi idéal devant lequel ils sont en relative admira-tion. Le narcissisme sur lequel repose l'homosexualité les rend hypersensibles à la moindre observation sur le sujet et ils restent facilement dans la crainte d'être rejetés ou dans l'attente d'être acceptés, selon un débat intrapsychique qui se résout par le rejet de l'autre sexe. L'individu engage sa relation aux autres à partir de son choix sexuel et il rejoue sur la scène sociale la même attitude et le même scénario qui l'a conduit soit vers l'hétérosexualité soit vers l'homosexualité.

Sous prétexte de dénoncer une injustice, des militants homosexuels voudraient nous faire croire que nous sommes tous des homosexuels de naissance et des hétérosexuels par accident! D'autres jouent de façon encore plus perverse avec les hétérosexuels en leur déclarant « qu'ils sont des homosexuels qui s'ignorent » et, dans une brillante manipulation (qui peut en effet réveiller la bisexualité psychique chez leurs interlocuteurs), ils s'ingénient à les convaincre et à vouloir les faire désirer de leur propre désir. Ces intrigues narcissiques de miroir, en quête d'un semblable d'ailleurs introuvable (ce qui explique une recherche incessante de partenaires toujours nouveaux), trouvent leur origine dans l'enfance et se dénouent ou se fixent lors de l'adolescence, qui, chez l'homosexuel, n'est pas close. Le vieux rêve androgyne de Platon, dans *Le Banquet*, où chaque individu est sur terre pour trouver sa moitié semblable, s'enracine dans les représentations premières de chacun. Tant qu'il y aura des hommes, ce problème se posera en extension aux phases narcissiques de l'individu car, en voulant se croire la moitié de l'autre (ce qu'il n'est évidemment pas), il se prend pour son tout. Cette relation impossible est évidemment aggravée par des échecs affectifs successifs ou des rencontres sexuelles fortuites. Seul le corps ou une partie de celui-ci importe, la pulsion sexuelle ne pouvant alors que détruire au lieu d'unir les relations; cette insatisfaction est évidemment source de frustration et de dévalorisation, d'inutilité devant le temps qui passe et l'isolement. La culpabilité, qui est un effet de l'échec, produit de façon symptomatique ces états psychiques. Plus la culpabilité inconsciente à assumer une homosexualité manifeste sera forte, et plus l'homosexuel se fera agressif à l'égard de la société et dépressif à son encontre.

Il n'est pas rare que la mauvaise qualité relationnelle des partenaires, leur instabilité et la découverte de l'hétérosexualité entraînent, chez les jeunes adultes qui vivent des expériences homosexuelles, un réaménagement psychologique qui les détourne de l'homosexualité. D'autres, en revanche, qui se sont engagés dans des relations hétérosexuelles (hommes ou femmes), peuvent percevoir à l'occasion de rencontres et d'interrogations personnelles qu'il se passe « autre chose » en eux et changer d'orientation. On assiste alors à une régression ludique et naïve pour vivre, quel que soit l'âge des partenaires, des amours d'allure juvénile. Il peut également persister chez des hétérosexuels des tendances homosexuelles qui ne sont pas agies mais qui sont plus ou moins bien élaborées dans le sport, dans la musique, dans les mouvements politiques, etc.

Le déclin que nous allons connaître avec les nouvelles générations est celui d'une homosexualité qui n'apparaîtra pas comme une façon originale de s'affirmer et de se situer affectivement. Il faut à nouveau le rappeler, la cause de ce changement n'est pas relative au sida, les raisons sont plus profondes. Nos sociétés sont fatiguées de se représenter la relation amoureuse comme une recherche éperdue allant de partenaire en partenaire, elles aspirent à une conception plus stable de cette relation. Le modèle du multipartenariat est en train de vaciller car, pour les générations actuelles, il n'a pas d'avenir. Ce constat ressort des nombreuses études et échanges que nous avons eus avec des milliers d'adolescents et de jeunes adultes. Sida ou pas, la mutation aurait été identique.

Enfin, malgré la grande hésitation des identités féminines et masculines, même si des hommes et des femmes vivent à la frontière de la bisexualité, ils n'acceptent pas de régresser dans la relation androgyne à la mode au début des années 80, ni de fuir dans l'homosexualité, mis à part quelques individus qui cherchent à se conforter. Ces derniers se posent principalement la question de savoir comment acquérir et intérioriser leur identité sexuelle; malheureusement, ils ne sont pas entendus ni compris par de nombreux praticiens (éducateurs, sexologues, etc.)

dont le seul critère d'évaluation est le plaisir, indépendamment de la problématique d'une personnalité et de son histoire. En réalité, il y a peu de relations amoureuses qui réussissent vraiment dans l'homosexualité.

Dans l'homosexualité, l'individu se préserve de la relation à l'objet par crainte d'être déçu ou de perdre l'unité de son Moi. Il est souvent en réserve de se donner et c'est pourquoi, à l'attachement global et durable à l'autre, il préfère l'objet partiel, et morcèle la pulsion sur un aspect corporel et psychique : une fois satisfait, il peut s'en libérer plus facilement. Ce mode de relation dans lequel il s'empêche d'investir réellement l'autre est dépressif, ce dernier étant perçu comme une source d'angoisse. Pour la vaincre, la solution la plus fréquente consiste à mettre en œuvre une sexualité anti-dépressive qui multiplie les expériences. C'est la conception actuelle du plaisir sexuel comme fin en soi, laquelle est en contradiction avec ce que nous connaissons de la pulsion sexuelle pour laquelle il n'est de finalité que dans la quête de l'objet. Dans ce manque de confiance, où l'on cherche à s'échapper de l'autre, la jouissance n'est qu'un leurre et laisse insatisfait...

Mais la culpabilité homosexuelle a aussi une dimension sociale. Habituellement lorsque le sujet intègre psychologiquement la différence des sexes et accède à l'hétérosexualité, l'homosexualité devient seconde et se sublime pour devenir la base de sentiments sociaux. Mais pour qu'un tel travail puisse s'accomplir, encore faut-il que la vie sociale soit suffisamment valorisante par ses idéaux, ses projets et sa continuité. Dans le cas contraire, la pulsion ne trouve pas d'objets à investir à partir desquels elle puisse devenir altruiste. La violence, qui se déploie dans les groupes de jeunes ou dans certaines formes musicales comme le rock et tous ses dérivés « hard », en est la traduction puisque l'homosexualité qui n'y est ni sublimée ni érotisée devient source d'agressivité meurtrière. En revanche l'hétérosexuel va utiliser la tendance homosexuelle désérotisée comme pulsion de vie sociale pour participer à la construction de la société. Mais dès que celle-ci s'inspire de modèles d'indifférenciation sexuelle

210

ou s'identifie à la vision amoureuse juvénile de tout ce qui est le réel, elle annonce son déclin ou sa perte dans la folie guerrière. Le nazisme, on l'a vu, était la représentation même d'une société à symbolique homosexuelle, qui était fondé sur l'identification à la mère nature dans le rejet de l'image du père. Quant au marxisme, il repose également sur un modèle identique puisqu'il fonctionne aussi sur la sélection des individus au nom de l'identification à un groupe donné. Un peu partout, des clans revendiquant leur appartenance à ces reliquats idéologiques continuent de se manifester dans une violence primaire. En somme, le XXᵉ siècle aura été marqué par un certain échec social de l'hétérosexualité aliénée par des mouvements d'idées narcissiques valorisant la ressemblance, le refus de l'histoire et la régression affective...

Homosexualité et société

Mais la culpabilité sociale de l'homosexuel, c'est aussi le fait que, ne parvenant pas à désirer un partenaire différent de soi, il puisse reprocher à la société de ne pas l'accepter. Bien sûr, il faut condamner fermement les expressions volontairement malveillantes, les discriminations et les gestes violents contre des personnes homosexuelles ; toutes ces manifestations hostiles expriment un manque de respect et sont une injure aux principes d'une société fondée sur la dignité de la personne . Cependant, dès lors qu'on accrédite l'idée que le modèle homosexuel est aussi une référence sociale, qu'il est nécessaire de l'insérer dans une législation civile pour le protéger et l'organiser, qu'on ne s'étonne pas que les réactions puissent être vives...

Des lois ont ainsi été curieusement promulguées au Danemark (26 mai 1989) permettant aux homosexuels de se marier civilement ou de bénéficier des mêmes droits que les couples hétérosexuels vivant en concubinage. Il est à noter que ce sont les pays de tradition protestante qui sont ainsi passés, dans une grande confusion intellectuelle, d'un rigorisme sexuel à une conception des plus laxistes.

211

En France, de nouvelles lois d'inégales importances ont été votées par le Parlement, d'autres abrogées, et des propositions sont faites pour donner un support légal à l'homosexualité. Pour mémoire on peut rappeler :
– 1980 : le groupe de contrôle des homosexuels est supprimé dans la police.
– 1981 : le ministère de la Santé raie l'homosexualité de la liste des maladies mentales.
– 1982 (juin) : la loi Quillot annule l'obligation par les locataires d'occuper leur appartement en « bons pères de famille ».
– 1982 (août) : la majorité sexuelle des homosexuels est alignée sur celle des hétérosexuels à 15 ans.
– 1983 : la loi corrige le code de la fonction publique. Il cesse de contraindre ses membres à une bonne moralité.
– 1984 : vote de la loi anti-raciste dans laquelle figure un amendement interdisant les discriminations fondées sur les mœurs dans le travail et la vie courante.
– 1991 : les députés suppriment dans le code pénal le délit d'atteinte homosexuelle sur un mineur de 15 ans. (Autrement dit, si un mineur de 15 à 18 ans a des pratiques sexuelles consenties avec un adulte, ses parents ne sont pas en droit de porter plainte.)
– 1992 : des pressions de groupes homosexuels sont exercées pour faire voter par le Parlement un projet de loi permettant à deux personnes de s'associer civilement en ayant les mêmes droits que des couples mariés.
Pour l'instant ce projet n'a pas été retenu et il ne serait pas sain qu'au nom du sida ou des brimades du passé la société intègre, comme pour se faire pardonner, l'homosexualité dans sa législation. La société n'a pas à la reconnaître car elle relève du comportement de chacun. Le Contrat d'union civile (CUC) est une double aberration ; d'une part, pour les hétérosexuels qui lorsqu'ils souhaitent donner une dimension sociale à leur vie conjugale ont la possibilité de se marier et, d'autre part, parce qu'il n'y a pas à vouloir régulariser civilement, par une législation spéciale, la relation stable entre deux homosexuel(le)s.
A légiférer trop vite on se refuse à analyser la significa-

tion des comportements homosexuels qui se sont imposés depuis vingt ans; cette réaction n'est pas nouvelle dans l'histoire mais comme on ne sait pas, ou on ne veut pas, situer ce fait, on pense, à tort, qu'il est compatible avec la structure hétérosexuelle de la société. C'est en voulant être à égalité avec l'hétérosexualité que l'homosexualité représente plus un problème social qu'une heureuse évolution au cœur de la civilisation. En l'espace de dix ans la législation a donc été modifiée pour établir une parité entre homosexualité et hétérosexualité. Soyons très clair ici : il ne s'agit en aucun cas d'une question de morale au nom de laquelle il serait indispensable de protéger les enfants et les adolescents de l'homosexualité, mais d'un problème de structure sociale qui repose sur la différence des sexes et leur association pour le développement de la société. Est-il besoin de rappeler, pour rassurer ceux qui se servent trop souvent de la morale comme d'un étendard, que ce n'est pas simplement en rencontrant dans la vie quotidienne des homosexuels qu'un individu s'oriente dans ce choix? En revanche, l'attitude et le discours homosexuels peuvent avoir des effets négatifs dans le domaine de l'éducation lorsqu'ils privilégient, pour fonder une conception du monde, les déterminants narcissiques de la psychologie humaine. Le modèle homosexuel n'ouvrant à aucune altérité, il ne peut être retenu comme un idéal social. C'est pourquoi il est indispensable de faire une distinction majeure entre la situation individuelle d'une personne (qui peut faire le choix de l'homosexualité et tenter de s'interroger sur elle-même) et le fonctionnement hétérosexuel de la société qui organise la sociabilité principalement autour de la conjugalité (mariage) et de la famille (code). Répétons-le, le comportement homosexuel n'a pas à appeler une législation spéciale d'autant que, en France, l'individu est maintenant protégé dans ses droits et ses devoirs de citoyen (même si des restrictions que l'on peut comprendre existent dans la pratique de certains métiers).

L'argument souvent utilisé, pour justifier socialement l'homosexualité, est de prendre pour exemple la société grecque ou romaine; mais ni l'une ni l'autre n'étaient homosexuelles et leur pratique d'une certaine homosexualité ne relevait pas d'un choix exclusif car elle coexistait avec l'amour de l'autre sexe. D'ailleurs dans *La République*, Platon, théoricien d'une promiscuité impersonnelle, critique sévèrement l'amour entre deux adultes de même sexe au nom de la loi de la reproduction qui est la condition même de la survie de la société.

La Grèce était pédéraste et non pas homosexuelle et la relation entre le jeune adolescent et son pédagogue jouait pour l'enfant un rôle d'initiation et de formation morale et politique avant son entrée dans la vie active. En outre, les abus étaient dénoncés quand les pratiques ne correspondaient plus aux critères de l'éducation. La société grecque n'était pas homosexuelle, si elle valorisait l'expérience sexuelle en tant que telle, c'est parce qu'elle jouait un rôle pour assurer le *Self* de l'individu. Seule une minorité d'adultes vivaient en couple [1], comme l'élite de l'armée thébaine d'Epaminondas, la « Bande sacrée », composée de cinquante couples homosexuels (Plutarque). En fait l'homosexualité grecque était réactionnelle et correspondait au besoin de rester dans une sexualité indifférenciée telle qu'on peut l'observer au moment de la puberté.

Rome avait une conception toute différente de la relation homosexuée. Le jeune Romain était élevé avec l'idée qu'il serait un conquérant, il devait apprendre à soumettre non seulement des femmes, mais aussi des hommes à condition qu'ils ne fussent pas romains ; ce qui explique que le partenaire était non pas un garçon libre, mais un esclave ou un ennemi prisonnier.

Ces comportements rapidement évoqués étaient cependant loin d'être majoritaires en Grèce et à Rome, et il serait hâtif de conclure que nous étions en présence de sociétés bisexuées alors qu'elles restaient hétérosexuelles dans leur organisation. Aucune législation n'insérait l'homosexualité dans le droit, elle demeurait un comportement qui dépendait de chacun. Cependant si l'opposition entre les sexualités hétérosexuelle et homosexuelle existait, un autre type de représentation s'imposait et se défi-

---

1. Georges Devereux, *De l'angoisse à la méthode*, Flammarion, 1980.

nissait en termes d'activité-passivité : l'activité caractérisait l'homme adulte, la passivité les femmes et les jeunes garçons. Quant à l'homosexualité féminine, elle jouait également un rôle par rapport à l'absence des hommes ou au besoin de s'affranchir d'eux. En effet, si la pédérastie masculine a pris une certaine importance dans ces sociétés, c'est sans doute à cause de l'absence dans la vie familiale des enfants des hommes et des pères, retenus qu'ils étaient pour la plupart d'entre eux, par la vie militaire ou la vie de marchands qui les amenait à se déplacer fréquemment. On observe d'ailleurs une prévalence pour l'homosexualité quand l'image du père est floue ou inexistante et qu'une attitude féministe tente de réduire la présence masculine.

L'homosexualité et la culture

Il ne peut pas y avoir de développement social ni culturel à partir du modèle homosexuel. D'ailleurs banaliser l'homosexualité, c'est risquer potentiellement de nous priver de toute une production culturelle témoignant du travail intérieur qui s'opère chez un artiste quand il essaie de sublimer ses tendances, travail qui, à ce moment, est créateur puisqu'il se trouve opposé à l'hétérosexualité. Telle est l'interrogation de Dominique Fernandez qui dans son essai [1] trouve (trop facilement pour qu'on puisse le suivre) la marque permanente de l'homosexualité dans les chefs-d'œuvre de la littérature. S'il est difficile d'admettre sa thèse : « la nature est homosexuelle, la culture organise la survie de la société », à l'inverse, il faut reconnaître que la tendance homosexuelle doit trouver un destin dans la vie psychique et dans la vie sociale. Il n'est donc pas étonnant que la littérature comme la peinture, le théâtre et le cinéma soient par excellence des lieux pour en trouver les signes; de là à conclure que l'auteur est délibérément homosexuel... Mais quand, dans son refus de la sublimation, Dominique Fernandez affirme que, s'il fallait choisir entre le plafond de la Sixtine et un des garçons nus que

----
1. Dominique Fernandez, *Le Rapt de Ganymède*, Grasset, 1989.

Michel-Ange y a représentés, il ne désavouerait pas celui qui choisirait le garçon, il révèle un défaut d'élaboration interne propice à un développement psychopathologique. En effet, sous prétexte de ne pas être prisonnier des névroses de jadis (dont certaines œuvres d'art seraient le symptôme), il suggère de banaliser l'homosexualité :

C'est de toute façon se procurer à un prix exorbitant la jouissance de quelques chefs-d'œuvre que la payer par la souffrance et l'écrasement de millions d'individus dont la littérature et l'art sont le dernier souci.

Le problème posé en ces termes relève plus d'une complaisance avec la mode actuelle (la pulsion se délie) que de la nécessité de se heurter socialement à l'idéal représenté par l'hétérosexualité. Et c'est parce qu'ils se confrontent à la réalité sociale de cet idéal que des auteurs et des artistes de talent, homosexuels ou non, peuvent produire des œuvres de génie dans la « mise en scène » des archaïsmes et des représentations dérivés de l'inconscient. « La création vit de contraintes et meurt de liberté », écrit Dominique Fernandez, pour qui la banalisation de l'homosexualité est un gage de liberté gagné pour l'amour. Mais il n'est pas certain que l'avenir soit à la banalisation de l'homosexualité en tant que modèle de fonctionnement social.

En réalité, il n'est pas possible de construire une société avec un modèle homosexuel, ni d'organiser le droit en tenant compte de cette inclination. Le droit à l'homosexualité n'existe pas et c'est pourtant le contraire que des groupes de pression entendent imposer à une société lorsqu'ils s'efforcent de faire modifier la législation en ce sens. Il serait pervers d'identifier les homosexuels aux victimes de mauvais traitements liés à la race, au sexe, à l'âge, à des handicaps, à la religion et qui sont régulés par la charte des Droits de l'homme. Les droits et les devoirs de chacun relèvent de la dignité de sa personne et non pas d'une orientation sexuelle particulière. Quant aux sociétés qui légifèrent dans un sens favorable à l'homosexualité, au-delà des droits civils classiques et du respect dû à chaque personne, elles témoignent d'une profonde immaturité, la loi venant ratifier par voie de conséquence un mode de vie en le légitimant socialement, même si l'intention de départ ne visait qu'à protéger les personnes en question.

De ce point de vue, de très nombreuses modifications sont intervenues dans le domaine pénal, médical et religieux pour considérer autrement la personne de l'homosexuel dans son individualité. L'Eglise en 1975 dans sa *Déclaration sur certaines questions d'éthique sexuelle* a rappelé que la condition homosexuelle « n'est pas en elle-même un péché », mais que ce sont les actes et les comportements qui ne sont pas acceptables.

L'homosexualité a également été dépénalisée dans la mesure où, et c'est le cas pour l'hétérosexualité, elle ne trouble pas la moralité publique. Cependant il est à regretter que des lois la situent à égalité avec l'hétérosexualité et tolèrent, par exemple, sa pratique chez un mineur de 15 ans – fût-ce avec un adulte –, sans que les parents puissent intervenir. C'est méconnaître les hésitations sexuelles de la puberté de l'individu qui, sous l'influence d'une relation affective avec un aîné, peut être entraîné par des expériences successives à accepter des pratiques dans lesquelles il ne se serait pas engagé en dehors de cette emprise. Nous savons par ailleurs que l'évolution de la vie sexuelle a tendance à s'arrêter aux premiers plaisirs éprouvés et qu'en les répétant l'individu s'empêche de progresser et d'accéder à des formes d'élaboration supérieures. C'est ainsi que la plupart des expériences sexuelles (abus pendant l'enfance, viol, jeux sexuels enfantins ou adolescents, séduction de l'adulte, fixation à des pulsions partielles, voyeurisme exhibitionnisme, masturbation, prostitution, homosexualité) restent en mémoire et se réactualisent dans des comportements ou dans des troubles psychiques qui nécessitent, comme l'expérience clinique le prouve, le recours à la psychothérapie, car toutes ces expériences sont plus ou moins bien assumées à partir d'idées et de systèmes d'interprétation erronés. Le plaisir sexuel humain représente un ensemble très complexe de réalités psychologiques, physiques, biologiques, morales et sociales qui cherchent à se répéter lorsque la gratification est assurée, mais se limitent d'elles-mêmes quand la situation devient dangereuse. La crainte de la loi est le premier signe de sagesse, qui contribue à éduquer l'esprit critique du sujet à l'égard de ses propres comportements. Des parents en bonne santé psychique, responsables de l'éducation de leurs enfants, ne resteront pas passifs en apprenant que leur fille de 16 ans, consentante ou pas, a eu une expérience sexuelle avec sa professeur de philosophie de 40 ans. C'est en ce sens qu'on peut dire qu'en légitimant par la loi la possibilité de la perversion sexuelle, on a introduit l'homosexualité dans des psychologies encore sexuellement indifférenciées... La permissivité homosexuelle est donc plus le résultat d'une action de persuasion que d'une réflexion concertée sur ce que l'on sait et sur ce qui est socialement nécessaire.

On sait que, en 1973, l'homosexualité a été rayée de la liste des maladies mentales par l'association des psychiatres américains à la suite d'un vote du conseil d'administration, confirmé de façon houleuse l'année suivante lors d'une assemblée générale. Sur 10 000 bulletins, 5 816 confirmèrent cette option et 3 817 exprimèrent un refus alors que 367 s'abstenaient. Pour la première fois dans l'histoire une décision concernant une question scientifique était tranchée par un simple vote, ce qui provoqua de vives réactions dans l'association et la promesse à l'avenir de ne plus jamais traiter de questions psychiatriques de façon aussi peu méthodique. Il n'est pas conforme à l'esprit scientifique de régler par un vote une question théorique et pratique si cruciale. Pourtant la décision n'a pas été remise en question face aux pressions des lobbies. Le conseil d'administration et les membres de cette association avaient dû subir le siège des associations homosexuelles qui cherchaient à les persuader par des conférences, des circulaires et diverses publications de ne plus considérer l'homosexualité comme « un désordre mental » et surtout de tenir compte de leur point de vue. A la suite de ce coup de force, et toujours sous l'influence très active des associations homosexuelles, un certain nombre de ministres de la Santé, dont celui de la France (1981), ont rayé l'homosexualité des listes des maladies mentales. Ces modifications qui se sont effectuées (dès 1968), grâce à des luttes de pouvoir et non pas en fonction d'analyses et de réflexion, prouvent combien est indéniable l'influence d'une minorité homosexuelle qui handicape sérieusement toute réflexion scientifique.

Le débat n'est pas clos pour autant car l'hétérosexualité représente l'achèvement classique du développement sexuel et même si on a raison de ne pas penser uniquement l'homosexualité en termes de délinquance, de maladie psychiatrique ou de péché, il n'en reste pas moins vrai qu'il convient de situer son organisation psychologique. Ce dont de nombreux homosexuels souffrent, ce n'est pas tant d'une éventuelle désapprobation sociale, mais d'une histoire et de problèmes personnels. Ceux qui ont recours à la psychothérapie découvrent le rôle qu'ont pu jouer leur père et leur mère dans la façon dont ils les ont vécus et les représentations à partir desquelles certains stades du développement sexuel n'ont pu être dépassés. Mais comme ce type d'interrogation est insupportable à beaucoup, ils déplacent leur propre conflit psychique vers la société préférant se dire qu'ils n'ont pas de problèmes et que c'est la société qui en développe à leur égard!

La société dépressive n'est pas étrangère à la prévalence sociale de l'homosexualité; l'immaturité qu'elle favorise et l'individualisme exacerbé qu'elle cultive induisent les individus à déconsidérer le sens du lien social et à ne plus savoir ce qui fait « loi » dans la vie humaine. La vertu de l'indifférence est bien la tolérance : tolérance à demeurer dans la confusion, puisqu'on ne sait pas faire les différences qui s'imposent et, en particulier, dans le domaine de la sexualité dont on réduit la dimension sociale à la seule expérience individuelle. Or ce qui est apparemment satisfaisant pour un individu n'est pas nécessairement bénéfique et admissible socialement. Une société inscrivant curieusement dans sa législation l'homosexualité, au-delà des droits civiques reconnus pour chaque citoyen, même si elle le fait par des procédés pervers qui ne s'affichent pas, révèle qu'elle se veut sans avenir, qu'à l'instar du dépressif elle ne sait plus faire de projets et n'a plus confiance en elle-même. Autrement dit, elle se condamne en s'engageant dans un processus de mort et les citoyens sont invités à vivre sur leur capital en puisant dans le passé infantile pour vivre le présent au lieu de l'élaborer en vue de l'avenir. Une société qui pense que l'homosexualité peut être un modèle social et l'inscrit dans le droit se ferme à son devenir. Pis, l'homosexualité conçue en ce sens est la négation même de la société qui a vocation à rester ouverte à la différence (l'hétérosexualité) et au développement : c'est à ces conditions qu'elle peut mobiliser différemment la tendance homosexuelle des individus, la transformer et la sublimer, en faire un lieu de cohésion sociale. Ce travail n'est certainement pas suffisant pour changer une orientation sexuelle individuelle, mais il a le mérite de faire entendre sur quelles structures et sur quelles valeurs une société est fondée.

CHAPITRE 6

LA TOXICOMANIE

La consommation de drogues a toujours existé, et cela dans toutes les sociétés. On a pu les utiliser à des fins bien précises, lors des rites d'initiation des jeunes, pour faciliter la prière, pour assurer à l'occasion de fêtes une cohésion renouvelée du groupe ou enfin pour préparer les luttes guerrières. De nos jours l'utilisation de drogues, outre différentes significations sur lesquelles nous reviendrons, est souvent l'objet d'une certaine curiosité chez des jeunes qui veulent « voir ce que ça fait ». L'escalade peut débuter de façon anodine et enclencher un fonctionnement psychologique allant de la régression psychologique à la désocialisation pour cause de dépendance.

La toxicomanie est une maladie : elle naît de la curiosité ou d'un état dépressif, et entraîne des inhibitions et une neutralisation progressive des fonctions essentielles de la vie psychique. Ainsi rencontre-t-on souvent chez des toxicomanes une certaine passivité sociale mais aussi une agressivité très active contre soi et les autres. C'est pourquoi, dans les cas extrêmes, la toxicomanie débouche sur la marginalisation, l'absentéisme scolaire ou professionnel et dans la délinquance. Le toxicomane doute de lui et des autres et, dans cette absence de confiance, il n'ose pas s'interroger sur lui-même, il se méfie de ceux qui lui conseillent de se faire soigner. Il a souvent peur de ce qui se passe en lui sans savoir nommer ce qu'il ressent et s'en tient à la confusion de relations fusionnelles et primitives pour lesquelles il n'est pas besoin de passer par le langage parlé. Certes, cet état de fait n'est pas volontaire, mais ressort précisément à la régression causée par la drogue. La toxicomanie est donc une pathologie, et qu'il faut traiter en tenant compte de la profonde angoisse qu'elle révèle, ou qu'elle provoque et entretient : c'est toujours un individu particulier que l'on soigne. La société est certes loin d'être étrangère à ce mal puisque au lieu de favoriser la construction des individus, les modèles qu'elle offre induisent à la dispersion et à la pratique de conduites additives qui valorisent l'état premier et évanescent des pulsions. Mais il ne faut pas être exagérément déterministe ; reconnaissons que les véritables raisons de la toxicomanie se jouent à l'intérieur de chaque personnalité et qu'il arrive que celle-ci soit prédisposée psychologiquement à se laisser entraîner par la magie des produits. Si les produits deviennent de plus en plus accessibles, si l'absence d'idéaux ne fait que faciliter leur circulation, si, enfin, les adultes ont considérablement aggravé la banalisation de la drogue, il n'en reste pas moins vrai que la prise elle-même dépendra toujours de l'individu qui choisit seul d'entrer dans cette interaction avec le produit. C'est le toxicomane qui crée la toxicomanie et non la société, sans quoi nous serions tous drogués...

Qu'on ne se méprenne pas sur nos propos. Cela n'ôte en rien à la société les responsabilités qu'elle se doit de prendre pour combattre le fléau. Les autorités ont le devoir de faire cesser la culture des plantes qui servent à la fabrication des drogues, d'établir une législation sévère contre les trafiquants, et surtout de l'appliquer, bref, de tout mettre en œuvre pour détruire les marchés. Mais si la plupart des gouvernements souscrivent théoriquement à cette stratégie, la pratique est tout autre, faute d'une réelle volonté politique ! Une chose est de lutter contre les réseaux de production de la drogue, une autre de s'attaquer à la demande qui prend naissance dans les besoins pour le moins problématiques de l'individu. C'est de cette prédisposition qu'il sera ici question : faut-il y voir une carence quelconque ? Sans doute, mais encore devons-nous en déterminer l'origine ?

L'errance subjective

L'utilisation des « drogues » est le symptôme d'un mal profond et les distinctions entre drogues « douces » et « dures » n'ont, de ce point de vue, aucune pertinence quand on sait qu'elles supposent, l'une comme l'autre, la même attitude psychologique. Le besoin de consommer ces produits, quelle que soit la nature, d'introduire à l'intérieur de soi des substances avec l'espoir qu'elles susciteront un bien-être, correspond à un manque de ressources psychiques et morales. Fumer du hasch ou s'injecter de l'héroïne sont deux actes d'égale gravité, qui mettent en jeu les mêmes mécanismes psychiques. Répandre l'idée qu'il peut y avoir une gradation dans l'« importance » des produits fait une fois de plus l'impasse sur l'attitude psychologique qui motive le comportement du toxicomane, et en sous-estime les conséquences sur son devenir personnel. Il ne suffit pas non plus de prétendre qu'il s'agit seulement de « se faire plaisir » pour résoudre le problème (« On peut quand même bien se faire un petit plaisir de temps en temps ! »). D'ailleurs, le statut du plaisir dans le fonctionnement de l'appareil psychique ne saurait être réduit à cette conception simpliste.

A cette fausse distinction s'ajoute également la confusion avec les produits de consommation courante (café, tabac, alcool) qui, s'ils peuvent devenir néfastes, ne le sont que dans l'abus et lorsqu'ils sont eux-mêmes utilisés avec une psychologie de toxicomane.

Ce sont surtout les jeunes qui sont touchés par ce phénomène de la dépendance, et ce de façon croissante depuis l'épisode adolescentrique de 68. A l'époque, on a valorisé la drogue, dans une ambiance de sentimentalité mystique, en tant qu'elle permettait au sujet d'accomplir un voyage intérieur dans l'illusion qu'il était de possibilités nouvelles et exceptionnelles qui le rendaient plus créateur... Certains affirmaient même avec naïveté que le recours à la drogue était indispensable pour se découvrir ou créer, comme la névrose pour l'écrivain ou l'artiste de talent ! Il faut être sérieux : la drogue ne donne pas de talent à ceux qui n'en ont pas, pas plus qu'elle n'augmente les facultés intellectuelles. Bien au contraire, elle favorise l'incohérence et le délire et, la plupart du temps, elle provoque, après une période de création euphorique, l'effet inverse, c'est-à-dire l'inhibition et la déconcentration intellectuelles, le ralentissement des réflexes moteurs, sans parler d'une dépression de l'affectivité et du désir sexuel. Nous sommes loin de l'idéal de bien-être originellement recherché.

Moi est mon modèle

La toxicomanie, justifiée originellement par le désir d'une quête mystique, se révèle vite n'être qu'une tromperie délirante. L'idéal du « voyage intérieur », souvent soutenu par la pop music, a tôt fait de se résumer à un enfermement dans une attitude toute narcissique. L'individu est alors à lui-même son seul pôle d'intérêt. On en a vu qui, à ce titre, ont prôné le retour à la terre au nom de la simplicité de vie, et cela le plus souvent dans une complète négation de l'héritage parental. Ils s'inventaient une autre vie plus imaginaire que réelle, comme s'ils ne venaient de nulle part et avaient honte de leurs racines. Au fil des années ce modèle s'est amplifié au point que chacun, il fallait s'y attendre, a fait de son Moi l'idéal de sa personnalité.

Le Moi idéal, au sens où le conçoit la psychanalyse, est une étape du développement psychologique de l'enfant à travers laquelle il devient plus autonome par rapport à sa mère et trouve la confirmation de ses possibilités. Quand cette étape est dépassée, le Moi peut prendre le relais et projeter dans divers idéaux en lien avec la réalité extérieure le reliquat de ses besoins narcissiques. Si à nouveau l'individu revient au Moi idéal, c'est qu'il y a fracture dans son psychisme, pouvant éventuellement aller jusqu'à la psychose et à une relation délirante avec le réel. Il n'est d'ailleurs pas innocent que les modèles sociaux actuels soient placés sous le signe de l'éclatement, du morcellement, de la désunion, de l'impulsivité (conçue pour les besoins comme le signe d'une liberté de comportement et non comme le symptôme d'une possible régression). Il n'y a pas plus de liberté à exécuter un impératif social qu'à cultiver, à la manière de Woody Allen, la dissociation affective la plus immature qui soit. Le névrosé et le psychotique ont une liberté de choix des plus restreintes.

La névrose du héros

Un pas de plus a été accompli dans le prolongement d'un Moi idéal pris comme unique modèle, sans doute faute d'autres alternatives, en se croyant et en se voulant être « un héros », ce qui est devenu une des caractéristiques psychologiques contemporaines. De Paris-Dakar à *La Piste de ,Xapatan* en passant par *La Nuit des héros* et *Fort Boyard*, chacun veut être son héros malgré les autres et la nécessité d'apprendre pour se construire. Il suffit de voir, lors d'une séquence télévisée ou d'un film, un spécialiste de la voltige en pleine action pour vouloir se doter des mêmes capacités. Dès leurs vacances, Monsieur ou Madame devenus « héros » chercheront à en faire autant... mais à quel prix!

Croire que l'on peut se faire tout seul est une idée erronée; pourtant elle domine les esprits depuis que, dans les années 60, la relation éducative a été abandonnée au profit de la relation d'explication psychologique. Chacun est renvoyé à lui-même pour se débrouiller seul avec sa propre existence avec l'idée qu'il n'y a pas à s'appuyer sur les autres, les institutions ou les savoirs. Il y a encore quelques années, le modèle du saint et du héros, marqués par leur générosité, par leur courage et leur persévérance à s'engager au service d'une dimension qui les dépassait était une référence d'altérité très structurante auprès de laquelle les jeunes pouvaient s'identifier.

La société actuelle prive les enfants de cette identification à d'autres qu'eux-mêmes en leur faisant croire qu'ils sont leur propre héros (le succès de la littérature et les jeux dits « interactifs » ainsi que des « sitcom » à leur intention est là pour le démontrer si besoin est); enfermés dans la suffisance, ils ne peuvent pas se révéler au contact

225

de personnages et d'idées majeures qui ont façonné l'histoire humaine. Abandonner l'éducation religieuse, ne pas inciter les adolescents à lire les grands auteurs, tronquer l'histoire en la déformant au sein de programmes officiels, sont autant de carences qui atteignent le processus d'identification et désocialisent l'individu, et qui seront sources de violences et d'agressivité aussi bien contre soi que contre la société. Le chômage et les erreurs de l'habitat urbain des grandes cités, qui touchent les jeunes générations, en seront les révélateurs et non pas la cause. Ainsi les idéaux marxistes ont-ils grandement contribué à vouloir détruire les racines des sociétés en ruinant les économies et les intériorités. C'est pour cela que nombre d'enfants se tournent vers leurs grands-parents qui sont encore capables de leur transmettre des points de repères et une foi, alors que les adultes, et leurs parents en particulier, ne savent pas les aider à découvrir les réalités.

Il est difficile de grandir. Le processus habituel consiste à s'identifier à des personnes appréciées pour les qualités qu'elles possèdent et à partir desquelles l'enfant, puis l'adolescent, vont se construire. Dans le cas d'une psychologie de toxicomane, qu'il y ait ou non consommation de drogues, le processus de l'identification est neutralisé et le sujet, étant à lui-même son modèle, se tient pour un être exceptionnel qui accomplit des prouesses : organisation pour le moins illusoire qui en laisse plus d'un dans la dépression.

Cette névrose héroïque est une autre version du *Carpe diem* remis à l'honneur dans le film dit culte, *Le Cercle des poètes disparus*, qui laisse croire que chacun se fait tout seul. Ce besoin de se retrouver avec soi-même dans une relation de miroir rend inutile la présence d'autrui puisque l'individu cherche à se faire plaisir dans la solitude de son imaginaire; il est la source et la fin de son plaisir comme dans l'état inorganisé de la pulsion infantile. Or le désir, dans ce qu'il a de primaire, est hallucinatoire; les conceptions actuelles du désir humain, il faut le préciser à nouveau ici, encouragent plus la régression que la nécessaire élaboration des états premiers. La psychologie est ainsi orientée à devenir toxicomane, cet échec trouvant donc son origine à la fois dans cette conception et dans les carences d'une relation éducative.

Les angoisses du vide intérieur

Voilà pourquoi il est insuffisant de vouloir expliquer la toxicomanie à partir des ruptures que l'enfant a connues avec sa mère (sevrage, stade du miroir, complexe d'Œdipe, etc.) et qu'il regretterait par la suite car, dans ce cas, il s'agit seulement de conséquences, cultivant dans la régression, des traits de la psychologie primitive. Les mécanismes psychiques sur lesquels repose la conduite toxicomaniaque font surtout appel à des comportements anciens qui ne sont pas adaptés à l'âge et à la situation de l'individu. Ce décalage amplifié par l'utilisation de produits divers fait resurgir les angoisses primitives, en particulier celles du stade oral.

Dans la psychologie orale l'enfant introduit à l'intérieur de lui la présence de sa mère puis celle de son père : ce processus préfigure les identifications ultérieures à partir desquelles les représentations de l'enfant pourront se développer et lui permettre de travailler à l'intérieur de lui. Sinon, seul avec lui-même, il ne trouvera que le vide. Quand il commence à réaliser, lors du stade du miroir (entre six et dix-huit mois), sa séparation d'avec sa mère, il a du mal à le supporter; il s'accroche, demande, se fait plaintif et incorpore cette présence parentale avec tout ce qu'elle représente sur un mode culturel et moral. L'avidité avec laquelle l'enfant reçoit et saisit la nourriture et tous les objets de la réalité par l'intermédiaire du père et de la mère témoigne de sa frustration. Cette expérience du manque est redoutable et vécue comme une alternative de vie ou de mort; l'enfant y trouvera une parade à travers la succion de la « totoche » (ou de tout autre support familier, peluche, tissus, etc.). La mode, chez certains adolescents ou même adultes, qui fut d'exhiber ces fameuses « totoches » est le signe incontestable d'une régression; c'est le besoin de rester bébé en lieu et place d'une éventuelle accession à un état supérieur. Le traitement de la frustration est plus ou moins bien accepté par les individus : elle demande un travail sur soi, donc un effort soutenu par une relation éducative qui, dès le plus jeune âge, en souligne les conséquences gratifiantes pour l'enfant. Sans quoi il y a risque que la personnalité de l'enfant reste impulsive. Dans la psychologie orale l'individu est confronté aux risques du vide intérieur, de sa suffisance et de l'angoisse du manque. Il ne sait pas encore, à l'image du toxicomane, organiser et vivre de son désir par manque de ressources internes et se met donc en quête de relation de dépendances de toutes sortes et qui peuvent aller des relations affectives à la soumission à des produits. Cette attitude manifeste, comme nous l'avons déjà examiné, une carence de l'intériorité mais aussi de l'étayage. Une mode veut que l'on rende les enfants précocement autonomes, qu'on les laisse se débrouiller sans le concours des adultes et qu'ils s'assument ainsi plus librement. Lors d'un groupe de supervision une éducatrice de jeunes enfants fit part de sa pratique en décrivant comment elle refusait d'intervenir quand un enfant de quatre ans restait dans son coin alors que tous les autres étaient occupés : elle pensait que c'était à lui de décider de participer ou non, selon son désir. Elle n'avait pas réalisé que si, à la passivité de l'enfant qui attend qu'on s'occupe de lui, l'adulte répond par la même passivité, il n'y a pas possibilité d'interaction dynamique. C'est de cette façon qu'on produit exactement l'inverse de ce qu'on recherche. En ne communiquant pas à l'enfant le matériel psychologique sur lequel il peut s'appuyer afin d'expérimenter essais et erreurs, non seulement il n'accède pas au sens de son désir, mais en plus il s'enferre dans des conduites de dépendance.

Du manque d'étayage à la dépendance

Cette carence de l'étayage nous l'observons dans l'abandon éducatif et dans l'instabilité des familles qui se défont et se recomposent au gré des divorces et des mouvements affectifs des parents. Un jeune toxicomane de 24 ans exprimait ainsi sa difficulté à évoluer :

Je n'ai pas progressé parce que mon père – de par ce qu'il est – ne m'y invite pas. Personne ne me demande de devenir adulte. Mon père n'en est pas un et je n'ai jamais eu envie de m'identifier à lui.

Si une famille offre une image stable, cohérente, avec des repères clairs et une relation aimante, l'enfant a d'autant plus de chances de fortifier sa personnalité. Dans la cassure du divorce il ne peut plus s'appuyer sur ses parents et doit faire appel à ses propres ressources qui risquent de lui faire défaut quand il devra se mettre en œuvre affectivement et sexuellement : c'est souvent à ce moment qu'il développe des relations de dépendances. On oublie souvent que plus un enfant aura pu s'appuyer sur ses parents et sur les adultes en général, plus il sera par la suite autonome et bénéficiera d'un sentiment de sécurité et de valeurs intérieures, d'autodétermination et de constance. En revanche, plus l'enfant sera autonome précocement et plus il est probable qu'il développera des conduites de dépendance, qu'il cherchera à s'accrocher à des personnes ou à des produits, faute d'avoir pu se construire dans une relation aux autres.

Le refus d'entrer dans l'adolescence

Il faut cependant ajouter que les parents ne sont pas systématiquement responsables de la toxicomanie de leur enfant, même si parfois ils n'y sont pas étrangers et qu'ils se culpabilisent parce que leur progéniture ne cesse de leur reprocher leur attitude. La toxicomanie est aussi la conséquence du déficit que vivent des adolescents lorsqu'ils refusent de faire face aux tâches psychiques de leur âge. L'adolescence suppose d'assumer les transformations de sa vie psychique et physique, et non de s'en tenir aux modes de gratifications de l'enfance ou, inversement, de jouer précocement à l'adulte dans l'illusion d'une liberté sans limites. La névrose héroïque du toxicomane traduit ce refus de grandir fréquent à l'adolescence et rend compte en fait d'une incapacité à ajuster envies et nécessités : si l'adolescent accepte assez facilement ses envies, il lui reste à intégrer les nécessités. Pour preuve la réplique « j'ai pas envie » qui revient souvent dans sa bouche et à laquelle l'adulte doit répondre que ce n'est pas une question d'envie mais plus simplement de nécessité, que, par exemple, il y a un temps pour travailler, un autre pour se détendre, etc. Evidemment, dès lors que nombre d'éducateurs à travers certaines pédagogies apprennent aux enfants à ne rechercher finalement que leur plaisir immédiat, les données du problème sont faussées. Sans le savoir, ils creusent le lit de la psychologie toxicomaniaque qui vit avec l'idée d'un plaisir en soi artificiellement entretenu par le produit. Quand les toxicomanes acceptent la psychothérapie, il faut en premier lieu analyser, critiquer et resituer cette conception du plaisir dans laquelle ils se dissolvent.

Le retrait éducatif des adultes

La toxicomanie n'est pas apparue *ex nihilo* : si elle dépend de motivations personnelles, des idées à la mode peuvent également banaliser sa diffusion. Nous avons accéléré les conditions psychologiques de la prise de drogue en jouant la carte du plaisir, en refusant de transmettre une foi et une espérance susceptibles de nourrir l'intériorité.

Il faut aussi s'arrêter ici au développement de conceptions éducatives déduites hâtivement et sans fondement théorique de la psychanalyse. On pense à quelques écrits de Françoise Dolto qui, pour tant de bonnes intentions qu'ils renferment, sont également parsemés d'erreurs psychologiques au point qu'ils en deviennent antipédagogiques. Certains adultes en ont été marqués, qui se sont volontairement maintenus dans la passivité par crainte de mal faire, tout en souffrant personnellement d'adopter des contre-attitudes qui ne correspondaient pas à leurs options. Ce refus de l'intervention est fondé sur l'idée que l'être humain possède en lui tout ce qu'il lui faut pour se développer, alors que la formation de la personnalité ne peut se faire que dans le cadre de limites affectives, sociales, culturelles, morales et religieuses qui l'enrichissent et la confortent. En proposant cette relation à l'enfant privé de projet éducatif, on a cru que viendrait au monde une nouvelle génération d'enfants aussi libres qu'épanouis. C'est l'inverse qui s'est produit, et la drogue en est la preuve qui traduit la recherche continuelle de points de repère. L'enfant ne saurait se « faire tout seul ». C'est pourtant sur ce postulat erroné qu'est fondée l'explosion des magazines de jeunes, dans lesquels on trouve certes des conseils qui les aident à se débrouiller d'un point de vue pratique, mais qui valorisent trop systématiquement des aspects juvéniles de leur psychologie. Ce simple relais, outre qu'il n'est pas formateur, ne saurait remplacer la présence des adultes. Les jeunes qui espèrent, grâce à cette presse qui leur est spécialement destinée, établir une vraie communication sont souvent déçus : ils restent isolés avec eux-mêmes, sans l'apport d'une philosophie ou d'une morale, encore moins d'une orientation religieuse. Quant à ceux qui vont au catéchisme, il n'est pas rare de les entendre dire, à tort ou à raison, qu'ils n'y entendent pas vraiment parler de Dieu...

Comment l'enfant peut-il se fier à un adulte qui lui raconte des histoires de drogue vécues de son adolescence ou qui continue à fumer du « shit », parfois même avec ses enfants, sous prétexte que « ça fait pas de mal! »? D'autres qui découvrent que leur enfant « fume » perdent tout crédit en leur demandant seulement de ne pas passer à la « drogue dure », comme si l'une et l'autre étaient de natures fondamentalement différentes. Là où l'interdit structurant devrait fonctionner, des adultes sont incapables de l'énoncer. Très vite alors, les adolescents sentent que les adultes n'ont rien à leur proposer – ce qui ne fait que hâter leur recours à la drogue, voire au suicide. Ils souhaitent par là faire réagir les adultes, savoir jusqu'où ils peuvent aller. Si, par exemple, des parents ont donné à leur enfant de 16 ans l'autorisation de sortir en lui demandant de rentrer à une heure bien précise et que celui-ci est de retour avec deux heures de retard, il est évident qu'il faut intervenir et demander raison de cet incident. Comment, dans le cas contraire, l'enfant saura-t-il ce que parler veut dire?

L'adolescent attend clairement que ses parents réagissent; c'est même précisément pour cela qu'il les éprouve. Une fille de 15 ans, rentrant d'une soirée, raconta à ses parents que du « shit » avait été proposé par deux jeunes, mais qu'elle-même, avec quelques autres, s'était abstenue d'essayer. Comme sa mère lui faisait part de son intention de téléphoner aux divers parents pour les informer de la situation, l'adolescente manifesta son désaccord et menaça de ne plus lui faire de confidences. Avec raison sa mère tint bon, lui rappelant sa responsabilité d'adulte vis-à-vis des autres et l'impossibilité pour elle de garder une information qui mettait en jeu la responsabilité éducative d'autres parents. La jeune fille finit par acquiescer à ces arguments au point d'ailleurs que, en racontant l'histoire, elle manifestait même une certaine fierté devant le courage de sa mère, reconnaissant que celle-ci avait eu raison d'intervenir dans une situation où elle avait son mot à dire...

Le silence, la permissivité et la passivité des parents favorisent la pratique de la toxicomanie, tout autant que l'absentéisme scolaire, le vol de l'argent familial ou le versement excessif de l'argent de poche (trop souvent accordé par les parents pour pallier le manque de communication), enfin, la désocialisation progressive. Cette jeune adolescente n'a pas voulu « fumer » : ni la curiosité ni l'intérêt émotionnel ne l'ont contrainte à répondre à l'offre qui lui était faite; plus encore, elle a même été capable d'en parler avec des adultes.

Certes, il faut faire avec le rythme de vie des parents, lesquels peuvent avoir des exigences professionnelles plus ou moins contraignantes et être de ce fait relativement absents. Les enfants, qui reconnaissent volontiers les obligations auxquelles sont tenus leurs parents, ne le leur reprochent pas; ils comprennent qu'il n'est pas dans leur intention de les négliger. Et ce sont les adultes eux-mêmes qui se trouvent culpabilisés et tentent de compenser leur invisibilité par des relations hyper-affectives. On comprend pourquoi, dans ce contexte, la vie familiale occupe la tête des sondages car elle correspond à un besoin et à un espoir de trouver un mode de vie plus agréable pour tous ses membres et, en particulier, pour les jeunes qui ne peuvent pas se construire en dehors d'elle et des adultes.

Mais l'absence des adultes est déjà programmée, malgré eux, par le conditionnement socio-économique de la famille. On se croise plus qu'on ne vit ensemble, au gré des activités de chacun, et rares sont les moments de partage. Les jeunes se comportent très tôt comme s'ils ne pouvaient pas trop compter sur leurs parents. Nous ne sommes plus à l'époque du refus de la famille ni de sa mort, comme on le revendiquait il y a vingt ans pour des motifs certes psychologiques mais bien plus encore pour des raisons philosophiques selon lesquelles la famille faisait entrave à la liberté. Idéalisme naïf que cette opinion entièrement marquée par la nostalgie d'une pureté originelle à préserver de l'influence prétendument pernicieuse des adultes. Ainsi, dans *Les Mots*, Jean-Paul Sartre définissait-il de façon morbide les enfants comme des « monstres que les adultes fabriquent avec leurs regrets ». De telles opinions, reprises par les médias, finissent par faire leur chemin en provoquant des dégâts : assurément, les idées peuvent rendre malade un corps social et le déprimer.

Cette démoralisation pathogène a servi de terrain de prédilection au développement de la toxicomanie. On se souvient de cet écrivain provoquant, qui trouvait plaisir à affûter sa plume en s'attaquant systématiquement aux valeurs de la société dans des hebdomadaires satiriques, et qui, un soir, s'effondra en larmes devant les caméras d'un journal télévisé au cours duquel il devait parler des dégâts de la drogue : sa petite-fille de 18 ans venait de mourir d'une overdose. Séquence éprouvante au cours de laquelle, entre deux sanglots, il dénonçait le crime organisé du commerce de la drogue... Il avait raison mais il oubliait en même temps que les comportements des adultes, fût-ce sous le couvert de la dérision, finissent par saper dangereusement le moral de nombreux jeunes et amorcer leur escalade vers la toxicomanie. On aura beau arrêter tous les trafiquants du monde, si on continue à jouer n'importe comment avec les idées, sans vérifier leur authenticité, sans s'interroger sur les raisons subjectives qui nous amènent à les produire, sans évaluer leur contenu et leurs effets psychiques et sans mesurer sa propre implication personnelle, cela ne servira à rien! Nous le répétons ici, ce sont d'abord les fractures psychiques et morales de l'individu qui rendent possible la consommation de drogues.

La fuite à l'intérieur de soi

Pensées sadiques sur le monde, présence passive des adultes et fuite devant les difficultés de l'existence sont les trois attitudes proposées aux jeunes par leurs aînés. La toxicomanie est une modalité de fuite à l'intérieur de soi comme l'était il y a encore quelques années l'engagement dans la politique. On connaît aussi la fuite dans le travail, dans l'absence de communication, dans la maladie, dans les médicaments ou l'alcoolisme mondain. La toxicomanie est plus particulièrement la maladie de l'adolescent intimiste qui a du mal à démêler ce qui se passe en lui. Ne sachant comment communiquer, privé des mots qu'il faut pour le dire, il vit des états de conscience qu'il ne peut signifier valablement. Face à lui, les adultes sont souvent désemparés et ont tendance à dramatiser ce qui relève d'un développement psychologique classique, parce qu'ils n'ont pas conscience ou tentent d'oublier ce qu'ils ont eux-mêmes vécu quand ils étaient adolescents. C'est pour cette raison que souvent, en cas de conflit, il est nécessaire de traiter deux adolescences : celle du jeune et celle de ses parents.

L'adolescent, qui n'arrive pas à faire coïncider les modes de gratification de l'enfance et ceux auxquels il est censé accéder, doit passer du plaisir recherché pour lui-même, (plaisir obtenu grâce à l'effort de l'adulte dont il profite en partie du résultat) au plaisir qui sera la conséquence de ce qu'il aura pensé, fait et accompli par lui-même. Si ce passage est trop difficilement ressenti par l'adolescent, il va vivre sa vie à travers un sentiment d'impuissance plutôt angoissant – ce qui réveillera son angoisse de la castration, qu'il faut calmer le plus rapidement possible car c'est à ce moment que prennent naissance des conduites de compensation et de dépendance. Trouver ailleurs qu'en soi l'« énergie » nécessaire à la confiance.

Confronté aux incertitudes du monde extérieur (non seulement au chômage et à la crise économique qui frustrent dans leur dignité les individus), mais aussi et surtout à ses propres fluctuations, l'adolescent sera une proie facile pour la toxicomanie. Souvent il se jugera comme un *junkie*, c'est-à-dire un déchet : n'attendant rien, il ne lui reste qu'à se perdre en lui-même, et le produit ingéré joue clairement un rôle mortifère. D'autres fois, il laissera sa sensibilité s'exacerber à fleur de peau, et le langage comme l'enrichissement de la pensée feront une fois encore figure de parents pauvres. Il ne sera question que d'éprouver les choses et l'on préférera « je sens », « j'ai envie de dire », « je perçois » ou encore – comble du flou et de l'imprécision – « je crois que quelque part » à « je pense ». Il est vrai que « rien ne vient à l'esprit qui ne soit passé par les sens » (Aristote) mais, dans le paysage contemporain, la pensée formelle en vient à être manifestement sous-développée faute de nourriture textuelle et d'une véritable transmission culturelle, morale et religieuse. A laisser croire que n'importe quelle production est culturelle sous prétexte qu'elle est médiatique, on finit par entretenir des confusions entre une production factuelle, éphémère, et une création qui est durable et chargée d'une unité de sens.

Pathologie, curiosité et transgression

L'usage de la drogue a perdu sa motivation « mystique » des années 60, quand elle se voulait religion de l'ailleurs et voyage dans les « lointains intérieurs ». Elle est maintenant plus pragmatique et repose à la fois sur la curiosité et la transgression. Nous l'avons vu, si les jeunes ont le profil psychologique pour accueillir ses produits, cela ne veut pas dire qu'ils ont, au départ, un manque affectif à compenser. Pourtant de nombreux adultes le croient et tentent d'inventer des pédagogies très affectives qui contribuent finalement à installer le toxicomane dans la régression.

Le jeune peut commencer à se droguer, et c'est souvent le cas, pour des raisons psychopathologiques qui génèrent une dépression symptomatique d'un manque d'intérêt à la vie présente et d'une absence de signification à donner à l'avenir. Les failles du modèle adulte favorisent aussi la déstabilisation de l'adolescent qui se voit privé d'une quelconque possibilité de communication et par là-même renvoyé à son isolement. Enfin, les carences de l'imaginaire sont propices à toutes les dérives délirantes de la toxicomanie, du spiritisme et de l'ésotérisme dont le langage abscons entretient la confusion des esprits et le repli dans le magique plus que le rationnel : « éveil à la réalité de notre dimension énergétique », « ouverture à la capacité de ressentir la qualité des énergies captées », « évaluer le ressenti individuel et collectif des capacités d'identification des énergies captées ». Ce vocabulaire schizoïde, utilisé dans de nombreux groupes de thérapie relationnelle ou sexuelle, confirme le basculement des psychologies dans l'éclatement interne.

Ces trois raisons dépressives – manque d'intérêt pour la vie, négation de l'identification possible à des références et carences de l'intériorité – favorisent un morcellement psychologique des individus pouvant conduire à la drogue. Mais il arrive aussi que sa prise intervienne tout bonnement à la suite d'une proposition « conviviale », par simple curiosité et sous l'influence des autres. Dans ce contexte, la drogue revêt un aspect ludique et pragmatique : il s'agit de passer un bon moment, de « planer » une soirée en fumant du hasch. Si faibles soient-elles, ces prises ne sont pas banales et, même si elles ne sont pas systématiquement motivées par le besoin de combler des troubles psychiques, elles ont néanmoins pour conséquence de ralentir les fonctions cérébrales et handicapent la concentration, l'esprit de logique et de synthèse, la mémoire, les réflexes, etc. Quelles que soient les raisons qui sont à l'origine de la prise de drogue, qu'elles soient pragmatiques ou pathologiques, les mécanismes psychiques sont les mêmes et les conséquences seront, *mutatis mutandis*, identiques : les effets pathogènes se développeront, en proportion des doses ingérées, en altérant des fonctions dont l'équilibre est fragile. C'est pourquoi on rencontre des jeunes, relativement bien portants avant qu'ils ne se droguent, devenir malades au fur et à mesure de leur consommation.

Expérimenter « ce que ça fait » pour le plaisir d'expérimenter, pour se lancer des défis et s'amuser. Ou trouver une alternative à la misère du quotidien et d'un avenir sans horizon. L'une et l'autre motivation justifie pareillement l'utilisation de ces produits illicites parce que – et c'est essentiel à son « succès » – la drogue est actuellement le seul lieu où l'adolescent éprouve la loi et l'interdit. On l'a vu, les lois de régulation sociale, les règles morales existent – elles n'ont d'ailleurs jamais été absentes –, mais c'est plutôt le sens éducatif et sa mise en pratique qui fait défaut ! Le manque de civisme qui consiste à voyager sans titre de transport, à voler dans une grande surface ou encore à tricher dans sa vie scolaire ou professionnelle n'entraîne pas la plupart du temps de sanctions (fût-ce au seul titre d'un blâme moral). Pareille carence du respect des règles communes et du sens des responsabilités altère la qualité relationnelle d'une société, incite à la perversion. Se sentir en faute, éprouver sa culpabilité, dès lors qu'elle est réellement justifiée, témoigne d'une bonne santé psychique (évidemment, la culpabilité morbide cultivée pour elle-même, de façon obsessionnelle et névrotique n'a rien à voir avec une saine réflexion morale). Mais quand on proclame qu'il ne faut pas « culpabiliser » ni « moraliser » et, tout au contraire, qu'il faut « déculpabiliser » comme si la loi n'existait pas, on fait œuvre de pure démagogie : on ne le dira jamais assez clairement, la culpabilité est inhérente à la psychologie humaine.

Quand on « interdit d'interdire » et qu'on nie « l'esprit des lois », on livre pieds et poings liés l'adolescent à ses démons. Le « joint » ni le « pétard » n'ont jamais été l'école de la liberté mais son asservissement. Car la drogue focalise à elle seule la culpabilité qui ne parvient plus à s'exprimer dans d'autres domaines, comme celui de la sexualité qui se trouve curieusement libérée de toutes règles psychologiques, sociales et morales. Or, on l'a vu en première partie, l'esprit des lois prend naissance dans la façon de concevoir la signification sexuelle de sa relation à l'autre, de sorte qu'en ne permettant pas à la culpabilité sexuelle de s'exprimer, celle-ci se retourne contre l'individu entraînant une multitude de troubles psychosomatiques, d'éventuelles conduites suicidaires, un intérêt suspect pour le paganisme, la sorcellerie ou l'astrologie, les rituels de possession et de guérison dont nous avait heureusement libéré le christianisme.

Il ne faut pas en conclure que l'adolescence est l'âge de la transgression, ou que la loi a vocation à être transgressée, comme on l'entend pourtant dire ici ou là. L'adolescence est une période de maturation des nouvelles compétences psychologiques de l'individu, de recherche de ses possibilités et de ses limites. Quant à la loi (sociale et morale), elle rend possible la vie en commun et permet à chacun d'éveiller sa liberté et sa responsabilité. Il est donc curieux que l'on encourage dans les esprits une relation morbide à la loi en promouvant prioritairement la banalité de sa transgression. Si chacun est à lui-même la mesure de sa propre liberté, on comprend que la drogue puisse être une nourriture privilégiée pour compenser ce manque à être tout en se détruisant de l'intérieur.

Quelle prévention contre la drogue ?

La mode actuelle est aux méthodes comportementalistes dont l'argument principal est de croire qu'il suffit d'expliquer rationnellement et de proposer des produits de substitution pour convaincre quelqu'un de modifier ses conduites. Quoique efficaces dans certains cas bien précis, elles ne tiennent pas compte de l'histoire subjective de l'individu et font l'impasse sur les délais psychologiques nécessaires à une « guérison » psychique. Et ce ne sont pas non plus des slogans peaufinés par des agences de communication ou des films publicitaires réalisés par le dernier cinéaste en vogue qui feront reculer la toxicomanie ; un clip n'a jamais atteint un drogué qui s'en moque. La prévention qui est uniquement centrée sur la question de la drogue manque sa cible : elle sert à se donner bonne conscience et à éviter de regarder en face la dissolution de nombreux jeunes, perdus pour la société – tout cela à grand renfort de budgets colossaux pendant que de nombreux éducateurs travaillent avec des moyens de plus en plus réduits.

Nous limiterons notre propos au traitement social de la drogue et donc à la question de la prévention. Nous ne parlerons pas des perspectives thérapeutiques ni de la réinsertion sociale des toxicomanes qui débouche, dans bien des cas, sur des résultats encourageants.

La drogue a brisé des vies sans jamais apporter le bonheur qu'elle était censée promettre ! Suffit-il de brandir cette menace pour dissuader ses utilisateurs ? La peur pas plus que la culpabilité ne sont des arguments, surtout auprès de jeunes qui sont spontanément attirés pas ce dernier interdit social. La prévention, qui ne parle que de drogue, qui s'en tient à en décrire les différentes sortes et délivrer des informations pharmaceutiques, médicales ou économiques, provoque l'effet inverse de l'objectif qu'elle recherche. Un tel propos serait même plutôt incitatif pour les personnalités les plus fragiles !

Le slogan « La drogue, parlons-en » nous paraît sous cet angle très révélateur de l'actuelle politique de prévention. Souvent utilisé de façon incantatoire, il vise dans un premier temps à inviter au dialogue entre parents et enfants – intention louable quand on sait combien l'utilisation d'un produit est symptomatique d'un manque de dialogue. Cependant la drogue ne saurait être l'objet d'une communication interfamiliale, sauf évidemment en cas d'urgence et quand la pratique, déjà installée, nécessite l'intervention de spécialistes ou d'associations. Alors, bien évidemment, les parents doivent eux aussi se manifester. Combien de fois avons-nous entendu des adolescents nous dire : « Mes parents, les profs ne me disent rien, ils ne voient rien »! Et il est clair que, si le dialogue ne préexiste pas, la communication ne commencera pas avec la drogue. Il faut donc que l'échange se construise quotidiennement depuis l'enfance. Néanmoins, c'est une erreur de penser que parents et enfants peuvent parler de tout; les questions intimes, en effet – sexualité, émotions, fantasmes, sentiments vis-à-vis du père ou de la mère – ne sont pas faciles à traiter. Un adulte apte à incarner une réelle symbolique paternelle et qui sait dire non quand il le faut peut alors se révéler essentiel pour soutenir une personnalité dans son envol vers l'autonomie.

C'est dire combien la prévention qui n'est centrée que sur la drogue peut passer à côté du problème. Pourquoi cet échec des pouvoirs publics ? Une pudeur, pour ne pas dire une inhibition, les empêche, semble-t-il, de penser les vraies causes de la toxicomanie : le désarroi de l'adolescent face à ses mutations psychiques, les échecs scolaires, la fausse égalité d'un lycée ouvert à tous et qui, après avoir constaté ses limites, laisse aux universités faire une sélection d'autant plus mal vécue qu'elle est tardive, le contexte inhumain et indigne des cités édifiées sans souci d'urbanisme dans les années 60, l'instabilité du lien familial, l'immaturité des modèles ambiants, la démission des adultes et l'absence de formations intellectuelle, civique, morale et religieuse dignes de ce nom. L'objet du débat ne devrait pas être la drogue, mais l'apprentissage de la vie, de la qualité de l'existence conjugale des parents, le réel souci d'une formation, la transmission d'une morale et d'une foi. Nous perdons notre temps à parler de la drogue; elle n'est qu'un cache-misère, un faux-semblant qui nous évite de parler d'autre chose et surtout de penser un projet éducatif plus cohérent dont les objectifs devraient s'articuler autour de quelques principes communs à tous. Les familles, premières responsables de l'éducation, devraient pouvoir se faire aider par diverses institutions avec lesquelles elles œuvreraient de concert, avec un même état d'esprit, car dans cette tâche tous les partenaires sociaux sont indispensables. Tandis que les campagnes de prévention sont centrées sur des objets partiels et symptomatiques. Il s'agit en fait d'une banale thérapeutique de l'urgence qui, en outre, fonctionne à contretemps car « parler de la drogue » finit par donner une légitimité aux produits. « La drogue fait partie de la vie, chacun a ses trucs préférés. La drogue c'est normal puisqu'on en parle. Ne pas en parler prouverait que ça n'existe pas. » Voilà ce que nous disait une lycéenne de 17 ans. Raisonnement paradoxal sans doute, mais qui traduit bien toute l'ambiguïté de la prévention. Qu'on parle de la drogue ne devrait pas lui donner un quelconque caractère normatif ! Mais c'est pourtant à ce résultat qu'aboutissent la plupart des campagnes. Nombreux sont ceux qui pensent que « la drogue est un tabou dont il faut parler pour la combattre et la réduire ». Etrange détournement des mots ! La drogue n'est pas un tabou. Quant à ce besoin systématique de s'affranchir des tabous, il est pour le moins pervers. On l'a vu, les tabous humanisent et sont nécessaires à la survie des hommes et des sociétés. Cette notion de tabou, appliquée à la drogue, a moins trait à l'anxiété d'être privé de drogues qu'à la peur de reconnaître ses manques et ses insuffisances. L'interdit, il est dans le refus d'aborder son intériorité autrement que par des additifs. Ce qui triomphe ici, c'est une formidable peur de soi, et la fortune que connaissent aujourd'hui les scénarios d'épouvante − littéraires ou cinématographiques − ne font qu'orchestrer ouvertement notre peur intérieure.

Pour le toxicomane, la peur est aussi peur de l'autre mais, comme la communication et la présence d'autrui lui sont malgré tout nécessaires, il y substitue le compagnonnage avec la drogue censé combler ce grand vide. Mais c'est à une régression de sa personnalité qu'il aboutit : il a tôt fait de se maintenir dans des états infantiles qui ne sont plus de son âge. Freud a décrit, dans *Pulsions et destins des pulsions*, le type de communication établi par l'enfant quand il s'empare de ce dont il a besoin pour se développer ou au contraire le rejeter :

> Le Moi-plaisir originaire désire s'introjecter tout ce qui est bon et rejeter hors de lui tout ce qui est mauvais. Pour lui, le mauvais, l'étranger au Moi, ce qui se trouve en dehors, sont tout d'abord identiques.

Malgré sa relation fusionnelle puis narcissique, le jeune enfant a quand même un accès objectif à la réalité qui ne sera définitif que lorsqu'il pourra accepter les objets différents de lui et distinguer par lui-même ceux dont il a besoin. Il fera donc l'expérience de la satisfaction à la mesure de sa maturation, et c'est dans la réalité, et non pas à l'intérieur de lui, qu'il pourra engager sa relation avec ces objets. Chez le toxicomane, ce fonctionnement psychique est perturbé puisqu'il ne parvient pas à accepter la réalité (école, famille, sexualité, morale, etc.), et laisse la porte ouverte à la peur, voire à des conduites suicidaires. Tout lui devient occasion de penser que la société est mauvaise et que la vie ne vaut pas la peine d'être vécue.

« Je me drogue parce que la vie est galère ! » A ce slogan on répond par un autre largement diffusé il y a quelques années par tous les médias : « La drogue c'est de la merde ! » et qui s'inscrivait sur l'image sordide d'un w.-c. A l'époque, ce discours sadique-anal fit beaucoup parler sans qu'on se rende compte qu'il renvoyait le toxicomane à des mécanismes psychologiques identiques aux siens. Cela n'a d'ailleurs pas empêché bon nombre de jeunes de sniffer de la colle en rigolant sous les affiches du métro. Pis, le jeune homme de 18 ans, qui avait été la vedette du film publicitaire, a été écroué après avoir été pris en flagrant délit lors d'un cambriolage où il cherchait à se procurer l'argent nécessaire à l'achat de doses d'héroïne. Le même garçon, quatre ans auparavant, jetait à la face des Français des paquets de drogue dans la cuvette des toilettes, cependant qu'une voix off affirmait « la drogue c'est de la merde ! ». Notre propos n'est évidemment pas de porter un jugement sur ce drame sans en connaître les raisons exactes mais de nous interroger sur la pertinence de campagnes coûteuses, annoncées à grand renfort de tapage médiatique, et dont les résultats sont des plus aléatoires. Une démarche efficace, affirment certains, serait de fabriquer un documentaire fiction, mettant en scène la vie d'un toxicomane, prisonnier de sa recherche incessante du produit, sa souffrance, sa solitude, ses chutes dans la délinquance, la maladie et parfois dans une mort absurde.

Autrement dit, montrer la réalité de l'expérience comme, déjà, certains anciens toxicomanes devenus écrivains l'ont fait dans des romans ou autobiographies. A cet égard le récit de l'expérience éthylique de A. Buffet a eu plus d'effets sur certains alcooliques que les campagnes de prévention officielles.

Le problème de la drogue se joue au cœur de l'individu, c'est lui qui décide de se droguer, et c'est à lui de vouloir s'en sortir. Sans cette motivation individuelle, suscitée bien sûr par l'environnement, il est difficile de se guérir de la dépendance.

Mais pour diverses raisons la société n'est pas à même de créer ces motivations et il ne suffit pas de libéraliser pour sortir d'un mécanisme qui a des racines profondes. Dans plusieurs pays, comme la Suisse, les expériences libérales ont d'ailleurs abouti à des échecs dramatiques puisqu'on a pu y assister en direct à la mort médicalisée de nombreux jeunes qui venaient se piquer dans le parc du Platzspitz à Zurich où ils pouvaient acheter, échanger et consommer des produits en toute liberté. On a depuis fermé le parc qu'on s'efforce maintenant de remettre en état pour le public... D'autres pays ont proposé de prescrire de la morphine et de l'héroïne aux drogués. Cette toxicomanie sous contrôle médical n'est pas beaucoup plus efficace. Mieux vaut laisser se développer, chez le toxicomane qui souffre trop de sa dépendance, le désir de guérir au lieu de lui servir ses doses à domicile. On a aussi vu des juges dépénaliser la consommation de produits illicites sous le prétexte qu'ils n'étaient pas réellement dangereux et se rendre ainsi coupable de démission morale. Il serait absurde de légaliser la drogue alors que le drogué est avant tout un malade. Nous n'avons pas à donner du plaisir (quel plaisir?) à un toxicomane en tolérant qu'il s'injecte l'héroïne qui le conduira progressivement à la mort. La drogue n'est ici que le signe d'une absence de sens, et notre société tolère le plus important suicide juvénile de l'histoire.

La toxicomanie n'est pas une fatalité. Se résigner à cette conduite en lui apportant une reconnaissance légale et sociale serait l'acte consacrant la société dépressive, tel

Saturne tuant ses enfants. C'est le sens ultime de cette accusation lancée à la société : « Nous nous droguons et vous ne dites rien ! » Une société qui n'a rien à dire, rien à transmettre, rien à apprendre, et qui renvoie les individus à eux-mêmes selon cette formule désolidarisante : « C'est ton problème ! » La drogue stigmatise, plus que jamais, une société dépressive qui accepte de laisser des individus se retrancher en eux-mêmes et se cacher pour mourir dans le plaisir de la souffrance.

CHAPITRE 7

LE SUICIDE

Le suicide a été l'objet de diverses études mais a toujours été entouré d'un silence, signe que les hommes ont habituellement à se taire dès lors qu'il s'agit de l'expérience ultime de leur vie. L'idée qui se dégage de la plupart de ces travaux – philosophiques, religieux, psychologiques, sociologiques ou psychiatriques – tourne autour de l'intention masquée du suicidant. En effet, dans l'acte suicidaire, la volonté de mourir n'est pas complètement authentique et c'est surtout un désir de vivre autrement qui motive ce comportement à la frontière du pathologique. Le désir de suicide repose sur une dichotomie entre le corps et la vie psychique. La mort voulue du corps n'entraîne pas celle du psychique qui poursuit son existence en étant valorisé. En se suicidant de nombreux individus ont le sentiment de ne plus pouvoir s'appartenir ou (comme c'est le cas dans les suicides en réaction à l'état de la société actuelle) de n'appartenir à personne, c'est-à-dire de se trouver dans la situation extrême de constater que l'environnement ne favorise pas le développement des liens entre ses membres. Nous le verrons, c'est un fait relativement nouveau dans l'histoire, le suicide est le signe de la difficulté à entrer, à s'engager et à se maintenir dans la vie. La société se désintègre et l'autolyse devient le symptôme des cassures et des ruptures sociales.

Le meurtre de soi-même (sens étymologique du mot suicide) dépend également d'une psychologie individuelle qui peut développer des tendances suicidaires pour des raisons subjectives quel que soit l'état de la société. Dans ce cas nous sommes dans le registre de la psychopathologie déjà étudié en psychiatrie dans une période récente par Esquirol, Janet et Freud mais dont nous retrouvons également tous les prémices dans la pensée de saint Augustin qui sera l'un des premiers évêques à réagir contre les suicides stoïciens considérés alors comme des actes courageux. Il en appellera à l'amour de soi et de Dieu pour respecter une vie dont nul n'est propriétaire.

Freud va commencer à étudier les caractéristiques inconscientes du suicide à partir de l'analyse d'Anna O. *(Etudes sur l'hystérie)* dont les pulsions agressives contre ses parents se transforment en sentiments de culpabilité retournés sur elle-même et servent de mobile aux impulsions suicidaires. Le suicide va ensuite recouvrir un faisceau de significations très diverses avec l'analyse de Dora (Freud, *Cinq Psychanalyses,* PUF) avec les concepts d'identification et l'examen des conduites de représailles. Il peut ainsi écrire dans son article « Psychogenèse d'un cas d'homosexualité féminine » (1920) : « Nul ne trouverait peut-être l'énergie nécessaire pour se tuer s'il ne tuait pas en même temps un objet avec lequel il s'est identifié, tournant ainsi contre lui-même un désir de mort primitivement dirigé contre autrui. » Il mène également une investigation à propos de *La Psychopathologie de la vie quotidienne* (1901) en relevant les actes manqués et les gestes d'autoagression qui traduisent un esprit masochiste, dépressif et suicidaire observés dans les accidents, les délits et dans certains comportements ratant leur objectif.

Mais c'est surtout en étudiant le fonctionnement du *Deuil et de la Mélancolie* (1915) que Freud montre les risques suicidaires dans la psychose. Les bouffées délirantes, la psychose maniaco-dépressive et la schizophrénie souffrant d'une fragilité du Moi, d'une confusion entre l'imaginaire et le réel, d'une organisation immature et impulsive, d'une labilité de l'émotivité sont les signes de personnalités au bord de la rupture avec elles-mêmes et avec l'ordre symbolique si elles ne sont pas traitées en chimiothérapie et en psychothérapie. Dans la psychose le sujet vit une relation perturbée ou rompue avec les objets de la réalité. La relation est difficile ou impossible, et comme la libido qui n'est pas ou qui n'est plus investie sur ces objets externes ne se reporte pas sur le Moi de l'individu, la conscience se retourne contre un aspect de la personnalité qui s'était ou avait tenté de s'identifier à l'objet perdu et qui se perd à son tour en s'agressant. Cette attitude implique une régression au stade sadique-anal dans lequel le sujet va se nier lui-même en se maltraitant dangereusement. Le complexe de castration se trouve ainsi réactivé en favorisant des conduites de suppression et de privation pour mieux se refuser. L'individu en arrive à s'identifier au néant et à vouloir se rejoindre ainsi en se dissolvant intérieurement.

Le suicide stoïcien est revendiqué comme une expression normale de l'individu confronté à des expériences négatives de la vie. Il se présente comme un acte quasi héroïque (rejoignant ce que nous avons dit de la névrose du héros à propos de la toxicomanie) pour se retirer du monde de la présence d'autrui. Mais cette expression sociale masque une profonde culpabilité : le sujet cherche-t-il à mourir ou à tuer quelqu'un d'autre? L'analyse de la mélancolie a bien situé le retour d'une hostilité contre les objets du monde extérieur sur une partie de soi pour la nier. D'où l'état de tristesse permanent et disproportionné par rapport à la réalité. Cette attitude négative du Moi représente la réaction première de certains individus qui se reprochent leur agressivité, et leur masochisme les fait vivre devant le tribunal permanent de leur Surmoi. Ce Surmoi qui attaque le Moi est souvent criminel et peut devenir soit homicide, soit délinquant, soit suicidaire. Ceux qui sont dans des états de culpabilité compensée, et qui invoquent le suicide stoïcien, peuvent ne pas être débordés par ce sentiment grâce à la qualité des valeurs de la société et de sa cohérence relationnelle. En revanche ceux qui restent insensibles au rôle structurant des règles sociales et de la loi morale pour se contenir et continuer à progresser en vivant sont vraiment dépendants d'un cadre pathologique et trop prisonniers du désespoir de ne pas être estimables.

La psychopathologie du suicide est un processus interne

à la personnalité qui rencontre tout un ensemble de difficultés psychologiques qui dépendent à la fois de la neurobiologie, de la vie psychique et de l'environnement.

Un autre type de suicide peut également se développer à la frontière du pathologique et du normal en cas de rupture des liens sociaux et des buts que le sujet s'est fixé d'atteindre, l'incohérence de la société pouvant jouer un rôle dans le déclenchement de ces suicides. L'environnement actuel favorise le développement de personnalités à caractère psychotique (éclatée), sadique (dérision), irrationnel (délire civilisé, magie et sectes) dépressif (rien n'a de valeur) et narcissique (idéal de toute-puissance infantile et donc pas d'idéal en dehors de soi ni d'intériorité) qui lorsqu'elles viennent à se heurter aux réalités ne peuvent qu'imploser dans des séquences dépressives ou suicidaires.

C'est ce deuxième type de suicide que nous allons surtout examiner dans ce chapitre pour en dégager les tendances et le rôle de révélateur du manque de sens dans la société contemporaine pour traiter les difficultés inhérentes à l'existence.

Les données épidémiologiques

Devant l'augmentation du nombre de personnes qui « décident » de quitter leur vie le suicide est devenu ces dernières années un problème de santé publique. De 1975 à 1986, on constate une augmentation constante des suicides, notamment chez les 15/34 ans plus 67 % et chez les plus de 50 ans avec un taux de plus de 42 % par rapport à la décennie précédente. Depuis le début des années 90, comme nous le verrons plus loin, on assiste à une relative stabilité de ces chiffres selon les résultats recensés officiellement par l'INSERM. Mais nous devons aussi revoir ces informations à la hausse dans la mesure où de nombreux décès présentés comme des accidents ou des empoisonnements, causés de manière indéterminée quant à l'intention, sont souvent des suicides masqués.

On a beaucoup insisté sur la forte hausse du suicide des

jeunes en oubliant celui des adultes (55 % des suicidés ont plus de 55 ans) et des personnes âgées qui est tout aussi considérable sachant que ces catégories d'âge réussissent davantage leur suicide que les jeunes. Pour 2,5 tentatives chez les plus de 65 ans, on constate de 1 à 1,5 décès. Chez les plus jeunes, seule une tentative sur cinq est réussie.

Des études comparatives de l'OMS effectuées de 1968 à 1988 indiquent que ce sont la Hongrie et la France qui enregistrent le plus grand nombre de personnes âgées qui se suicident, tandis que l'Irlande, la Grande-Bretagne et les Etats-Unis connaissent les taux de suicide les plus faibles : 391 Hongrois sur 100 000 de plus de 65 ans ont choisi leur propre mort en un an, contre 43 en Irlande. Avec 171 suicides la France apparaît très touchée par le phénomène. Elle est suivie par l'Allemagne (133), les Etats-Unis (65) et la Grande-Bretagne (56). Si une minorité vieillissante décide d'en finir pour ne pas avoir à supporter les méfaits de l'âge ou de la maladie, de très nombreux sujets qui ont recours au suicide direct ou masqué souffrent de maladie dépressive d'origine psychique ou biologique qui peut être soignée. Certains se laissent ainsi mourir en refusant de s'alimenter, de consulter leur médecin ou de prendre leurs médicaments. Les statistiques ne tiennent pas compte de ces situations.

« Les décès par suicide ont fortement progressé en France au cours des dix dernières années. Entre 1950 et 1976, le suicide concernait 15 habitants pour 100 000. Il touche aujourd'hui 21 pour 100 000. Depuis 1982, le nombre annuel de décès par suicide dépasse celui des accidents de la route », reconnaît le ministère de la Santé pour 1989. Les taux de suicide par sexe sont de 31,7 sur 100 000 pour les hommes et de 12,5 pour les femmes. La part de mortalité chez les jeunes étant plus grande.

Le tableau indique l'évolution constante du nombre de suicides. Près de 14 000 personnes se donnent volontairement la mort chaque année, et le suicide, qui concerne deux fois plus d'hommes que de femmes, est responsable au moins d'un décès sur huit entre 15 et 24 ans. Le taux de suicide de cette tranche d'âge a triplé depuis 1960.

Tableau du nombre de décès

	SUICIDE				ACCIDENTS	SIDA				
	15/24	25/34	35/64	+ 65	TOTAL	15/24	25/34	35/64	+ 65	TOTAL
1980 Hommes	682	1 206	3 261	2 185						
Femmes	227	405	1 309	1 095						
TOTAL 10 405	909	1 611	4 570	3 280	11 081					
1985 Hommes	740	1 491	4 119	2 516						
Femmes	197	447	1 716	1 234						
TOTAL 12 495	937	1 938	5 835	3 750	10 042					
1988 Hommes	606	1 371	3 911	2 303		40	404	653	78	
Femmes	178	178	1 636	1 166		12	64	73	38	
TOTAL 11 609	784	1 751	5 547	3 469	9 424	52	468	726	116	2 384
1990 Hommes	607	1 314	3 907	2 336		46	836	1 375	96	
Femmes	184	392	1 541	1 103		11	194	140	49	
TOTAL 11 403	791	1 706	5 448	3 439	10 071	57	1 030	1 515	145	2 785

Si on note depuis 1986 une légère diminution du nombre de décès de jeunes par suicide, d'autres conduites à symbolique suicidaire prennent le relais; c'est le cas de l'anorexie, des dépressions, des conduites d'échec et de certains accidents. En matière de tentatives on les estime à 40 000 par an chez les 15/24 ans (de l'ordre de 135 000 tous âges confondus).

Si la France vient en tête avec un taux qui dépasse celui des Etats-Unis, le phénomène y est tout aussi préoccupant. Six américains sur cent de 13 à 19 ans ont tenté de se suicider et 15 % affirment avoir été sur le point de le faire selon un sondage Gallup (1991). Parmi ceux qui ont vécu une tentative, 47 % invoquent des problèmes de famille, 23 % une dépression, 22 % des relations difficiles avec des amis, 18 % un sentiment d'inutilité et 16 % une expérience sentimentale déçue. Avec 6 000 décès annuels, le suicide est la troisième cause de mort chez les jeunes américains. Commentant ces chiffres, le professeur Stephan Pasternak de l'université de Georgetown à Washington estime que les jeunes perdent de plus en plus confiance en eux-mêmes car « ils subissent une quantité d'aliénation. Les changements sociaux, la rupture des liens familiaux, les abus sexuels subis pendant leur enfance, la pression pour le succès scolaire, qui les pousse à considérer tout échec ou toute erreur comme inacceptable, et la possibilité d'avoir accès à des drogues qui les rendent encore plus vulnérables, contribuent à donner aux adolescents le sentiment que leur vie est sans espoir.» (*Quotidien du Médecin,* 10/05/89)

En affinant la lecture des chiffres et la dernière étude en France du Haut Conseil de la Famille (1988) on remarque que les suicides s'accroissent à un degré moindre chez les 15/19 ans avec un taux stable chez les filles et une légère augmentation chez les garçons. Mais on observe chez les 20/24 ans une très nette remontée des taux pour les jeunes hommes (1 314 contre 392 pour les filles en 1990) au moment où se conjuguent chez eux les réaménagements psychologiques de leur personnalité encore adolescente et la mise en œuvre de soi-même dans des projets de vie souvent difficile à choisir. Nous aurons à revenir sur cette défaillance qui dépend également de l'état de la société.

Selon une récente étude de l'INSERM (1990) portant sur 1 600 adolescents de 14 à 16 ans pris dans la population générale, la proportion de ceux d'entre eux qui pensent au suicide n'est pas très élevée : 5 % chez les garçons et 10 % chez les filles ont reconnu avoir eu des idées de suicide. La plupart d'entre eux, surtout les filles, ont consulté un praticien pour en parler. Les jeunes qui ont des idées de suicide se disent de santé fragile, plus fatigués, plus nerveux que les autres et se plaignent de mal dormir et de faire des cauchemars. Les idées de suicide s'associent à une consommation régulière de tabac (plus d'un demi-paquet par jour), de produits illicites (quatre fois plus importante que chez ceux qui ne pensent pas au suicide) et de médicaments. Les filles ont des difficultés de scolarité, les garçons des troubles de l'agressivité. En outre 23 % des garçons et 15 % des filles tentés par le suicide ont fait une fugue et ce problème est également en rapport avec la violence qu'ils éprouvent à l'intérieur d'eux-mêmes. cette violence peut se retourner contre les individus ou s'extérioriser contre les autres et les objets.

Toujours d'après l'enquête précitée de l'INSERM, c'est dans la tranche d'âge des 20/24 ans que l'on relève le plus fort taux de récidivistes (37 % chez les 15/19 ans, 41 %

chez les 20/24 ans), 69 % des récidives, soit deux cas sur trois, se reproduisent dans l'année qui suit la première tentative. D'où l'importance d'un suivi psychothérapique dès la première tentative ! Des jeunes paraissent plus vulnérables que d'autres ; ceux qui ont déménagé, qui sont sortis de la scolarité et qui ont un niveau socioculturel bas, mais aussi ceux dont la famille est perturbée par la maladie de l'un des parents, une hospitalisation, ou lorsque les parents sont séparés. La lourdeur des demandes relationnelles difficiles à assumer dans des relations monoparentales et les déceptions amoureuses des couples précoces sont également évoquées. Enfin le sentiment d'un avenir bouché ou la crainte que leurs désirs ne soient pas reconnus par les parents sont des arguments utilisés pour expliquer leurs gestes suicidaires.

Trois constats sont faits dans ce rapport :

– Il n'existe pas dans les établissements hospitaliers d'accueil spécifique des suicidants. La plupart d'entre eux en gardent un souvenir traumatisant. Les soins, tels que le nécessaire « lavage » d'estomac sans être accompagné de dialogue avec le patient et d'écoute de sa détresse, le murent davantage dans son malaise. Cependant des efforts sont faits dans quelques services mais il manque aux soignants une sérieuse formation pour accueillir valablement ces personnes.

– Ces suicidants ont déjà été suivis avant qu'ils ne passent à l'acte et prenaient déjà des médicaments, et les auteurs du rapport s'interrogent sur la qualité de la consultation qui a conduit à une prescription. L'écoute de ces patients est souvent manquée, les plaintes et les divers signes ne sont pas toujours bien interprétés. L'attention est souvent trompée car ces patients suicidaires se portent bien et ne présentent aucune pathologie organique. Le personnel médical mais aussi social et éducatif devrait être constitué par de vrais professionnels, formés aujourd'hui à rencontrer des sujets qui ont tenté de se suicider mais également leur entourage. Ce serait une erreur que d'envisager des centres exclusifs pour suicidés...

– Enfin les chercheurs sont confrontés à un faisceau d'évaluations et d'interprétations bien difficiles à cerner pour mesurer avec rigueur la progression des suicides juvéniles. Si le problème est pour une part médical, il dépasse très largement cet aspect et concerne un dysfonctionnement de notre société dans laquelle des jeunes ont du mal à se former, à grandir, à trouver des points de repère et la possibilité de construire leur vie. Pour beaucoup d'entre eux l'horizon est bouché parfois par leur fait car il y a chez eux une défaillance psychologique de la fonction projective à anticiper leurs projets mais aussi parce que l'environnement n'offre pas toujours à l'adolescent les moyens de progresser.

Cependant on ne comprendrait rien au suicide si nous voulions uniquement l'expliquer par des causes extérieures au sujet; le chômage, les guerres, les épidémies, etc., alors qu'il relève finalement de motivations internes à la vie psychologique et qu'il est la plupart du temps une réponse pathologique à une souffrance ou à une maladie qui dans un cas comme dans l'autre peuvent être traitées.

L'instabilité émotionnelle, l'agressivité, l'ennui, la difficulté à trouver des centres d'intérêt, la morosité ou l'euphorie juvénile se rencontrent souvent chez des jeunes sans pour autant que cela soit significatif d'un état dépressif. Il s'agit là de phénomènes classiques et bien connus. L'expérience d'une telle fluctuation donne parfois l'impression à l'adolescent qu'il n'est plus maître chez lui, qu'il ne parvient pas à contrôler ce qui se passe dans son for intérieur ni à formuler ses projets, voire à se tenir à des objectifs quotidiens comme l'intérêt pour le travail scolaire. Ces facteurs sont internes à la vie psychique et manifestent que des conflits et des réaménagements travaillent en soi-même au point d'ailleurs de fragiliser la personnalité et peuvent servir d'événements déclenchants à un geste suicidaire.

Nous sommes confrontés ici à la singularité de chacun, à la façon dont chaque individu organise ou pas son espace intérieur et traite les tâches psychiques liées à la mise en place de son identité subjective et sexuelle, à la mise en place de son *Self*, c'est-à-dire la capacité d'être toujours en continuité avec soi-même et d'inscrire son existence dans la durée et non pas dans un immédiat sans fin, dans la mise en place de son individualité en acceptant de rompre avec les relations fusionnelles, de savoir se séparer de ses parents sans rompre avec eux et d'être capable de devenir symboliquement à son tour père ou mère, enfin de mettre en place une relation au réel efficace et qui ne soit pas déprimante.

L'individu, s'il est travaillé de l'intérieur, n'est pas toujours conscient de l'ampleur des tâches qui sont à l'œuvre. Parfois ce sont l'une ou l'autre de ces réalités psychologiques qui, ne parvenant pas à être traitées, favorisent le suicide.

Si des événements ou des incidents de la vie quotidienne peuvent déclencher une conduite suicidaire ils ne représentent pas une cause première : il s'agit toujours d'une personne, d'un sujet qui décide de se suicider. Nous sommes donc en présence d'un problème de comportement qui dépend de l'individu et le suicide dans ce cas n'est qu'un symptôme à soulager avant que le patient n'y consente.

Significations de l'acte suicidaire

Il convient de s'interroger sur les causes du suicide et même si nous parvenons à dégager quelques paramètres applicables en général, chaque situation sera à examiner et à évaluer pour elle-même au regard de l'expérience subjective de l'individu.

Il est important de noter qu'il y a plus de tentatives de suicide chez les jeunes que de décès par suicide et que si le taux de tentatives est plus élevé que chez les adultes, la mortalité est moindre. Ainsi il y a un décès pour soixante tentatives à l'adolescence et un décès pour treize tentatives chez les adultes.

Les 15/25 ans représentent 8,5 millions de la population française, soit 15,8 % de la population générale. Les décès par suicide se situent officiellement pour l'instant autour de 800 à 900 jeunes de cette tranche d'âge par an. Si ces chiffres ont été en augmentation et restent relativement stables à présent, ils doivent être aussi relativisés par rapport à l'ensemble de la population afin de ne pas céder au catastrophisme en projetant sur les jeunes l'angoisse d'un suicide potentiel au moindre indice de repli ou de tristesse.

Abordons maintenant quelques-unes des caractéristiques psychologiques de la conduite suicidaire.

Le geste suicidaire s'explique souvent par la tendance de l'adolescent à agir ses angoisses au lieu de les transformer dans un travail psychique d'interrogation et de réflexion sur soi-même. La violence sur autrui comme sur soi-même est aussi le symptôme d'une défaillance profonde de l'appareil psychique qui ne parvient pas à élaborer ses pulsions et ses représentations et a donc tendance à exprimer à l'état brut l'un et l'autre.

Il n'est pas rare qu'un suicide ait été préparé de longue date et qu'à l'instar d'un événement il devienne réalisable. Un contexte de déception, de frustration, d'angoisse peut être favorable si l'individu manque de capacité de tolérance aux frustrations.

Le geste suicidaire correspond à une défaillance du processus d'intériorisation, c'est-à-dire que l'individu n'arrive plus à réfléchir sur lui-même et à convertir ce qui se passe dans ses motions psychiques. Il se produit une perte de contact avec soi-même et une confusion entre l'imaginaire et le réel. On assiste à une fracture, à une perte d'unité de la personnalité qui se trouve soumise à des impulsions plus fortes que soi, parfois un raptus, avec une perte temporaire de la notion de temps. C'est pourquoi fréquemment les suicidants ne se souviennent plus à leur réveil et parfois longtemps après de ce qu'ils ont fait. La fracture a été telle que la conscience n'a pas pu faire son travail de contrôle et de mémorisation.

En se suicidant l'individu n'a pas forcément le désir de se donner la mort, de mettre un coup d'arrêt définitif à son existence. La plupart des adolescents par exemple se croient immortels et n'ont pas toujours conscience que la mort est la fin de la vie. Une fois sortis de cette expérience douloureuse ils nous disent souvent au cours de leur psychothérapie : « Je ne voulais pas mourir. Je voulais casser une ambiance insupportable, m'endormir et me réveiller autrement après. » Le discours des mélancoliques sera différent; eux regrettent en effet de ne pas avoir réussi à mourir, comme s'il leur fallait par cette action rejoindre un objet ou une relation perdue, c'est pourquoi ils sont davantage enclins à recommencer.

Compréhension externe du suicide par l'observateur

La signification psychologique du suicide peut dépendre de multiples raisons et en reprenant certaines catégories de Baechler [1], qui insistent sur les motivations à l'origine et sur le but à atteindre à travers cet acte, nous pouvons dans un premier temps en comprendre quelques aspects constatés par les observateurs avant d'examiner les réalités plus subjectives d'un point de vue psychanalytique. Les premières observations semblent favoriser une compréhension extérieure du phénomène mais ne rendent pas compte de l'expérience subjective de l'individu engagé dans cette expérience de mort au point de provoquer le silence et l'incompréhension de son entourage.

Le suicide observé de l'extérieur peut donc se résumer à partir des tendances suivantes :

1. La fuite

Le sujet cherche à échapper à une situation ressentie comme insupportable. La solution qu'il adopte est celle de l'effacement pour se soustraire à la réalité. La fuite devient pour lui une solution inévitable, mais toutefois difficile à comprendre par les membres de l'entourage qui en chercheront les causes. Aucune d'elles n'aura été importante, simplement l'une aura fait déborder la capacité d'endurance du sujet et aura obscurci son horizon. Le sujet se trouve trop submergé, sans espoir et devant tous les murs qui l'entourent, il ne peut que fuir. Il fuit l'ensemble d'une vie qui ne semble plus rien lui apporter, une vie trop difficile à vivre. Il peut passer par plusieurs périodes d'hésitation, d'interrogation jusqu'au moment où se manifeste une volonté d'anéantissement total où la ten-

---

1. *Les Suicides,* Calmann-Lévy, Paris, 1973.

tation de mettre fin à ses jours laisse entrevoir l'espoir d'une survie. Le sujet manifeste son désir de « s'endormir », de se débarrasser de « quelque chose » d'insupportable, sans que ce quelque chose soit la vie dans son ensemble. C'est la fuite dans le sommeil, dans le désir de changer de vie pour échapper à la souffrance dépressive, ce mal décrit par Freud dans l'article « Deuil et mélancolie ». « La mélancolie se caractérise du point de vue psychique par une dépression profondément douloureuse, une suspension de l'intérêt pour le monde extérieur, la perte de la capacité d'aimer, l'inhibition de toute activité et la diminution du sentiment d'estime de soi qui se manifeste en auto-reproches et des auto-injures et va jusqu'à l'attente délirante du châtiment. »

Le dépressif veut rompre avec le monde qui l'entoure, il cherche à se replier sur lui-même, il veut fuir, se cacher ou mourir. Une fois que le sujet a pris sa décision, il éprouve un sentiment paisible et cette sérénité trompera souvent son entourage qui, étant rassuré, relâchera son attention.

2. Le deuil
Dans la mélancolie le sujet se dévalorise, se culpabilise de tout, s'injurie et montre par son attitude que le sentiment d'estime de soi est gravement atteint. Dans l'expérience du deuil, la personne éprouve le monde comme vide, pauvre, sans intérêt. Elle ne parvient pas à investir les réalités qui semblent lui échapper. La notion de perte revient souvent dans le langage car la personne a le sentiment de la perte d'un aspect d'elle-même et de ne pas accepter des ruptures et des séparations qui sont pourtant vitales, comme par exemple le fait d'accepter de renoncer à son enfance et plus tard à son adolescence.

Au moment de commencer à renoncer aux modes de gratifications de l'enfance des adolescents peuvent se prendre comme la cible du renoncement à opérer. Le sujet s'identifie à son enfance et la perdre revient en même temps à perdre sa vie. Ce mécanisme se retrouve également dans les séparations à la suite d'un échec amoureux, du deuil d'un parent ou d'un ami, d'un déménagement, d'un échec professionnel. Le renoncement se déplace alors de l'objet sur la personne puisque l'élément considéré comme vital disparaît. La personne prend « la place du mort » et s'efface avec.

3. Le châtiment

Le châtiment est le fait d'attenter à sa vie pour expier une faute réelle ou imaginaire. L'individu est conduit à se dévaloriser physiquement, affectivement, intellectuellement, socialement. Il a le sentiment de ne pas avoir de valeur, ni de compter pour les autres. Cette déconsidération de soi exprime une culpabilité à l'idée de pouvoir manifester un désir, de ne pas y avoir droit et de se trouver dans l'incapacité de réaliser ses élaborations à partir de son idéal du Moi parce qu'il en a honte. Si une erreur ou un incident mineur vient confirmer sa conviction fautive, il en tirera la conclusion qu'il doit se punir lui-même par la sentence suprême du suicide.

4. Le crime

C'est le fait d'attenter à sa vie en entraînant l'autre dans sa mort. Ce type de suicide est lié à une haine incontrôlable vivant à l'intérieur du sujet. Celui-ci déteste les autres et se déteste lui-même. Selon Baechler, l'individu n'a plus alors le choix ; le crime et le suicide ne sont pas une alternative mais doivent survenir en même temps (cf. les groupes terroristes qui en veulent à la société tout entière). Ils sont une réponse simultanée à une question que le sujet s'est plus ou moins consciemment posée dans son enfance : « Pourquoi ne suis-je pas aimé? Parce que moi et les autres sommes mauvais et méritons la mort. » Selon le lieu où le sujet dirige sa haine et la force de celle-ci, l'acte pourra prendre trois formes : « « Ou bien le sujet tue, puis se tue. Ou bien il tue pour être tué. Ou bien il se fait sauter avec les autres. »

5. La vengeance

La vengeance est dirigée contre les membres les plus proches de l'entourage public ou privé. Il s'agit d'attenter à sa vie ou de menacer de le faire pour placer l'autre dans une situation douloureuse qui lui fasse regretter le suicidé en lui donnant des remords ou en provoquant l'opprobre sociale; c'est une façon de punir les survivants. Bien qu'il soit difficile d'éviter les remords lorsqu'un proche se suicide, quels que soient nos sentiments pour lui, il faut bien reconnaître que la vengeance atteint rarement son but ultime. C'est pourquoi l'on considère qu'un tel type de suicide ne peut être accompli que par un sujet profondément perturbé, incapable d'avoir une vision réaliste des choses. Le sujet ne cherche rien pour lui, il veut simplement infliger une blessure, la plus profonde possible. Il insinue des choses, il relève des événements qui appartiennent au passé dans le but de faire naître le sentiment de culpabilité, de créer des remords chez ceux qui s'y sont trouvés impliqués.

6. *L'appel et le chantage*

Le chantage est une façon de faire pression sur autrui pour obtenir un bien en le menaçant de le priver d'une chose à laquelle il tient comme par exemple la vie de l'être aimé ou un objet estimé. Ce chantage exclut, du moins pour un temps, que le suicide soit réellement accompli puisque, alors, le sujet cherche à obtenir quelque chose dont la jouissance suppose qu'il soit vivant. Cependant, comme l'autre doit croire à l'éventualité du suicide pour succomber au chantage, le sujet pourra s'y trouver acculé.

Le chantage est donc, davantage encore que la vengeance, une conduite tout à fait irrationnelle, particulièrement s'il conduit à la mort du sujet alors que dans le meilleur des cas il devrait être raté.

L'appel quant à lui est vague et reste très différent du chantage qui vise un objet pour qu'on s'occupe de lui. C'est un appel à l'aide lancé par un être qui veut vivre mais qui ne sait plus comment vivre.

Le suicide-appel est le plus souvent le fait d'êtres jeunes déçus dans leurs attentes. Ce suicide typique de la société actuelle est lié à trois causes : l'évolution de la famille et des relations souvent distendues entre ses membres, le climat de violence qui s'instaure pour obtenir la satisfaction immédiate de ses désirs, et enfin la croyance que le suicide ne sera pas fatal, grâce en particulier aux barbituriques qui vont soulager une douleur interne et faire s'endormir pour mieux se réveiller. On comprendra que toute plainte suicidaire doit être prise au sérieux et qu'il ne faut pas croire que le sujet ne le fera pas sous prétexte qu'il en parle.

7. Le sacrifice et le passage

Le suicide-sacrifice est utilisé dans la perspective d'atteindre une valeur ou un état supérieur. Le sujet va sacrifier sa vie pour ne plus être à la charge des survivants. Les souffrances et les contraintes qu'il impose aux autres lui semblent coûteuses, donc il vaut mieux disparaître pour la paix et le bénéfice d'autrui. Le plus souvent ce sacrifice serait une fuite déguisée : fuir une situation intolérable en « glorifiant » cette fuite, la faisant passer pour un sacrifice afin de rehausser l'image de soi qu'on souhaite laisser.

Le suicide-passage vise à atteindre une situation préférable à la vie et attester ainsi de la croyance en un « après ». « Seul un malade, écrit Baechler, peut considérer que la mort lui fera atteindre un état supérieur. » La personne ne condamne pas sa condition mais pense que son suicide pourra l'améliorer et lui faire atteindre quelque chose de mieux. Dans ce cas le suicidé ne met pas définitivement fin à une existence, il accède à une nouvelle vie.

8. L'ordalie (le jeu)

Le suicide-ordalie a pour but de risquer sa vie afin de prouver quelque chose à soi-même ou aux autres. le seul objet du jeu est de s'approcher de la mort pour jouer avec la vie. Il y a trois façons d'atteindre ce but :

— D'abord en affrontant des probabilités le sujet se soumet au jeu du hasard, ce n'est pas lui qui décidera de sa mort, il se soumettra au destin. C'est l'exemple classique de la roulette russe.

— La deuxième façon est d'agir sur les probabilités. Le sujet connaît ses capacités, il peut mettre toutes les chances de son côté, et de plus il connaît les risques. Pour exemple ceux qui sautent en parachute du haut de certains édifices, ou encore les escaladent de préférence de nuit et à mains nues.

– Le troisième moyen faisant intervenir le jugement des dieux est plus complexe. Il fait le pari que Dieu ne le laissera pas mourir. Un « jeu » a eu beaucoup de succès notamment en Espagne lors de l'été 1990 : il consistait à remonter l'autoroute à contresens, de nuit, tous feux éteints. Une autre variante consiste à brûler un stop ou un feu rouge.

Cette mort défiée est comme la preuve donnée à soi-même et aux autres que l'on porte en soi le pouvoir de triompher de la mort. C'est d'ailleurs pour ces raisons que les héros sont « condamnés » à mourir jeunes tels Coluche sur sa moto, Balavoine et Sabine dans le Paris-Dakar et tant d'autres, sportifs ou non. Leur idéal ne s'accommode pas du vieillissement, de la maturité, de la fatigue... Voulant être immortels, leur combat permanent n'a de sens que s'ils deviennent et restent vainqueurs. Et ils seront vainqueurs grâce à la mort qui les rendra immortels, car s'ils demeuraient en vie ils risqueraient de tomber dans l'oubli. Ils sont plus présents morts que vivants.

L'adolescent utilise souvent la fuite face aux échecs et aux ruptures et le chantage pour faire appel. Mais le jeu est également fréquent sous forme de « suicide-pari » qui s'en remet à la destinée à l'aide de la formule « On verra bien ! »

Dans ce cas on retrouve trois difficultés :

– La manipulation fréquente de l'idée de mort surtout à travers des comportements et parfois un goût pour des lectures ou de la poésie morbides. Cela ne veut pas dire que tous les adolescents ont des idées de mort qui leur viennent à l'esprit au moment où se développe la sexualité génitale : elles peuvent se traduire de façon détournée en considérant par exemple à l'image des chanteuses Jeanne Mas et Sapho que hors le noir, couleur de la révolte dépressive, rien ne peut se porter.

– Des tendances dépressives comme la morosité, le désintérêt pour les choses, l'ennui et l'isolement sont relativement inhérentes à l'adolescence lors de séquences passagères. Il est donc important que les éducateurs sachent proposer des séquences de vie stimulantes au lieu de s'appesantir sur cet état de conscience.

– Le besoin de maîtriser son corps alors que les nombreux changements corporels donnent l'impression à l'adolescent de ne pas en être le propriétaire. Le corps peut, dans ces conditions, être vécu comme un objet étrange, extérieur à soi, sur lequel les tendances agressives et destructrices peuvent se focaliser parce que l'individu a du mal à l'accepter et à l'intégrer. En attaquant son corps dans le suicide, l'adolescent (mais aussi l'adulte) s'en prend à un autre que lui-même dans la mesure où il vise la société qui lui est invivable : c'est elle qu'il veut anéantir en se détruisant.

L'adolescent témoigne donc de l'insuffisance des mécanismes habituels de défense. Cette insuffisance explique son blocage de perte et de deuil. Il n'arrive pas à renoncer à son enfance et il maintient de façon rigide des relations avec des situations perdues et passe à « l'attaque destructrice » de son corps. C'est une attitude ultime pour se soumettre de façon paradoxale à ce qui est mauvais en soi et l'aimer.

Chacun est l'acteur d'une vie intérieure souvent invisible aux autres et relativement méconnue de la personne puisqu'elle est inconsciente ; l'individu est ainsi un univers qui a sa propre logique interne et qui ne dépend pas totalement de l'environnement même si ce dernier n'est pas complètement étranger à certaines situations personnelles.

L'incompréhension subjective du suicide considéré de l'extérieur mais aussi révélateur de l'état d'une société

Chacun réagit différemment devant les difficultés de l'existence. Les uns peuvent trouver en eux-mêmes des ressources et se référer à des raisons qui les motivent pour vivre et construire leur existence, et d'autres qui ne supportent pas, souffrent et se détachent progressivement jusqu'à l'autolyse, c'est-à-dire en se donnant la mort. Mais lorsque dans une société le taux de suicide augmente et représente un fait spectaculaire, nous sommes en présence d'une crise sociale aux effets pathologiques.

Les campagnes pour la sécurité routière comme celles de la lutte contre le sida, si utiles soient-elles, sont maintenant disproportionnées devant le problème majeur de santé publique posé par la montée du suicide et de celui des jeunes en particulier. Il est tout de même significatif que l'on passe sous silence un tel phénomène au regard des problèmes qu'il pose à notre société au plan psychologique et social.

C'est le suicide qui est la première cause de mortalité si l'on compare les chiffres de l'année 1990 relatifs aux trois causes de décès dont on parle le plus (voir plus particulièrement les chiffres des 15/24 ans. Tableau p. 250). Tous âges confondus les résultats sont : 11 403 suicides, 10 071 accidents de la circulation et 2 785 dus au sida. Curieusement la prévention et le discours des médias insistent en priorité sur le sida et les accidents de la route mais rarement sur le suicide. Le silence qui l'entoure montre à l'évidence que l'on ne tient pas à s'interroger sur ce qui désespère un individu de lui-même ou de la société. Le suicide évoque les questions essentielles du sens de la vie qui ont toujours travaillé les hommes, et selon les réponses que l'on peut ou pas y apporter, chaque individu mais aussi les sociétés organisent leur avenir.

Devant l'inquiétude et parfois la souffrance ressenties par l'entourage à la suite d'un suicide comment ne pas être envahi par de nombreuses interrogations au sujet de la signification de ce geste? Comment aussi ne pas être renvoyé à sa propre vie et à la façon de traiter ou pas ce pour quoi l'on vit? L'altération du sens de l'Idéal dans les psychologies contemporaines entraîne une relative surdité et cécité pour réfléchir sur ce qui fait vivre et progresser les hommes au-delà des nécessaires productions économiques. Ce sont surtout les attitudes régressives, comme nous l'avons montré dans les chapitres précédents, qui sont encouragées même si par ailleurs on se plaint du manque de morale, de civisme et d'altérité. Tel est le paradoxe : à la fois ces exigences sont revendiquées (surtout pour les autres) et en même temps on se rend incapable de faire fonctionner une structure du psychisme qui provoque le rejet de tout ce qui rappelle une réalité transcendante : le sens de l'autre, des règles communes, des valeurs, de la coopération et de la religion. Au-delà de soi rien n'existe et, pour s'en persuader, les amuseurs publics (du moins ceux de la nouvelle génération) déversent dans les médias la dérision et le mépris le plus archaïque et agressif qui ne ressemblent pas à de l'esprit critique, et encore moins à de l'humour. Nous assistons à un véritable jeu de massacre dont le public, lui-même ridiculisé et insulté, n'a pas conscience. « Ce qu'on nous montre, écrit Maria Pia Pozatto dans son livre *De "Cher public" à l'audimat* [1], c'est le spectacle d'une compétence détruite » quand on aborde des sujets qui demandent des compétences et un climat particulier pour les aborder. Ce ton des radios et des télévisions, qui se veulent proches des préoccupations des citoyens, imprègne les esprits quand on sait que les médias représentent « l'agora » des temps modernes. A ce contact on ne s'enrichit pas, on n'apprend rien, on transforme simplement la vie en spectacle et dans ce miroir, des animateurs (qui en sont restés à la psychologie sadomasochiste de la puberté, insultes et vulgarités, exhibitionnisme et voyeurisme sexuel) manipulent les gens en les prenant pour des imbéciles. En acceptant d'être ainsi dévalorisés et en s'amusant avec des attitudes de « déconstruction », caractéristiques de la période de la prime adolescence, le discours social de certains médias entretient la société dépressive où, puisque rien ne serait important, il est donc inutile de s'embarrasser du sens des choses. Le recours à l'euphorie « rigolarde » est un versant du langage dépressif. Ne dit-on pas : « Il vaut mieux en rire qu'en pleurer » ?

L'époque actuelle rompt donc avec cette recherche du sens et s'il fallait s'en convaincre il suffit d'observer, une fois de plus, la disparition progressive à la télévision des débats qui sont remplacés par des témoignages au caractère purement singulier et à partir desquels il est difficile, voire impossible, de réfléchir en prenant du recul pour dégager des concepts universels qui permettent de faire des liens avec d'autres réalités. Nous développons ainsi un type d'homme, centré sur son immédiat et sur son opinion, simpliste dans ses raisonnements et dans ses attitudes,

---

1. Ed. Nuova Eri, Turin.

ainsi que des modèles de pensée où dominent la dérision, le mépris et l'incapacité de saisir les réalités à partir d'idées et de valeurs. Chaque cas devient normatif et les situations particulières devraient remettre en question des lois invariantes qui habituellement régulent les situations sous le prétexte qu'on ne veut pas évaluer ses comportements par une autre dimension que soi-même. Ce genre de comportement représente un véritable déni du sens de l'Idéal transcendant qui explique pourquoi le sens de l'autre perd de sa valeur quand les individus se lâchent les uns les autres. Le suicide intervient justement lorsque plus aucun lien ne retient l'individu aux autres dans la recherche paradoxale d'une autre forme de vie. Nous retrouvons souvent cette conviction chez ceux qui ont « raté » leur suicide et s'efforcent de reprendre goût à la vie après avoir vécu un déplacement de leur Idéal. Si nous savons consciemment que la mort évoque réellement la fin de la vie, il n'en va pas de même dans l'inconscient où domine l'absence de cette représentation et où les désirs sont quasiment immortels.

C'est donc bien au nom d'un idéal que le sujet incline à sortir de la réalité insatisfaisante pour rejoindre un autre univers... illusoire. La cassure survient lorsque l'individu ne parvient plus à investir de façon gratifiante les réalités, dès ce moment son Moi lutte contre les pulsions de vie et se met au service de la destruction, au service de la pulsion de mort, celle qui délie. La fonction essentielle de l'appareil psychique consiste à lier les pulsions entre elles en se gardant d'être prisonnier du Surmoi (qui rappelle l'interdit incestueux) et d'être soumis à l'Idéal du Moi dans le sens qu'il est aussi l'héritier de la toute-puissance infantile (il se transforme en instance de projets et d'idéaux). L'épreuve de la réalité ne peut être assumée dans l'appareil psychique au moment de cette cassure et rend chancelant le travail du Moi qui s'en remet à l'instance du Surmoi. Celui-ci, dans son extrême sévérité, encourage la destruction des objets d'amour (à commencer par soi) pour mieux les maîtriser; mais ce faisant, la guérison est espérée grâce à la mort. Et ainsi, selon la formule classique, « le malade est mort guéri! »

Cette autodestruction peut donc s'achever dans le suicide. Auparavant bien des personnes soumises à des idées suicidaires viennent consulter pour demander de l'aide et lorsqu'elles parlent de leur angoisse, c'est toujours à travers une lutte contre les divers objets de la réalité et contre l'activité d'une pulsion brute avec le risque d'être submergées, écrasées par un fantasme inconscient qui agit de façon trop autonome sans être coordonné par l'appareil psychique. Nous comprenons mieux ici ce que nous avons déjà dit par ailleurs, combien les slogans à la mode qui incitent à exprimer ses fantasmes en tant que tels, à entretenir l'état premier des pulsions ou à rechercher la fin d'une pulsion en elle-même sont aberrants et ont des conséquences sur la santé de la société. On provoque des hémorragies psychiques qui sont déstructurantes et on casse le fonctionnement de l'appareil psychique qui doit lier les pulsions dans la période de formation de la personnalité, les délier dans celle de son remaniement selon les expériences et les âges de la vie et enfin les relier à nouveau une fois le changement réalisé. Ce processus dynamique est constant pour organiser la libido, sinon le risque est grand d'assister à un éclatement interne des pulsions provoquant une excitation insupportable et l'impossibilité dès lors d'un assouvissement pulsionnel, retrouvant ainsi l'impuissance du corps et la sexualité infantile.

Dans sa conception de la vie, l'environnement actuel est destructeur et pousse au suicide. Il suffit de se souvenir du « destroy » de Marguerite Duras ! De la dérision à la casse on détruit et l'on se détruit. Le sadisme est la pulsion dominante du moment, à croire que nous avons réussi à intérioriser ce que nous avons tellement combattu : le primitivisme de Rousseau, l'eugénisme du nazisme et le mépris de l'individu et de la vérité du marxisme. Dans cette ambiance de mort on assiste comme chez le dépressif à l'effondrement de tout ce qui pourrait donner un sens à la vie. Ce déni du sens favorise les conduites perverses puisqu'en se dépréciant et en se détruisant la société oblige à se maintenir dans le modèle de la relation aux pulsions partielles. En effet ce climat empêche toute possibilité de relation d'objet et il n'est pas étonnant que l'homosexualité, le fétichisme et l'exhibitionnisme, entre autres, soient pour l'instant des comportements privilégiés et parfois curieusement justifiés par des philosophes. Certains dépressifs se sauvent en ayant recours à l'auto-érotisme et au narcissisme et d'autres espèrent trouver le salut dans le suicide qui, pensent-ils, peut être aussi une autre façon de repousser la mort en fuyant comme Montherlant les méfaits de l'âge, les impasses de la maladie et celles de l'incompréhension ou de la solitude.

Le suicide et son corollaire pseudo altruiste qu'est l'euthanasie sont deux façons d'évacuer paradoxalement la mort en tuant son corps pour se survivre en esprit, manifestant ainsi la négation du Moi-réel au bénéfice d'un Moi-idéal (neutralisant l'Idéal du Moi comme nous l'avons déjà évoqué) qui ne parvient pas à affronter la réalité. La fragilité des personnalités contemporaines équipées d'un Moi relativement inorganisé, car trop proche de l'état premier des pulsions sans les élaborer, pour compenser ses faiblesses se confond avec un Moi-idéal comme seul objectif. A vivre ainsi on se fait d'autant plus d'illusion sur soi-même que les modèles actuels de la société incitent à régresser et à s'enfermer dans un Moi-idéal autosuffisant. On comprend dès lors qu'à la moindre difficulté ou frustration inhérentes à l'existence humaine, ce Moi-idéal risque de subir la fracture de son narcissisme et que la seule issue, sous forme de fuite, soit le suicide.

Telle est l'une des significations du silence social feignant d'ignorer le suicide au nom de la structure dominante des individus ou à l'inverse de le valoriser au nom du « droit à mourir dans la dignité ». Dans ce climat il sera considéré comme un acte héroïque : « Il faut être courageux, disent certains, pour se suicider », à moins qu'il ne soit conçu que comme une décision qui regarde seule la personne à propos de laquelle les autres n'ont rien à dire. La société serait-elle plus prompte à admettre les effets de rupture, de déliaison de ses membres qui se séparent d'elle plutôt que de chercher à entretenir avec eux une relation leur permettant de vivre?

La part de responsabilité de l'environnement dans le

suicide d'une personne est difficile à définir et surtout à soutenir comme cause première. Malgré tout, nous sommes toujours concernés par le suicide de l'autre car, à travers sa conduite, il nous adresse un message au sujet de nos relations sociales qui se délient. Nous le rappelons, l'univers socioculturel qui est le nôtre n'est pas étranger à la progression des suicides. Mais le geste suicidaire est toujours le fait d'un sujet soumis à une impulsion irrationnelle ou d'une décision prise par une personnalité particulière avec la conviction de trouver la solution à tous ses maux.

Le suicide est l'indice actuel d'une implosion des individus et d'une désintégration sociale

Le taux de suicide est le révélateur de la santé mentale d'une société. Dans une perspective ethnopsychiatrique la cause du suicide est également à rechercher dans le degré d'intégration des individus à la société et dans l'action régulatrice que celle-ci exerce sur leur psychisme grâce à la cohérence de ses valeurs et de ses projets. Lorsque l'intégration se relâche le taux de suicide augmente et varie selon la qualité de l'insertion de l'individu. Il sera ainsi plus fréquent en milieu rural (on constate une surmortalité des agriculteurs qui est la première catégorie professionnelle touchée par le suicide; entre 45 et 54 ans, 52 pour 100 000 habitants, pour les 55/64 ans 102,8. Ces chiffres sont les plus importants en Bretagne, Normandie, et en région Nord) qu'en milieu urbain (les taux de la région Ile-de-France sont les plus bas), dans les pays protestants (cf. les pays nordiques) que dans les pays catholiques, dans ceux où le divorce est répandu que dans les régions où se maintient la structure familiale. On assiste dès lors à des suicides « égoïstes », selon la catégorie de Durkheim, c'est-à-dire ceux qui résultent d'une insatisfaction du sujet en raison de l'affaiblissement des liens sociaux, des normes et des valeurs sociales. L'individu ne parvient plus à s'intégrer au groupe social et ce lien qui se défait a valeur de mort. Ne dit-on pas d'ailleurs à titre

d'exemple que la politique agricole actuelle « tue » la pay-
sannerie et atteint du même coup la société dans le rôle
essentiel joué par les paysans pour l'entretien des terres
mais aussi par rapport au sens symbolique que représente
leur action dans le lien avec le cosmos. Le milieu rural ou
la campagne ne sont pas des terres à reconvertir ou à
transformer en réserves ou en lieux de loisir, mais avant
tout une population d'agriculteurs et d'éleveurs qui gèrent
un patrimoine et dont la fonction ne sera pas remplacée
par l'industrie alimentaire.

Cette ruine annoncée des paysans sera sans doute la
catastrophe humaine la plus tragique de l'histoire car en
supprimant un rapport essentiel à la nature, elle contri-
buera à réactiver les problèmes déjà connus dans les civilisations hyper-urbanisées que furent celles de la Grèce et
de Rome. Les effets d'une architecture vide de présence
et d'intériorité et de l'urbanisme contemporain se vérifient
à travers l'utilisation de matériaux tels que le verre, le
métal, le câble, le carrelage qui, passés le design d'une
mode, ne résistent pas au temps et méprisent les réalités
élémentaires de la vie quotidienne et des relations à
l'autre et à la nature. Dans ce contexte il n'est pas étonnant que ceux qui représentent le rapport à la nature
(terre et cosmos) et le sens d'une nécessaire spiritualité
soient parmi les premiers exclus. Leur disparition progressive ne permet plus aux citadins de comprendre directement le fonctionnement et le respect des lois de la nature
et cette désintégration favorise une ambiance de mort et
induit au suicide.

Les différentes significations du suicide dans l'histoire
A chaque crise de civilisation le taux de suicide augmente; ce fut le cas à la fin de la République romaine, à la
fin de la Chrétienté médiévale ou aujourd'hui de l'Europe
des Lumières avec, selon les périodes, un rapport différent
au corps. Les propos qui vont suivre sont issus d'une étude
donnée en 1988 dans le cadre du Groupe de recherche et
d'études sur le suicide de l'université de Lille-I par
Michel Rouche, professeur d'histoire à l'université de
Paris-Sorbonne et qui nous a permis de résumer l'essentiel

de ses travaux en y apportant quelques compléments de notre point de vue. Qu'il en soit ici vivement remercié.

<u>Le corps enveloppe dans l'Antiquité gréco-romaine</u>

Dans l'Antiquité gréco-romaine et pour toutes les civilisations indo-européennes, la mort est considérée comme un passage vers l'immortalité, c'est-à-dire un retour à ses origines dans un temps circulaire qui est celui de l'éternel retour. Le corps est vécu comme une prison dont la mort le délivre et n'est donc qu'une enveloppe dont il faut se débarrasser pour connaître le bonheur des dieux. Malgré cet état d'esprit les philosophes Platon puis Aristote n'en considèrent pas moins le suicide comme une lâcheté, mais leur influence fut faible sur deux écoles qui eurent du succès dans l'opinion : celles du stoïcisme et de l'épicurisme qui considéraient que l'acte de se tuer n'était pas une lâcheté mais une victoire sur l'adversité. Pour les stoïciens le suicide est un acte de courage, alors que pour les épicuriens c'est un moindre mal, l'art d'éviter les déplaisirs après avoir épuisé les plaisirs du monde. Ces deux conceptions reposent donc sur une image de son corps perçue comme totalement extérieur à son Moi qui n'existe que pour le toucher.

Il existe cependant dans l'Antiquité d'autres types de suicide, d'ailleurs plus proches de nos mentalités, comme par exemple celui provoqué par l'absence de l'autre dans la passion amoureuse.

La transition entre la conception antique et celle du Moyen Age eut lieu par le biais du monde juif. Dans l'Ancien Testament les exemples de suicides à la manière classique sont nombreux. Ainsi le roi Saül se tua parce que l'image du roi était ternie par son échec. L'image de soi avait été brisée comme lors des guerres d'indépendances lorsque des Grecs étaient vaincus et que pour ne pas subir des outrages indignes de leur naissance ils se suicidaient. Il s'agissait dans tous ces cas d'éviter la profanation de leur corps par les vainqueurs, comme si la vie étant enlevée au corps, celui-ci ne risquait plus rien une fois aux mains de l'ennemi. Le corps est donc bien porteur d'une image sociale, ou même porteur de celle du peuple entier.

Ces pratiques furent freinées chez les juifs et les chrétiens dès l'apparition de la croyance en la résurrection de la chair à l'époque des Maccabées (175 av. J.-C.).

Le corps personne au Moyen Age

Ainsi s'achemine-t-on vers une nouvelle attitude envers le corps avec le triomphe du christianisme en 392. Très rapidement certains excès mal tolérés pendant les persécutions contre les chrétiens, tels les martyrs volontaires, furent condamnés. Des cas comme celui de la diaconesse Appolinie d'Antioche (morte en 249) qui après avoir été torturée se jeta dans les flammes pour ne point abjurer, ou de Pélagie (morte en 302) qui se jeta du haut d'une tour afin d'éviter de subir les derniers outrages, ne furent guère approuvés par l'autorité ecclésiastique, pas plus que les actes de provocation à la persécution que firent les « martyrs » de Cordoue au xie siècle, sur la personne du Calife. En effet, à la suite de saint Paul qui écrit « Nul ne vit pour lui-même et nul ne meurt pour soi-même » (Romains 14, 7-8), saint Augustin, alerté par les suicides des donatistes [1] et ceux des stoïciens, appliqua le : « Tu ne tueras pas » au meurtre de soi-même. Il s'agit d'un péché contre Dieu, contre la communauté, il est contraire à l'amour légitime de soi-même, il nie la croyance en la résurrection des corps, il est une injure au verbe fait chair. Dès lors un changement de mentalité s'opère. La dernière épidémie *de suicides* éclate en Espagne wisigothique à la fin du viie siècle dans un royaume rongé par une crise de légitimité politique. Ceux qui avaient reçu une peine en justice préféraient, plutôt que de l'accomplir, se pendre ou s'égorger. Le concile de Tolède en 693 excommunie ceux qui en réchappaient

Après cela cinq siècles d'équilibre social permirent l'application d'une législation totalement opposée au suicide. Le concile d'Orléans de 533 avait interdit de faire

---

1. Donat, évêque de Carthage et chef de file d'une secte au ive siècle est à l'origine de l'hérésie donatiste : si des chrétiens avaient trahi leur foi il fallait les baptiser à nouveau pour qu'ils soient réintégrés, ce qui n'était pas la doctrine de l'Eglise. Pour justifier qu'ils respectaient la véritable Eglise, ils allaient jusqu'à affronter la mort dans le suicide.

des offrandes sur les tombes des suicidés. Celui de Braga en 616 leur refusa la sépulture, enfin le pape Nicolas Ier (800-867), dans ses réponses aux Bulgares, interdit que soient dites des messes pour les suicidés. Cela provoqua, notamment au plan matériel, toute une législation civile dans ce sens : leurs biens étaient confisqués pour éviter les morts intéressées. La littérature s'en empara et Dante mit les suicidés dans le troisième cercle des enfers, juste avec les sodomites. Il ne s'agissait pas de sacraliser le corps, mais d'exalter la croyance selon laquelle la vie est un don de Dieu. Cette représentation rendait impossible toutes les conceptions dualistes (le corps contre l'âme) antiques, stoïciennes ou manichéennes. Lorsque à la fin du XIIIe siècle certains cathares pratiquaient le suicide par le refus de manger, ils provoquèrent une répulsion générale. Affirmer ainsi que le corps était une matière impure dont on se libérait pour sauver son âme constituait un schisme de la personne humaine totalement périmé. La conception médiévale sous l'influence du christianisme du « corps personne humaine » selon laquelle « je suis grâce à mon lien avec l'autre » (et avec Dieu) aboutit à cette affirmation : « Je suis par l'autre. Ma conscience de moi est éclairée par le regard de l'autre. Donc je ne suis pas deux, mais un. » Incontestablement le suicide a dès lors reculé à cause de cette intégration du corps et de sa divination potentielle.

Mais la crise de la civilisation médiévale remet cet équilibre en question. Les XIVe et XVe siècles sont des époques de retour aux épidémies, aux guerres civiles, aux troubles mentaux et religieux. Quand il y a trois papes ou deux rois pour un même siège et que les morts sont légions, la peur, l'angoisse et tout particulièrement la mélancolie apparaissent. On assiste à des vagues de désespoir, accentuées par une épidémie mortelle de syphilis à partir de 1496. Cela va jusqu'au refus de Dieu perçu comme un être destructeur et méchant. Une épidémie de suicides se déclencha surtout au dernier siècle du Moyen Age et tous ces cas furent soigneusement étudiés par les confesseurs de l'époque qui étaient complètement désemparés devant ces actes imprévisibles, inexplicables. Dans une société très socialisée, les suicides avaient souvent lieu par pendaison à l'intérieur des maisons ou des greniers. La seule explication possible est donc que le suicide du Moyen Age finissant est dû à la rupture du lien avec autrui. Dieu, pense-t-on, laisse faire tous ces malheurs. La rupture du lien est alors remplacée par le lien de la corde avec le ciel, la pendaison étant un dernier appel vers l'En-Haut.

D'autres types de suicides de la fin du Moyen Age révèlent cette rupture avec la conception du « corps personne ». L'Eglise avait interdit les tournois depuis le xiᵉ siècle à cause des conduites suicidaires qu'ils induisaient. On préférait se faire tuer pour montrer son courage plutôt qu'en cas de faiblesse reculer. Le mépris du corps et de sa personne est lié à l'image que l'on a voulu lui donner face à la société. Que cette image puisse courir le risque d'être ternie ou détruite, et du coup on s'expose volontairement à la mort afin de se prouver être propriétaire de soi-même jusqu'au bout. En somme, avec la Renaissance d'esprit païen, l'homme reprend son corps à Dieu.

Le corps propriété aux époques moderne et contemporaine

Les conceptions antiques ont donc réapparu au xviᵉ siècle malgré le « Dialogue du réconfort » de Thomas More qui sut montrer que le martyre n'est pas un suicide et le thème devint un sujet de littérature comme le prouve le théâtre de Shakespeare. Puisque le dialogue de l'homme avec Dieu est vécu comme difficile, voire de plus en plus terrifiant, surtout avec la disparition dans le protestantisme de cet intermédiaire rassurant qu'est le prêtre, l'individu va se replier et prendre de plus en plus de pouvoir sur lui-même. Grâce aux réformes du concile de Trente (1545-1563) ce phénomène fut contenu, mais au xviiiᵉ siècle cet équilibre disparut avec l'Esprit des Lumières et la crise de civilisation qui éclata après 1750.

Une nouvelle épidémie de suicides se déclencha à la fin du xviiiᵉ siècle et au début du xixᵉ. A Berlin, de 1781 à 1786, on enregistre 239 cas dont la moitié sont des soldats. La discipline prussienne, à base de bâton, ne pouvait que casser l'image du corps de chaque soldat incapable de satisfaire les exigences des supérieurs (actuellement les

« Marines » aux USA ont un taux de mortalité qui va du double au triple par rapport à d'autres corps d'armée). Ces suicides expliquent aussi les défaites devant Napoléon en 1807. Mais les autres suicides qui eurent lieu en France sont de même nature et reposent sur la même conception : « Personne ne doit toucher à mon corps dont j'ai moi-même construit l'image ! » Ils concernent les deux bords : révolutionnaires et contre-révolutionnaires qui ne peuvent tolérer d'être par leurs corps possédés par l'adversaire. Ces suicides furent si nombreux que la Convention décréta la saisie des biens des suicidés.

Cette mesure ne fut guère efficace d'autant que cette solution, propre aux temps chrétiens, ne correspondait même pas au désir de rompre un lien avec Dieu, mais bien plutôt à la transgression de ce lien. Toute la littérature et la musique romantiques sont remplies par cette idée du suicide, parce que la vie est insatisfaisante. Le premier Faust traduit par Gérard de Nerval en 1828 débute par une tentative de suicide. C'est l'air célèbre de Gounod : « Salut ô, mon dernier matin ». Le thème de Faust consiste en effet à présenter ce médecin qui se vend à Méphistophélès parce que comme Werther, il n'a pu s'offrir ce que Werther n'a pu obtenir, l'amour de la plus belle femme. C'est de là que vient l'explication des suicides romantiques. Chacun des amants se considère comme Faust propriétaire de son corps. « Puisque je ne peux obtenir le corps de l'aimé(e) il me reste mon pouvoir sur moi », ou encore : « Puisque nous ne pouvons obtenir l'accord de la société pour notre amour, il ne nous reste plus qu'à disparaître. » Le suicide à cause d'un amour impossible est une chose nouvelle, comme l'est celui par dégoût d'une vie insatisfaisante. « Je suis sans pouvoir, donc je me vends au pouvoir que représente Méphisto. » L'impossible réussite crée un sentiment d'échec, les forces passionnelles débouchant sur le spleen ou plus sûrement le suicide. La rupture du lien avec autrui s'achève dans la transgression religieuse et le triomphe de l'individualisme qui joue de son dernier pouvoir, celui qu'il possède sur son corps.

A partir de ce moment, le suicide devient un indice de

déstructuration de la société et va se développer de région en région au fur et à mesure où elles perdent leur valeur économique et se déchristianisent au cours du xxe siècle avec la fin des idées romantiques. Puis à partir de 1975 commence une nouvelle épidémie de suicides qui est d'une autre nature que celle des années 1760-1830 puisqu'elle est principalement motivée par la désespérance. De ces crises de civilisation marquées par des vagues de suicides, il est possible de déduire quelques traits généraux. Le rapport au corps est toujours lié à une certaine conception de l'homme. Le suicide est facile dans des conceptions dualistes, étrangères en particulier au christianisme à l'origine du sens de la personne humaine. En revanche le suicide devient difficile si l'individu est considéré dans sa globalité comme une personne. La personne existe grâce à l'autre, ce qui permet l'intégration sociale, une identification de soi-même car le corps est valorisé par autrui. Mais cette conception chrétienne a éclaté au cours des deux dernières crises par le triomphe du nihilisme, la destruction du lien social et la perte d'identité. Il ne reste plus que le pouvoir que chacun a sur son corps pour s'exclure de la société puisque cette dernière secrète effectivement de l'exclusion mais pas là où l'on voudrait le faire croire aujourd'hui.

L'implosion des individus et l'anomie de la société

Dans la période actuelle les individus qui se suicident implosent dans la désespérance de ne pas pouvoir être présents à eux-mêmes ni de savoir créer un lien social au moins dans deux cas de figures.

La névrose du choix de vie qui correspond à la difficulté d'avoir conscience de ses désirs et de se sentir inhibé pour mettre en œuvre ses possibilités dans la réalité laisse l'individu seul avec lui-même. Retournant contre lui cette double impuissance, il risque de s'effondrer de l'intérieur et dans les cas dramatiques éprouvés par l'enfermement dans soi, le recours au suicide est une alternative pour sanctionner une impasse.

L'avenir incertain pour soi dans la société qui présente un horizon bouché, non seulement parfois sur le plan économique et professionnel, mais aussi parce qu'elle ne présente pas un sens à donner à l'existence : sens à partir duquel les crises de la vie peuvent être traitées. Mais ce qui est plus grave, lorsque l'individu ne sait pas comment il va pouvoir continuer de vivre dans un monde apparemment sans avenir, c'est d'en conclure que sa vie est sans valeur. Cette notion d'une vie sans valeur, quand on sait qu'une existence ne pourra plus évoluer favorablement (maladie, vieillesse, etc.), a également ouvert la porte à l'euthanasie et au suicide justifié par le fait qu'il contribue à la fin d'un malheur. Cette perte du sens de la valeur de la vie, en son début et en son terme, dans la maladie comme dans les difficultés, est l'une des caractéristiques actuelles. Un tel recours à la mort s'explique souvent par une souffrance ou une contrainte insupportables parce que l'individu ne trouve pas de solution à sa portée.

Les modes de vie et le type d'éducation des pays développés favorisent, faut-il le redire, des risques suicidaires. Les différentes formes de références appliquées par les jeunes et par les adultes déstabilisent les valeurs de socialisation entre les générations en rendant caduc la transmission du sens des relations, des croyances, des savoirs et des traditions séculaires. Or il n'est pas possible de vivre dans la discontinuité de ses « racines » sans dépérir. Il se produit une désorganisation et un éclatement social provoquant des relâchements entre soi et les autres, soi et son corps, favorisant les régressions au stade pubertaire où le corps est vécu comme étranger à soi. Situation largement exploitée aujourd'hui à travers tous les stages de formation magiquement centrés sur le corps et qui aboutissent à des cassures et à des inhibitions pour s'engager au-delà de l'instant.

La famille assume de moins en moins une fonction éducative auprès des enfants et en particulier auprès des adolescents qui se retrouvent souvent seuls pour traiter psychologiquement, moralement et spirituellement les problèmes de la réalité. La famille éclatée (séparation, divorce, etc.) assure difficilement et avec trop d'incertitude la socialisation des enfants, dans ces conditions le type de relâchement social peut déterminer à des degrés divers des tendances suicidaires. De nombreuses études ont montré que des familles cohérentes, attentives à leurs enfants, présentant des relations parentales identifiables et repérées dans un système de valeurs et de croyance, favorisent une identification positive à la vie et une structuration de la personnalité. En revanche, la discipline rigide des parents, comme d'ailleurs leur absence ou leur laxisme, provoquent de l'anxiété et peuvent ainsi conduire à la délinquance et parfois au geste ultime et désespéré parce que la relation aux autres a été trop malmenée.

Ce constat nous amène à mettre en évidence le type de suicide qui s'affirme dans nos sociétés dites libérées. Cette pseudo-liberté correspond surtout au relâchement, voire à l'absence, des liens entre les individus qui ne savent pas toujours à partir de quel idéal ils peuvent construire leur relation. Dès lors on assiste à un éparpillement, à un morcellement de la relation sociale et à une disparité des références qui atomisent progressivement la société. L'individu soumis à cette incohérence ne peut pas se fortifier psychologiquement et il en vient à son tour à imploser car il se reproche ses limites ou son incapacité à agir socialement. Il ne sait plus dans ce contexte si ses conduites peuvent avoir des effets sur la société à travers l'éducation donnée aux enfants, son travail professionnel, le respect des règles communes, l'élection de ses représentants, ses adhésions morales et ses convictions religieuses. Un sentiment d'impuissance se dégage et façonne le modèle contemporain du suicide de désespérance au regard de la désintégration sociale actuelle qui semble sans issue. Ce suicide de désespérance est symptomatique d'un lien à soi et à autrui qui ne parvient pas à s'établir. Nous sommes justement dans une période de l'histoire où vivre consiste plus à casser des liens (divorce, relations affectives ou sexuelles transitoires, chômage, immigration, conflits ethniques) plutôt qu'à rechercher ce qui unit. Ne sachant plus choisir et œuvrer dans le sens de l'unité, les relations, dans tous les domaines, alternent entre le fusionnel et la rupture. Or ce problème dépasse très largement la psychologie, la sociologie et le politique car il est de l'ordre d'une dimension métaphysique et transcendante. La civilisation industrielle et urbaine est la première civilisation athée du monde et cela est grave! Elle s'organise politiquement et économiquement pour que le religieux n'ait aucune place dans le champ social en voulant, ce qui est critiquable, le restreindre à la sphère du privé. Cette absence apparente de lien vertical ne permet pas d'établir un lien horizontal durable et solidaire avec les autres sauf dans le drame de l'autolyse du pendu entre ciel et terre. Autrement dit les sociétés ne peuvent pas vivre dans l'ignorance de ce que représente la symbolique religieuse pour réfléchir l'existence humaine.

Dans la plupart des sociétés, et en particulier dans la nôtre, la religion a toujours été un facteur d'intégration sociale, il est tout aussi absurde d'en faire une question privée que de vouloir obliger des individus à se reconnaître dans une dimension religieuse. Si les églises revendiquent avec raison le caractère intrinsèquement social de leur mission, elles n'ont pas la prétention de contraindre les libertés. Il faut au moins admettre cette évidence sans faire d'amalgame avec les sectes qui ont plus une tradition d'aliénation morbide que d'humanisation et de progrès comme c'est le cas des traditions juive et chrétienne.

La religion et le christianisme en particulier ont une dimension sociale à laquelle la culture pas plus que la politique ne peuvent se substituer. Le judéo-christianisme ne fait pas partie du patrimoine culturel de notre société, on ne peut le faire visiter aux enfants comme on le fait avec les ruines de certains sites de nos ancêtres gaulois pour mieux faire comprendre notre histoire, l'art et la symbolique dans lesquels nous sommes! Il est en fait le fondement de nos sociétés. Toutes nos valeurs en sont issues, même si la majorité d'entre elles ont pris leur autonomie, oublier cet enracinement risque de les dévitaliser et de les rendre folles. Comment continuer de les justifier et de les valoriser sans savoir d'où elles viennent?

L'apparente liberté dont jouit aujourd'hui l'individu dans les sociétés moins intégrées le conduit en fait à l'insatisfaction et à la subordination égoïstes des fins sociales à celles de sa personnalité propre. Lorsqu'elle se transforme brutalement, en rompant avec les invariants de son histoire, la société ne joue plus son rôle de régulateur et la place à l'état d'anomie qui favorise l'esprit de désinvolture vis-à-vis des règles de la vie sociale, des valeurs, de la morale et du religieux. Les modes de pensée actuels, fondés sur la dérision ou les pseudo-savoirs, en sont les symptômes quelque peu délirants. Une telle situation, surtout dans les civilisations industrielles, entraîne un taux de suicide anomique. L'anomie étant l'état d'une société caractérisée par une désintégration des normes qui règlent les conduites des hommes et assurent la cohérence sociale. Des jeunes finissent par s'identifier à cette désintégration sociale en lâchant la vie puisque aucune raison ne semble tenir pour organiser un projet d'existence. Le suicide intervient comme le symptôme d'une personnalité qui ne parvient pas à naître socialement avec les autres et non pas comme uniquement la volonté de mettre un terme à un état mélancolique.

L'histoire des sociétés montre que là où se présente une augmentation du nombre des contextes sociaux divergents, on constate une augmentation du nombre des occasions de suicide ; ainsi en est-il dans les périodes de désorganisations sociale, ethnique, économique, culturelle et religieuse. Selon que les individus appartiennent à une catégorie sociale aisée ou pauvre, le rapport au suicide sera différent. Il sera plus fréquent chez les premiers que chez les seconds qui eux auront surtout recours à l'homicide (agressions, vols, meurtres, etc.). Les différentes formes d'agression sur les personnes et de dégradation sur les biens sont le signe de conduites suicidaires.

Le suicide anomique apparaît donc également comme une maladie des pays développés qui ne fabriquent plus du social et de la sociabilité faute d'un sens de l'altérité. L'individu tente de mettre à son service le social sans avoir conscience qu'il appartient à un groupe humain et sans être conscient que son attitude a des conséquences déterminantes sur la société. En une formule on peut dire que l'homo-égoïste ne fait pas corps avec sa société, il n'est pas solidaire, d'ailleurs beaucoup la critiquent et en parlent comme si elle ne dépendait pas d'eux. Sans doute aussi parce que les modes de vie des sociétés industrielles désocialisent et que les décisions politiques contribuent à déposséder les individus de leur vie. Il ne faudra pas s'étonner d'assister à un repliement sur soi pour se protéger d'influences aussi négatives qui engendrent une société suicidaire.

La prévention est-elle possible?

Le mal moderne qui motive parfois le suicide, indépendamment de la pathologie mélancolique, est pour les jeunes la difficulté d'entrer dans la vie et pour les aînés de s'y maintenir. Le sentiment que la société n'est pas prête à accueillir les jeunes ou qu'elle ne tient pas à maintenir sa relation avec les anciens (*cf.* le caractère déprimant et mortifère de la préretraite) ou une catégorie sociale particulière (les agriculteurs) détruit tous les liens possibles et rend la vie sociale inaccessible à certains.

Le nombre important de suicides de jeunes et surtout de leurs tentatives (rappelons le chiffre : plus de 40 000 par an. A ce constat il faut inclure que 7 000 jeunes de 15/25 ans meurent tous les ans – accidents, suicide – et que 20 % des filles et 10 % des garçons prennent un psychotrope; enquête MNEF 1992) oblige à s'intéresser en priorité à eux sans pour autant négliger les autres catégories de la population. Nous allons donc surtout envisager les problèmes posés à une éventuelle prévention du suicide vis-à-vis des jeunes qui rejoindra en fait des interrogations qui concernent l'ensemble de la société.

L'adolescence est une période de deuil nécessaire

Nous l'avons indiqué, les moments dépressifs font partie de l'expérience juvénile. Il n'est pas simple de quitter les avantages de l'enfance pour entrer dans la réalité de la vie adulte. De nombreux jeunes se dépriment au contact d'une vie de responsabilité (professionnelle, domestique, conjugale, parentale, etc.) dont ils étaient relativement protégés matériellement et affectivement par leurs parents. Bien souvent ils avaient plus imaginé et rêvé la vie qu'ils ne la connaissaient réellement. Il faut également ajouter qu'aujourd'hui les délais de maturation sont plus longs, même si à tort on considère trop vite les moins de 25 ans comme des adultes achevés alors qu'ils sont encore en plein débat avec les problèmes psychologiques de l'adolescence.

L'adolescence est une période de deuil, deuil de l'enfance et deuil de ses parents. Pour accéder à de nouvelles gratifications l'adolescent doit accepter de renoncer à celles de l'enfance de la même façon que pour devenir autonome, il doit apprendre à se reposer sur lui-même. Cette prise de distance (psychologique) d'avec ses parents doit se faire combien même il continue de dépendre d'eux matériellement. Certains parents, sans s'en rendre compte, en maintenant une relation trop proche avec leur enfant ne favorisent pas toujours cette évolution, là où justement on a voulu remplacer la relation éducative par une proximité affective. Faute de savoir indiquer les chemins de la vie, les adultes ne cessent de rechercher l'affection des adolescents.

Des adolescents ne sachant pas travailler psychologiquement ces deux deuils nécessaires, dans un monde qui ne donne rien d'autre en échange pour effectuer un passage symbolique, finissent par se tromper d'objet en se prenant eux-mêmes pour la cible du renoncement. On retrouve cette agressivité retournée contre soi dans l'utilisation de la drogue, dans certaines conduites sociales de violence et de transgression contre les autres et bien entendu dans le suicide.

Les signes qui alertent et la conduite à tenir
Des signes qui alertent peuvent éveiller l'attention, mais il faut savoir également que toute attitude morose n'est pas nécessairement du registre de la pathologie mélancolique au moment de l'adolescence. Des échecs scolaires malgré des possibilités évidentes, les troubles du sommeil, les maux de tête, le manque d'appétit, la perte d'intérêt, une affectivité exacerbée, les fugues répétées, la mélanco-

lie et la dévalorisation constante de soi sont autant de signes qui peuvent apparaître sous des formes très diverses et parfois subtiles. La difficulté est évidemment de discerner parmi toutes ces conduites symptomatiques l'appel auquel il faudra apporter une aide, dans la mesure où on sait l'interpréter. C'est au moment d'une crise aiguë qu'apparaît toute l'importance d'une relation éducative de qualité. Il nous faut malheureusement regretter que depuis la fin des années 60 cette qualité éducative se soit dégradée, passant d'une relation qui éduquait à la vie – avec un projet et un système de valeurs – à une relation peu à peu transformée en explication psychologique. A force de tout vouloir expliquer on a fini par vider la relation de son contenu pour transmettre plus de doutes que de certitudes tout en se rassurant derrière des théories psychologiques et psychanalytiques détournées de leur sens par le simplisme d'une trop grande vulgarisation. On oublie trop souvent qu'avant d'avoir besoin de psychothérapeutes, les enfants et plus tard les adolescents ont besoin d'enseignants, de parents et d'éducateurs bien situés dans leur rôle. Une mère qui joue à la psychologue avec ses enfants, en cherchant à découvrir et à interpréter leurs comportements, leurs moindres mots, leurs rêves et leurs dessins, finit par les empêcher de vivre.

Il nous faut ici évoquer une mode douteuse (et finalement dangereuse pour la santé psychique des adolescents) qui est en train d'envahir dans les lycées le milieu des professeurs en philosophie qui, après s'être « initiés » à la psychanalyse, alternent entre leur métier d'enseignant et celui de thérapeute, se déclarant parfois même comme tel auprès de leurs élèves. Cette situation qui est loin de simplifier les relations professeurs/élèves relève bien souvent de la séduction. Sans respecter les règles de l'art et de la déontologie psychothérapique, ces enseignants reçoivent pour des thérapies à partir d'un fond de clientèle représenté par les élèves de leur établissement y compris les leurs! La confusion des rôles, quelque peu perverse, qui préside à ce type de démarche rend caduc la relation pédagogique et la relation thérapeutique. Ces enseignants mal dans leur peau et dans leur rôle cherchent une nouvelle valorisation sociale à travers la psychanalyse et négligent une interrogation sur la relation éducative et pédagogique pour se protéger d'elle en s'enfermant dans un rôle de soignant. On peut se demander dans ce cas qui soigne qui ? Les élèves deviennent les otages de l'angoisse des adultes qui ne peuvent plus transmettre ni savoirs ni mode d'être, ni espérance ou conditions d'un avenir viable...

Le milieu scolaire est un lieu d'observation privilégié et bien souvent les enseignants révèlent aux parents des conduites que ces derniers ne soupçonnaient pas chez leurs enfants. Si le cadre scolaire est l'endroit où se manifestent souvent les signes d'un problème psychologique, il faut se méfier des affirmations sommaires qui rendent parfois trop vite l'école responsable des suicides ou des tentatives. On évoque les rythmes trop soutenus, la compétition à outrance, le manque de dialogue etc. L'échec scolaire, au-delà d'une séquence passagère, n'est pas nécessairement responsable d'une dépression qui peut avoir des conséquences dramatiques. En revanche une dépression aux raisons bien particulières à un individu peut s'exprimer tout d'abord par de mauvais résultats scolaires. C'est souvent la dimension dépressive qui fait chuter les performances scolaires, le sentiment d'échec qui en découle venant s'ajouter aux autres motifs de la dépression.

Il est vrai que l'environnement ne voit plus que par l'école aujourd'hui, comme si à elle seule elle devait régler toutes les carences affectives et morales, comme s'il n'y avait pas d'autres voies de formation. L'école est avant tout un milieu dans lequel se transmettent des savoirs ainsi que les méthodes requises pour apprendre à les utiliser et à les développer : il n'est pas dans sa fonction de se substituer à l'absence éducative des parents ou à l'absence d'initiation aux règles morales et de formation religieuse. C'est pourquoi il est important que les jeunes soient intégrés à des groupes éducatifs diversifiés. Le souci éducatif des parents s'atténuant, ils n'encouragent plus les enfants à participer à ces groupes sauf en ce qui concerne le sport qui reprend chez les plus jeunes les représentations pragmatiques de la performance; preuve en est cette façon quasi quotidienne chez certains de se vêtir des indispensables survêtement et paire de baskets.

Certains jeunes construisent eux-mêmes leur échec scolaire afin d'attirer l'attention de leurs parents puisque c'est d'abord à travers l'école qu'ils existent pour eux. Il faut savoir que si l'enfant travaille à l'école c'est surtout pour faire plaisir à ses parents, mais qu'il peut également échouer lorsqu'il les sent incertains ou que leur propre réussite lui semble inaccessible. A l'entrée dans la puberté l'enfant doit se désolidariser des désirs de ses parents pour les redécouvrir à travers les siens et les développer. Ainsi l'enfant peut-il très bien relâcher son travail scolaire jusqu'alors performant tout simplement parce qu'il ne voit plus l'intérêt qu'il a à s'occuper de lui-même. Cette attitude est fréquente de cette période où l'adolescent ne cesse de se demander : « Ça sert à quoi tout ça ? » Il vit une séquence dépressive en ne sachant plus comment investir sa réalité scolaire : refusant son changement il sabote son entrée dans l'adolescence à travers par exemple le refus de ses études. Les comportements de retrait scolaire sont à observer de près car ils sont le signe soit de l'amorce d'une dépression masquée qui peut évoluer sur plusieurs années avant de se manifester pour elle-même, soit le symptôme d'une mauvaise orientation (surtout lorsque l'on s'acharne à faire croire que tous les élèves peuvent accéder au Bac). Les filières qui permettaient à des jeunes de s'acheminer vers la vie professionnelle avec un CAP ont été supprimées et on les maintient à présent dans le secondaire ou vers un BTS. Ils finissent par sortir du système scolaire sans aucun diplôme et traînent avant de trouver un emploi, quand ils le trouvent, avec un sentiment de dévalorisation de soi qui peut se retourner contre eux (attitude suicidaire) ou contre la société (délinquance, vandalisme, etc.).

Les jeunes se fragilisent car ils doivent trouver en eux-mêmes les réponses à leurs interrogations personnelles mais aussi aux problèmes de la société là où autrefois les institutions (famille, école, église) apportaient un soutien, des informations et un terreau de maturation. La critique soixante-huitarde et le rejet des institutions au seul bénéfice de l'individu ne peut que renvoyer les enfants d'aujourd'hui à leur solitude. Il n'est pas étonnant que les plus démunis soient déstabilisés et les plus abandonnés de ce système. C'est ce qui explique que depuis quelques temps se soient développés des réseaux d'assistance, d'écoute, d'accueil qui tentent de combler cette carence éducative de notre société.

Lorsqu'un adulte (parent, enseignant, éducateur) constate chez un jeune des difficultés qui peuvent laisser penser à des idées suicidaires, une des réactions consiste à vouloir parler avec lui afin de l'aider à y voir plus clair. Une mise en garde est ici nécessaire : vouloir aider est une chose, savoir le faire en est une autre ! L'expérience montre que certains jeunes, mis en confiance dans une relation, se livrent volontiers à celui qui devient le confident de ses tourments. L'écoute bienveillante aidant, l'adolescent se raconte et parle de « son suicide », comment par exemple il l'imagine, l'organise et en mesure les conséquences. Un enseignant crut ainsi bien faire, pour aider un garçon de 18 ans à se libérer de ses idées suicidaires, en le recevant une heure tous les jours pendant plus d'une semaine. Croyant l'aider en le faisant verbaliser ses idées de mort, il lui permit, sans s'en rendre compte, de construire le scénario de son suicide. Quinze jours plus tard le garçon se pendait.

Il ne suffit pas de parler et d'être écouté pour résoudre un problème psychologique. L'écoute est certes à la mode actuellement, mais elle n'est pas une fin en elle-même, elle n'est qu'une modalité de la relation pour aboutir à un but précis. Les parents comme les éducateurs ne sont pas les mieux placés, voire les plus compétents, pour intervenir sur un registre aussi pathologique que peut l'être le discours d'un mélancolique et nous retrouvons ici la confusion des rôles entre le pédagogique et le thérapeutique ainsi que le malentendu qui existe entre le malade et le non-éduqué. Il est préférable de conseiller une consultation chez un spécialiste, en particulier lorsque des états anxio-dépressifs se prolongent, et même si le sujet s'y oppose, lorsqu'il est débordé par son angoisse, l'hospitalisation s'avère nécessaire.

Le suicide comme impulsion ou volonté de se donner la mort est un symptôme, il n'est donc pas une cause à examiner pour elle-même. La souffrance qu'il implique doit être soulagée et le risque encouru par l'individu réduit afin d'éviter dans la mesure du possible tout geste fatal. Cependant au regard de ces symptômes et des signes que nous venons de relever et qui sont des appels, se posent les questions de l'aide, voire d'une éventuelle prévention.

Il y a bien entendu une aide à éviter, inadmissible au plan moral et condamnée par la loi française : c'est celle de l'aide au suicide. Pour mémoire rappelons que, après la publication en 1982 du livre *Suicide, mode d'emploi* et seulement pour l'année 1987, 72 personnes furent retrouvées mortes avec ce livre à leur côté. La méthode proposée par les auteurs fut d'offrir, sous couvert de générosité plutôt sadique, une alternative de mort sans violence et des recettes infaillibles pour ne pas se rater. Cet hyperréalisme de militance de mort manifeste une incompréhension totale des enjeux psychologiques du suicide, la mort n'étant pour le suicidé qu'une modalité pour obtenir un objectif plus important. Une telle régression manifeste à l'évidence l'incapacité dans laquelle nous sommes à entrevoir le sens symbolique de certains problèmes humains qui sont simplement entendus de façon primaire et comportementaliste.

Un autre type d'aide est en train de voir le jour, sous des apparences très louables, en organisant sous couvert d'associations « une prévention du suicide ». Il est même des spécialistes qui se baptisent actuellement du titre quelque peu bizarre de « suicidologue ». Certaines de ces associations se sont déjà créées avec ce projet et reçoivent des subventions de municipalités et des pouvoirs publics. Devant l'inquiétude justifiée que représentent les suicides juvéniles, les décideurs politiques se laissent peut-être séduire par des projets hâtifs pour, au moment des bilans, montrer qu'ils ont apporté une contribution à un problème de société. Or la prévention du suicide est pour une grande part un faux problème car il est souvent inefficace de se centrer uniquement sur un symptôme, même s'il convient de le réduire, de le soulager et de le soigner.

Le geste suicidaire relève à la fois d'une personnalité particulière, mais également de ses enracinements sociaux. Prendre l'acte suicidaire comme le seul enjeu de la prévention c'est manifestement avoir une vision restreinte de la personne et se condamner à ne pas comprendre ce qui fait justement défaut lorsqu'un sujet en vient à cette décision ultime.

La prévention du suicide est donc un faux problème. La question qui devrait retenir notre attention serait en revanche de savoir, au-delà des intrigues psychopathologiques, comment éveiller chez les jeunes le désir de vivre en leur apprenant dès le plus jeune âge comment apprendre à vivre. Cette question ne relève ni de la médecine, ni de la mise en équation des comportements suicidaires; la véritable interrogation est celle des raisons d'espérer et de la qualité spirituelle qu'une société peut offrir aux jeunes.

Nos sociétés tiennent et entretiennent un discours de mort sur la vie. Des récents phénomènes de profanation de sépultures dans les cimetières, les actes de vandalisme et les agressions contre les personnes mais aussi les débats à propos de l'euthanasie qualifiée de « mort douce » ou de volonté de « mourir dans la dignité », relatés et développés avec trop de simplismes, ne font qu'exprimer un rapport aux autres dépressif et la plupart du temps morbide. Cette ambiance « destroy » donne l'impression que la vie n'a plus de valeur.

Le suicide collectif de Johannestown au Guyana, qui entraîna dans la mort les membres d'une secte sous la conduite d'un leader pathologique, est l'un des symptômes de nos sociétés dépressives qui, faute d'avenir et d'une espérance, se dissolvent de l'intérieur en implosant. L'apologie de la mort est partout jusqu'à concevoir un suicide altruiste!

Un groupe de pression tente de proposer à l'étude du Parlement européen, mais aussi à celui de la France, un projet de loi visant à faire reconnaître « le droit de mourir dans la dignité » et « le droit au suicide préventif assisté ». Le climat psychologique où domine des tendances sado-masochistes est relativement favorable au discours dans les médias de certains politiques, médecins et associations qui récupèrent dans leurs propos une projection délirante du groupe à ce sujet. Paradoxalement on souhaite lutter contre le suicide, et en même temps on établit et on voudrait le justifier jusque dans la loi. « Les idéologies suicidolâtres », selon la formule du psychiatre J. Ayme, ouvrent ainsi la porte à la légitimité de la mort recherchée ou donnée par un tiers. Si ce que l'on a appelé « l'acharnement thérapeutique » peut être parfois inutile, bien qu'il faille examiner sérieusement les conditions de poursuite d'un traitement ou de son arrêt, il ne devrait pas pour autant servir de prétexte pour revendiquer la liberté du suicide en confondant deux problèmes. Nous retrouvons souvent cette confusion au cours d'émissions de télévision qui, en présentant des situations particulières et dramatiques chargées d'émotions, les opposent à des principes, des lois et des règles morales empêchant de la sorte une authentique réflexion sur le sujet. Le législateur peut-il aussi gravement s'engager en codifiant et en faisant entrer dans le droit la mort sollicitée et donnée avec l'aide d'un tiers? Ce serait accréditer l'idée que la vie, selon les circonstances, peut être sans valeur.

Peut-on ainsi légiférer sur le devenir de la société sans tenir compte d'une philosophie de la vie qui fonde et limite le droit? Le plus grave dans ces projets de loi est le rôle accordé au médecin – déjà actuel dans tout ce qui relève de la bioéthique – à qui revient le droit d'être le décideur légal, pour le bien de la science et de la santé d'une personne, mais aussi l'acteur de l'intervention de mort sur l'individu là où traditionnellement il avait un pouvoir de vie.

La vie est aujourd'hui niée dans son début et sa fin, et les exemples qui, pour traiter par la négation les difficultés de l'existence, s'inscrivent dans cette logique ne manquent pas. Les jeunes ne sont pas attendus ni aidés dans nos sociétés. Quant aux « anciens », la loi, qui en 1985 décida les préretraites à partir de 55 ans, les a rejetés ou mis au banc de la société : on a assisté ainsi à un désastre humain qui s'est soldé pour bon nombre d'individus par la mort sociale, victimes de dépressions et autres pathologies. Cette contamination sociale de mort est tout aussi grave que d'autres dont on parle beaucoup jusque dans les prétoires afin de ne pas voir l'étendue réelle du fléau. De telles situations ne peuvent que dégager une ambiance de mort sur la société.

La mère et le médecin, symboles de vie, deviennent ainsi un symbole de sélection et de négation de la vie. Ce renversement mortifère ne fait qu'exprimer le besoin de la société de s'auto-détruire : « *No future!* »

CONCLUSION

La société dépressive n'est pas une fatalité

En décrivant et en situant quelques aspects psychiques et sociaux qui, entre autres, entretiennent la société dépressive, nous sommes allés au-delà d'un simple constat et avons revalorisé l'Idéal du Moi si délaissé dans les représentations collectives. La science et les idéologies liées aux sciences humaines et, partant, à une conception purement culturelle de l'homme ont vu leur prétention à vouloir assurer le bonheur des hommes s'effondrer. Mais le sens de l'existence est resté vacant, et cela d'autant plus gravement que, dans le même temps, la religion et la morale ont vu contester, au nom du progrès, leur capacité à répondre à cette question du sens du bonheur, comme si elle ne témoignait que d'un scrupule démodé... Cette vacance a laissé le champ libre à la superstition et à la magie les plus obscures, en même temps qu'il a porté atteinte à la fonction de l'Idéal. Nous nous sommes habitués à penser en cercle fermé sans chercher à entrer dans un travail de liaison entre nos subjectivités individuelles, la société et les idéaux, lesquels ont vocation – faut-il le rappeler? – à nous dépasser. S'est ainsi développée une forme de laïcité qui, tout en profitant de l'héritage chrétien, a davantage pris la forme d'une négation de celui-ci que celle de la reconnaissance d'autrui. Déjà, au début du siècle, Renan en écrivant : « La religion est devenue chose individuelle » participait à la neutralisation sociale d'un espace commun. Il est aujourd'hui plus que jamais à craindre que la société perde en qualité et en intelligence si les enfants ne bénéficient plus d'une éducation religieuse intellectuellement et psychiquement formatrice. L'explication scientifique de l'univers ne remplacera jamais, contrairement à ce que pensent les scientistes des deux derniers siècles, l'interrogation du sens.

En latin, le substantif « religion » vient du verbe « relier » *(religere)*. C'est dire s'il y est bien question de la mise en relation avec une altérité, par définition extérieure à soi-même, et donc d'une ouverture plus riche où le Moi s'éprouve et s'évalue dans un décalage constructif avec l'Idéal. Cette dysharmonie, parce qu'elle est source d'inachèvement et parfois de culpabilité, est aussi facteur dynamisant de recherche, alors que celui qui croit coïncider avec l'Idéal finit par se prendre, dans un mouvement paranoïaque, pour cet Idéal même. Or, on l'a vu, les représentations contemporaines sont en deçà du sens de la loi : elles voudraient éviter le complexe d'Œdipe et bannir le Surmoi, mais elles échouent par là même à promouvoir le sens de l'autre, du réel, de la différence des sexes et des générations. De sorte qu'il devient de plus en plus difficile de conjuguer le verbe relier : plutôt la fusion que la mise en relation, cette attitude régressive stigmatise l'union la plus primaire qui soit du Moi et de l'Idéal. C'est ainsi qu'on voit fleurir, sur le marché du narcissisme, de nouvelles représentations équivalentes de celle de la mère d'avant la différenciation; on y préfère la recherche du « sentiment océanique » par la drogue et le religieux ésotérique à l'élaboration plus exigeante, plus longue et plus rationnelle, des religions monothéistes de la loi (juive et musulmane) et chrétienne (qui est trinitaire, donc relationnelle). Il n'est d'ailleurs pas jusqu'au christianisme qui n'ait subi le contrecoup de cette remise en cause puisque, dans la pratique pastorale, le Christ, comme Fils et Frère, s'est trouvé privilégié par rapport à Dieu, le Père. L'image du fils annulant celle du père fait retourner sur le versant maternel, symbole d'un univers clos de toute-puissance et d'indifférenciation.

Mais nous avons surtout voulu montrer que la société dépressive n'est pas une fatalité. Elle ne s'est d'ailleurs pas installée malgré nous et c'est bien de nos comportements qu'elle procède. Pour autant, il n'est pas facile de prendre du recul ni de comprendre, encore moins de s'essayer à modifier le système dans lequel nous nous trouvons car il est né d'idées et d'attitudes auxquelles nous avons adhéré sans avoir conscience des conséquences qu'elles auraient ensuite sur nous. C'est le modèle d'un homme immature qui domine aujourd'hui nos représentations : la multiplication des séparations, la confusion des sexes, l'intériorité vide de soi, le recours à la drogue et la progression du suicide sont autant de symptômes d'une société adolescentrique qui vit au rythme juvénile de l'immédiat et de l'instant sans vouloir prendre conscience de ce qu'elle engage; symptômes également d'une profonde crise morale qui omet les règles et les références les plus élémentaires qui humanisent l'existence. Car, le plus grave est encore que nous semblions oublier que les structures psychiques, l'expérience humaine et le conflit avec la morale sont les mêmes depuis que l'homme existe. Les maladies, les guerres, les fléaux, les difficultés affectives, les intrigues politiques, le mensonge, le vol et le meurtre ont toujours été des problèmes que chaque génération a tenté de circonvenir grâce à des idéaux qui humanisent. Le reproche que l'on peut faire à nos habitudes de pensées telles qu'elles se sont constituées depuis trois siècles, c'est que là où les générations précédentes savaient associer les bonheurs et les malheurs de la vie, les suivantes ont cru qu'il suffisait de cultiver ces bonheurs en évacuant le reste. On l'aura compris la fragilité de notre société n'est pas seulement d'origine psychologique, mais témoigne aussi des carences d'un espace de réflexion cherchant à traiter le sens du vécu. D'aucuns diraient un manque de philosophie de la vie capable d'affronter les vérités de l'existence.

Il n'est donc pas pertinent de cultiver des scénarios catastrophes : ce que nous vivons n'est pas inédit dans l'histoire. Si les comportements se sont modifiés, les problèmes essentiels n'ont pas changé. Mais le contexte et les besoins se sont modifiés : la communication est devenue instantanée grâce aux nouvelles techniques, à l'interdépendance des pays, au développement scientifique et à ses illusions qui ont contribué à amplifier les interrogations de toujours et à trouver de nouvelles réponses. Ce qui peut être angoissant. Le drame de la société dépressive, préparé au fil des siècles, c'est d'avoir voulu se désolidariser du passé en imaginant « changer la vie », dans un déni de la réalité, là où il fallait l'assumer car, comme chacun le sait, la « vraie vie » n'est pas « ailleurs » puisque aussi bien elle n'existe pas sinon au « paradis artificiel » de la toxicomanie dans lequel on rencontre surtout sa propre mort.

Si nous ne vivons pas encore « la fin de l'histoire », nous traversons cependant une période de régression importante. Nous en voulons pour preuves la dérision et la transgression ambiantes que les médias, ces reflets de notre société, valorisent de plus en plus, sans parler de la promotion, sous prétexte de spontanéité et de simplicité, du vulgaire, voire du pervers. A force de s'en nourrir, ces représentations modélisent les représentations sociales et dévalorisent la structure de l'Idéal. Au reste, plus il est question de « parler vrai », de « sincérité », d'« écoute », de « témoignage authentique », et moins la transparence est réellement vécue! L'individu s'en trouve de fait maintenu dans la mauvaise foi et se révèle incapable de développer son intériorité.

Un discours n'est pas vrai parce qu'il est intimiste – certains diraient romantique. Ce langage intime est souvent invérifiable. On oppose ainsi trop facilement les vérités subjectives aux vérités objectives. Le seul critère d'évolution étant la sincérité, ce qui est plutôt simpliste, car on peut être sincèrement dans l'erreur d'une conception de la réalité. Il suffit de voir comment, à la télévision, les débats d'idées ont été remplacés par des séances de conseil conjugal ou de recherche familiale, des shows en forme de confessions, de témoignages confidentiels. A quoi jouent donc les animateurs, qui confortent l'individu narcissique dans sa position? Certes, cette mode passera, mais elle aura encore contribué à dénaturer les rapports humains. Pour preuves, ces débats télévisuels dans lesquels chacun serait apte à discuter et aurait la compétence de juger de tout en toute chose. Outre qu'elles encouragent la confusion intellectuelle, de telles interventions lassent le citoyen qui abandonne peu à peu son devoir d'information et de réflexion au-delà de l'opinion. Il ressort de ce genre de spectacle où se mêlent, à quelques exceptions près, exhibitionnisme et voyeurisme, un sentiment d'inutilité, voire de dégoût. Ce besoin de « voir » le secret des êtres, de l'afficher aux yeux de tous, fût-ce au détriment d'une légitime protection sociale –, traduit encore mieux la crise actuelle de l'intériorité qu'une quelconque recherche de vérité. Et pourtant, c'est au nom de cette dernière qu'on appelle à lever « les tabous », baisser les « masques » à faire son « mea culpa », à exploiter l'esprit magique à travers des mystères irréalistes, à révéler « ses gestes intimes » : un jeu de la pseudo-vérité qui est pour le moins pervers quand il donne à quiconque le droit d'entrer dans la conscience de l'autre. Assurément, ce « déballage » évacue l'intériorité et ne favorise certainement pas la santé psychique de la population ; car, outre que l'intériorité est actuellement très fragile, le peu qui reste aux individus est jeté en pâture aux téléspectateurs par des confesseurs audiovisuels, les uns et les autres n'y voyant que le moyen d'acquérir quelque reconnaissance sur la place publique ! Encore faut-il être capable, pour éduquer l'intériorité, d'accueillir intelligemment les confidences ; encore faut-il être à même de les travailler. Alors que la seule raison d'être de ce genre d'émission, c'est une fois encore la recherche complaisante de l'étrange, du singulier, voire de l'aberrant. En somme, il s'agit là d'un voyeurisme assez morbide, en tout cas très proche de la curiosité malsaine de tendance sadique-anale qui préoccupe l'adolescent entre 12 et 18 ans, lorsqu'il se sent « anormal » du fait de sa transformation physique et psychique et qu'il est attiré par tout ce qui lui rappelle son étrangeté.

Dans son article de 1923, « Le Moi et le Ça », Freud conclut en insistant sur l'importance des structures de l'idéalité dans la vie psychique mais aussi sociale. Sur un ton polémique il répond à ceux qui lui reprochent de ne pas s'intéresser à ce qu'il y a de plus noble, de sublimé, de moral dans la vie de l'homme et n'hésite pas à rétorquer que la psychanalyse traite aussi de cette « essence supérieure » qui se trouve dans l'homme et dont les structures ne sont autres que l'Idéal du Moi et le Surmoi (lesquels comprennent les identifications primaires aux parents et les identifications secondaires aux diverses réalités vécues par l'enfant). Naturellement, le bon fonctionnement de ces deux structures est subordonné aux lois psychiques de l'intériorité.

Sur la base de la structure de l'Idéal du Moi se développent « la religion, la morale, le sentiment social, la science et l'art ». Freud insiste principalement sur les trois premiers; il nous rappelle aussi que « les conflits entre le Moi et l'Idéal reflètent [...] l'opposition qui existe entre le monde extérieur et le monde psychique » et que c'est seulement par l'intermédiaire de la fonction de l'Idéal que le monde extérieur et l'héritage des générations – en clair, toutes les réalités de la vie – peuvent pénétrer dans le psychisme de l'individu.

« Etant donné son histoire, son mode de formation [...], l'Idéal présente les rapports les plus intimes, les plus étroits avec l'acquisition phylogénique (les antécédents familiaux et sociaux), avec l'héritage archaïque de l'individu. Ce qui fait partie des couches les plus profondes de la vie psychique individuelle devient, grâce à la formation [...] de l'Idéal, ce qu'il y a de plus élevé dans l'âme humaine, à l'échelle de nos valeurs courantes. »

Autrement dit, celui qui se trouve, pour une part, privé de la fonction de l'Idéalité a du mal à se dégager d'une position narcissique, et une société qui ne la sollicite pas renforce le morcellement social puisqu'elle ne propose rien de valable ni de durable. Quand tout se vaut, plus rien n'a d'intérêt, sinon sa propre personne.

Un monde en dépression est justement incapable d'investir les objets de la réalité puisqu'ils n'ont pas de sens et ne permettent pas de se relier aux autres. On a vu que cette attitude dépressive remontait au xviiie siècle. La conception moderne du sens aura été marquée par la séduction du désespoir qui a même pu devenir, chez Bernanos, la tentation du désespoir (voir la deuxième partie de *Sous le soleil de Satan*). Si ces idées ont fait leur chemin, c'est qu'elles trouvaient écho dans les mentalités. Faut-il s'étonner, dès lors, du succès du langage de mort qui envahit les esprits et s'exprime dans des comportements tels que l'avortement, l'euthanasie, le suicide, la toxicomanie, et autres formes de violence dont la finalité est de casser? Il serait naïf de s'étonner que, dans un tel contexte, nous donnions libre cours à nos pulsions de mort. Il suffit d'ailleurs qu'un médecin médiatique se fasse le champion de l'euthanasie au nom de la charité et de la dignité du malade (au prix d'un audacieux détournement de valeurs) pour qu'il se retrouve au hit-parade des vedettes. C'est assez étonnant car, enfin, comment peut-on respecter la vie en décidant de sa mort? Certes il ne s'agit plus de défendre la vie à tout prix, mais il y a des mises à mort qui sont loin d'être légitimes et qui évacuent toute interrogation. Défendre, promouvoir et respecter la vie supposent un Idéal, un fondement favorisant l'exercice de la responsabilité de l'individu et de la société. C'est un paradoxe de la société dépressive que de traquer les « criminels de guerre », en laissant faire ceux du présent, de s'apitoyer sur le sort des malades cruellement atteints par de nouvelles affections en banalisant la mort comme un prétendu moyen de supprimer la souffrance pour un meilleur confort de vie [1]. Peut-on accepter de se battre pour une société qui ne tient qu'un langage de mort?

A quoi correspond cette pulsion de mort? Nous en avons esquissé la problématique : ce besoin de se détruire est une façon de rejoindre la non-existence du commencement, la quiétude du néant et de la tranquillité d'avant la naissance. Nous connaissons d'ailleurs toutes les techniques qui ont été inventées pour éviter le pseudo-traumatisme de la naissance qui n'est, au reste, qu'un fantasme d'adultes regrettant d'être sortis du sommeil protecteur de l'utérus. Certes, au commencement était la tranquillité du néant, la non-existence. Cette période préliminaire du non-être fascine la plupart des enfants qui veulent savoir où ils étaient avant de naître. C'est seulement plus tard qu'ils réaliseront qu'ils existaient dans le désir individuel et commun de leurs parents; souvent, ils s'imaginent avoir déjà vécu plusieurs existences successives, venir d'un pays merveilleux en un âge d'or immémo-

---

1. Il faudrait se demander la quelle et celle de qui.

rial. La crise morale actuelle nous replonge dans ces archaïsmes pour le moins aliénants. Faute de relation possible avec le monde extérieur, on s'aménage un espace subjectif où s'apaisent miraculeusement tensions et conflits : ce sont les rites de guérison, les thérapies émotionnelles et corporelles, la médecine associée à l'astrologie et la prolifération des sectes. Bref, le retour de la magie et du paganisme, lesquels ont pour principale finalité d'installer le sujet dans un nirvana mental proche du néant (ne plus penser, ne plus parler). Tranquillité et néant au sens premier de ces termes forment un couple inséparable où la pulsion de mort s'avère incapable s'associer la pulsion de vie. Ainsi le sujet perd-il, dans cette recherche éperdue d'une quiétude, l'image de soi et celle de l'autre.

C'est dire à quel point, le conflit ancestral individu/ société [1] s'est déplacé à l'intérieur du sujet et accentue l'antagonisme entre le psychisme et la réalité ou, plus précisément, au sein des instances de régulation psychologique, entre le Moi et l'Idéal ; et l'individu est désormais à lui seul l'objet du conflit.

Telle était la question de ce livre : comment la société dépressive dispose-t-elle des instances psychiques et prend-elle l'individu pour cible du conflit social ? Car il est indéniable que les psychologies sont de plus en plus influencées par le monde contemporain. L'individu a tendance à se confondre ou à se disjoindre de la société au lieu de s'y associer : le moindre événement séjourne dans les consciences et y fait office d'intériorité puisque l'homme narcissique, se prenant pour l'Idéal, n'éprouve guère le besoin de se développer autrement ; il n'est pas étonnant qu'il soit plus sensible à son environnement, apparemment plus libre et plus informé, mais en réalité plus aliéné aux idées du moment.

C'est ainsi que des inquiétudes plus déstabilisantes que créatrices, et reprises par des courants d'idées et des mouvements politiques, réussissent à miner la conscience humaine.

D'où, toujours plus aiguë, la nécessité de savoir vers

---

1. Conflit si présent dans Antigone.

quel destin nous nous acheminons? Faut-il croire un certain nombre de prédictions qui nous annoncent la fin de la civilisation fondée sur la symbolique paternelle au bénéfice de l'androgynie? L'avènement de la société postmoraliste reposant principalement sur les droits individuels? La fin des religions juive ou chrétienne qui sont à l'origine de nos fondements culturels et dont les valeurs, devenues autonomes par rapport à leurs sources pourraient se passer de toute référence religieuse et vivre d'elles-mêmes? Ces théories sont en fait encore prisonnières de l'homme narcissique qui cherche à justifier sa position à l'aide de courants philosophiques de circonstance.

– Notre civilisation est, et reste, fondée sur la symbolique paternelle. Le symbole du père, qui ne se confond pas avec le géniteur (même si, le plus souvent, ils coïncident pour mieux faire fonctionner le sens de son rôle) figure la réalité car il est extérieur à la relation mère/enfant – et non parce qu'il « travaille ». Il est celui qui empêche que la mère et l'enfant s'enferment dans la possession mutuelle, et c'est ce qui fait de lui, du moins au départ, un obstacle infranchissable, dont l'enfant peut vouloir la mort. Or, si l'on peut tuer une personne, il n'est pas possible de tuer une représentation. C'est pourquoi les mères et les enfants se sont toujours plaints de l'absence du père, comme pour mieux souligner sa présence gênante et le besoin de la contester. Cependant la mère ne peut pas se substituer au père, parce qu'elle représente un monde clos et que l'enfant veut tout d'elle, sans partage. La mère serait prête à s'enfermer dans cet univers à deux si elle ne signifiait pas à l'enfant la présence paternelle en donnant à chacun la part qui lui revient.

Nier cette symbolique paternelle revient à tuer la réalité et à la vivre sur le mode de la projection imaginaire sans possibilité d'introjecter du symbolique. Le réel devient ainsi l'égal du fantasme de l'individu qui se condamne par là même à recevoir difficilement de l'extérieur le matériel dont la fonction de l'idéal a besoin pour se développer. On veut ignorer tout ce qui symbolise le père, et on crée du même coup une représentation de l'autre dont la mère est le prototype. Et la pensée, le langage – c'est-à-dire ce qui permet la communication – ne se développent pas complètement [1] du fait que l'individu reste à l'intérieur d'une relation qui n'implique pas d'autres relations. Dans cet univers psychotique où l'altérité ne fait pas loi (or la loi œdipienne est fondamentale parce que c'est en fonction d'elle que toutes les autres relations s'établissent), il n'y a pas possibilité de s'émanciper puisque la représentation du père fait défaut et il ne reste que le suicide ou le délire [2] pour s'inventer un autre univers. L'une et l'autre solution sont significatives du besoin de se reconnaître en tant que sujet. Car l'enfant ne peut organiser sa vie psychique en étant uniquement dépendant de sa relation première à sa mère sans qu'il y ait risque qu'apparaisse chez lui le besoin de l'agresser, de la nier, voire de la tuer. C'est cela qui se joue dans les suicides qui sont un échec de l'élaboration psychologique de la difficulté, dans ce cas, à devenir autonome : l'individu qui veut détruire sa mère se détruit lui-même pour mieux s'en défaire. Et celui qui élimine la représentation paternelle détruit sa mère dans le même mouvement et se supprime ensuite, laissant la porte ouverte à l'asociabilité.

Mais, si on constate clairement un déni de l'image paternelle et de sa symbolique, cela ne signifie pas pour autant qu'elles n'existent plus, ou que leur déclin est amorcé. La « haine du père », et des hommes, si présente chez les féministes (quoi qu'elles en disent!) a pu faire croire qu'il fallait se débarrasser d'eux. D'aucunes, fascinées par les mythes de l'androgynie, ont même imaginé que chaque individu pouvait réconcilier en lui les deux sexes, qu'il était homme et femme à la fois, et que – suite logique – père et mère devenaient interchangeables... Dans la même perspective, on ne voit aucun inconvénient à ce que des femmes homosexuelles soient inséminées et

---

1. Voir les difficultés d'apprentissage scolaire où, pour des raisons affectives, des enfants ne parviennent pas à travailler ou à se concentrer.
2. Suicide et délire peuvent prendre plusieurs formes : échec scolaire, opposition systématique, boulimie-anorexie, toxicomanie, fugue, repli dans l'imaginaire et le déréel, etc.

« fassent » un enfant [1], ou que des hommes, également homosexuels, puissent en adopter un. Que deviendront ces enfants, fabriqués sans sexualité, préconçus dans la totale dénégation de l'autre sexe? On ne peut que présager pour eux de sérieux problèmes d'identité. Nous l'avons montré, la procréation fait partie de l'hétérosexualité et utiliser l'insémination pour répondre à une demande homosexuelle de confort narcissique est une régression parce que c'est donner libre cours au fantasme de l'auto-engendrement, c'est promouvoir une parenté mutilée et pathogène. L'expérience clinique montre d'ailleurs que les troubles de la filiation, déjà sévèrement vécus par les enfants de parents seuls ou divorcés, sont la plupart du temps aggravés chez les enfants de femmes lesbiennes ou chez ceux dont un des parents quitte le foyer pour aller vivre son homosexualité. Si les enfants nés par insémination artificielle avec donneur anonyme dans un couple hétérosexuel peuvent être eux aussi confrontés à une interrogation quant à leur origine, ils vivront néanmoins entre un homme et une femme, un père et une mère ayant des relations sexuelles. Le cas est donc tout à fait différent des personnes homosexuelles qui, n'ayant pas ipso facto de relation à l'autre sexe, excluent la symbolique parentale – et donc la sociabilisation – pour l'enfant à naître.

Notre société s'organise dans la reconnaissance de la différence des sexes. Elle réunit les conditions psychologiques pour permettre l'acquisition du sens de l'altérité (ce qui ne la met pas à l'abri des régressions) dont l'image du père est le représentant. Même si l'on parle de lui comme d'un absent que l'on voudrait davantage présent, on signifie que cet autre est vraiment celui qui nous rappelle le besoin de relations. C'est pourquoi, vouloir le faire disparaître revient à nier la réalité.

---

1. Bien évidemment, l'enfant n'appartient pas à la mère et les formules types « mon corps m'appartient », « un enfant si je veux, quand je veux », « je ferai un bébé toute seule » sont l'expression d'une revendication narcissique qui nie le sens de l'autre et même de l'existence autonome de l'enfant. Une telle conception de la procréation en dit long sur le conflit de castration qui demeure, sur le désir de revanche contre le père, sur l'enfermement dans le fantasme de l'auto-engendrement et de la bisexualité pubertaire, toutes choses assez fréquentes chez les filles de cet âge.

– Une autre opinion à la mode voudrait nous faire croire que nous sommes aujourd'hui dégagés d'une morale de devoirs et qu'au nom du triomphe des droits individuels, nous entrons dans la société postmoraliste. La logique de la récente atomisation des individus serait de libérer du respect d'autrui et de la morale, même émancipée de ses dogmes religieux et laïcs. Il reviendrait à chacun de vivre selon la loi qu'il se donne pourvu qu'il ne gêne pas la liberté d'autrui. Le dépassement d'une morale de devoir, comme si elle avait jamais existé en tant que telle, se jouerait dans l'association d'une morale de droits avec des intérêts personnels et pourrait se résumer dans la formule : « Tous pour un et chacun pour moi ! »

Cette perspective est en fait un véritable recul; elle risque d'entraîner un déclin de l'esprit de tolérance au profit de l'indifférence. Cela nous amène à trois remarques :

1. Nous savons que l'homme narcissique, étant allergique au sens de lois autres que la sienne, ne peut pas, par là même, accéder à une véritable autonomie. Il faut ici le rappeler : libre est la personne qui ne se soustrait à la loi commune et est capable de l'intégrer. Aussi l'enfant qui refuse la loi relationnelle de la famille sera-t-il bien handicapé pour accepter les autres lois, à commencer par celles de la langue, de l'écriture et du calcul. Notre morale individualiste conforte l'asociabilité, et la convivialité molle ne saurait se substituer à l'altruisme et au sens de la fête dont les rites sont désormais vides de symboles. Pour preuve, le total décalage qui existe entre le sens réel des jours fériés et la signification des fêtes qui les ont motivés. Tristes équations : Toussaint = chrysanthèmes, Noël = gastronomie et jouets, Pâques = vacances à la neige, etc.

2. L'intérêt pour soi n'est pas significatif d'autonomie, ces deux aspects ne vont pas automatiquement de pair. L'autonomie psychique est l'un des problèmes les plus fréquents aujourd'hui : il n'est plus rare de rencontrer des personnes qui, s'étant mal étayées pendant leur enfance à cause de carences identificatoires, développent des conduites de dépendance pouvant aller jusqu'à la pathologie. En réalité le souci de soi traduit un retrait, un repli

dans une relation éclatée à la réalité, qui, objet d'une perception confuse, se trouve ramenée à n'être qu'un aspect de soi. Si bien que, dans ces conditions, le vol, par exemple, n'est jamais que la saisie d'un objet auquel on a droit et non une atteinte à l'intégrité d'autrui.

3. On dit encore que l'esprit de sacrifice en vue du bien collectif a fait son temps et que les clés du nouveau bonheur sont dans un « individualisme responsable ». Responsable, certes, mais de quoi? Il n'est pas certain que la notion de responsabilité soit la plus appropriée pour désigner le comportement d'un individu qui ne s'intéresse qu'à ses intérêts personnels et qui s'en tient, au mieux, à l'ignorance d'autrui : « Tu fais ce que tu veux et tu me laisses faire ce que je veux! » Ce narcissisme qui ignore toute loi universelle est source de violence. Tous les droits individuels — au suicide, à l'avortement, à l'euthanasie, à l'homosexualité, à l'insémination artificielle, à la toxicomanie, à l'enfant, ... — ne sont pas légitimes!

— Enfin on nous prédit la fin de la religion, plus précisément du christianisme, comme si les valeurs qui sont nées grâce à lui et sont à la source de notre civilisation pouvaient en être détachées. Des intellectuels d'aujourd'hui avouent volontiers leur origine juive ou chrétienne et reconnaissent avoir été formés dans la culture judéochrétienne. S'ils en acceptent le contenu, ils ne veulent plus le faire dépendre de sa dimension religieuse. Ils sont de pieux laïcs et tiennent d'ailleurs sur l'existence des propos parfaitement orthodoxes, mais refusent de les « sourcer » clairement. Curieusement on les retrouve dans des débats, qui se réjouissent avec les croyants de la sécularisation des idéaux et des valeurs, comme si ce phénomène allait absolument de soi... Ils interviennent au même titre qu'il y a trente ans; dans certains congrès catholiques, il y avait toujours un athée de service — et inversement, dans les réunions de la CGT ou du parti communiste, un chrétien — pour prendre la parole. Certes, il ne serait pas juste de jeter le discrédit sur une ouverture d'esprit qui honore la volonté de dialogue de chacun; il convient seulement de relever le paradoxe de ces situations qui ne sont pas de simple convenance conviviale.

Que devons-nous à notre tradition judéo-chrétienne? Un certain nombre de certitudes dont la première se résume dans la reconnaissance de la liberté de croyance. La deuxième affirme avec raison que le pouvoir politique et le pouvoir religieux sont distincts dans un respect réciproque au sein d'une collaboration nécessaire qui œuvre à l'organisation sociale de l'expression religieuse et à la réflexion sur des problèmes de société. Troisième certitude : les valeurs issues des traditions religieuses peuvent prendre une certaine autonomie et vivre par elles-mêmes mais, au moment de leur transmission, dans l'acte éducatif, elles devront être restituées par rapport à leur origine.

Il faut noter que ces trois convictions qui rencontrent un large consensus dans notre société ont été longuement étudiées et théoriquement fondées par l'ensemble des principaux cultes, et en particulier par le concile Vatican II. Mais d'autres prises de position méritent d'être mentionnées :

1. Au même titre que le fonctionnement du cerveau ne conduit pas à conclure que celui-ci est identique au fonctionnement de l'esprit, l'expérience religieuse est aussi différente de la vie psychique.

2. Si la loi morale s'impose à tous en tenant compte de ces trois données que sont les principes fondamentaux, l'expérience de l'exercice moral et la situation particulière dans laquelle l'individu se trouve, il faut insister sur le fait que le Magistère de l'Eglise catholique a toujours admis et souligné qu'en dernier recours chacun est amené à décider en conscience de ce qu'il doit faire. D'où l'importance, pour tout un travail de réflexion morale, de s'informer et de prendre de nombreux avis avant d'opter pour un choix.

3. Pour être véritablement humanisante, la liberté de chacun doit se concilier avec la nécessaire transmission des codes sociaux, de l'histoire, de la tradition religieuse; chaque génération est engagée à vivre, fût-ce dans la difficulté, cet effort de civilisation souvent frustrant.

Pour en revenir à la tradition judéo-chrétienne, on voit bien comment aujourd'hui la morale n'est pas aussi détachée de ses origines que d'aucuns le prétendent. Seulement, il y a risque de rupture dans la transmission de ces « savoirs » si l'on omet la filiation spirituelle de vérités qui font vivre la société. Honte de ses origines ? Ou difficulté narcissique à accepter de dépendre de significations transcendantes au point de préférer que rien n'existe en dehors de soi ? Affirmer ainsi que le complexe d'Œdipe est une invention dépassée est la première négation d'une transcendance censée assurer le passage de l'individuation et à la socialisation. Se couper de ses origines dans une autocastration est signe qu'on tente de fausser compagnie au réel, comme nous l'avons montré plus particulièrement à travers ces quatre lieux de ruptures que sont le divorce, l'homosexualité, la toxicomanie et le suicide. Position paraplégique que celle de notre société qui nie l'origine tout en acceptant ce qu'elle produit !

Notre laïcité repose donc sur une contradiction. La religion chrétienne a développé une réflexion sur l'homme à partir d'une image de Dieu. C'est au regard de la transcendance qu'il a pu prendre conscience de lui. Tout se passe à présent comme si nous voulions oublier cette dimension. Mais sans ce Dieu qui est symbole de l'altérité est-il encore possible de penser l'être et la morale [1] ? L'autre est celui sur qui se fonde la représentation que l'on a de soi. L'homme peut-il penser sa vie sans autre vis-à-vis que lui-même ? A juste titre Durkheim voyait dans la religion l'origine de toute morale et, dans notre société dite sécularisée, c'est bien sur ce capital que nous vivons même si certains veulent s'en émanciper. Il faut le dire, le rapport à la transcendance peut permettre d'approfondir le sens de l'existence, de développer l'intériorité et d'humaniser les individus et les sociétés. Un espace social à sauvegarder pour la recherche et l'expression réellement religieuse, qui ne peut pas être un simple argument philosophique de sociologue pour fonder une morale. Tous les membres de la société ont à gagner en liberté dans la reconnaissance de cette dimension, même sans y adhérer. Plus encore, elle ouvre la liberté à plus grand qu'elle-même en affirmant qu'elle commence dans la reconnaissance d'une loi transcendante et non pas, selon la formule restrictive, là où s'arrête la liberté d'autrui.

---

1. J.-P. Durand, « De la morale laïque », in *Le Supplément,* n° 164, avril 1988, Paris, Le Cerf.

Il est curieux de constater combien de fois nous aurons entendu, en cette fin de siècle, des prophéties dépressives nous annonçant la mort de Dieu, la fin de l'homme, des idéologies, du père, de la famille, de la morale, de l'amour, etc., pour nous annoncer ensuite leurs « retours » triomphants : retour du religieux, de la morale, de la fidélité, des valeurs familiales... Faut-il y voir un moyen de se donner à peu de frais un frisson de peur ? Ou bien faut-il y discerner une association certes un peu trop facile : la fin comme terme est aussi faim comme manque ? Ce qui est clair, c'est que nous disposons de savoirs, de traditions pleines de vitalité et nous nous représentons curieusement l'existence comme si nous ne savions rien, dans la culpabilité honteuse du passé et le doute à affronter l'avenir.

La crise actuelle est donc en partie morale. Nous avons commencé à décrire dans ce livre la dégradation de la fonction psychologique de l'Idéal, et sa négligence par la société, pour conclure en posant le problème de la morale qui, bien entendu, n'est pas l'équivalent de la structure psychique qui en permet l'exercice, de même qu'elle n'est pas la thérapeutique du dysfonctionnement du sens de l'Idéal.

Mais si nous voulons nous libérer de notre « dépressivité » et, partant, du rapport sadomasochiste qu'elle nous fait entretenir à la réalité, il nous reste à intégrer le sens de l'altérité dans la vie psychique et apprendre à nous différencier pour exister. C'est ce que rappelle Freud dans son article « Problème économique du masochisme », paru en 1924, dans lequel il montre que la conscience et la morale dépendent de la façon dont l'enfant va accepter ou non, à travers le complexe d'Œdipe, que le monde ne se réduise pas à son narcissisme tout-puissant : « La conscience et la morale sont apparues du fait que le complexe d'Œdipe a été surmonté, désexualisé. » Mais cette transformation entraîne des regrets et provoque une souffrance qui pourra parfois être recherchée pour elle-même, non sans un certain plaisir. « Par le masochisme moral, la morale est resexualisée, le complexe d'Œdipe ressuscité, une voie régressive est frayée » en développant une relation dépressive et dévalorisante à la réalité.

Se libérer de ce « masochisme moral », tel est l'enjeu de la société dépressive. La vie est possible autrement, encore faut-il avoir le goût d'en rechercher les vérités. C'est sans doute cela avoir un idéal moral.

BIBLIOGRAPHIE SOMMAIRE

ANSART, P., *La Gestion des passions politiques*, L'Age d'Homme, Lausanne, 1983.

BERGERET, J., *La Personnalité normale et pathologique*, Dunod, Paris, 1974.

BERGERET, J., *La Dépression et les états limites*, Payot, Paris, 1975.

BRAZELTON, B.T., *La Naissance d'une famille*, Stock/ Laurence Pernoud, 1981.

CHASSEGUET-SMIRGEL, J., *L'Idéal du Moi*, Tchou, 1975.

DEVEREUX, G., *De l'angoisse à la méthode*, Flammarion, 1980.

ELIAS, N., *La Société des individus*, Fayard, 1991.

GREEN, A., *Narcissisme de vie, narcissisme de mort*, Ed. de Minuit, 1983.

GRINBERG, L., *Culpabilité et dépression*, Les Belles Lettres, 1992.

HAIM, A., *Les Suicides d'adolescents*, Payot, 1969.

HANDKE, P., *Essai sur la fatigue*, Gallimard, 1991.

HILAIRE, K., *Berlin, dernière*, Flammarion, 1990.

LEMAIRE, J.G., *Famille, amour, folie*, Centurion, 1989.

MOSCOVICI, S., *Psychologie des minorités actives*, PUF, 1979.

ROIPHIE, H, et GALENSON, E., *La Naissance de l'identité sexuelle*, PUF, 1987.

STYRON, W., *Face aux ténèbres*, Gallimard, 1990.

WIDLÖCHER, D., *Les Logiques de la dépression*, Fayard, 1983.

WOLTON, D., *Eloge du grand public*, Flammarion, 1990.

TABLE

313

Cet ouvrage a été réalisé par la
SOCIÉTÉ NOUVELLE FIRMIN-DIDOT
Mesnil-sur-l'Estrée
pour le compte des Éditions Flammarion
en mars 1993

Imprimé en France
Dépôt légal : février 1993
N° d'édition : 14349 - N° d'impression : 23482